高槻真樹
Takatsuki Maki

活動弁士の映画史

Katsudo-Benshi Chronicle 1896-2020

映画伝来からデジタルまで

ALTER PRESS

活動弁士の映画史

映画伝来からデジタルまで

目次

[編集協力]
和田進

[編集部注]
◎戦前・戦中の文献・資料からの引用文は、読みやすさを考慮して、歴史的仮名遣いを現代仮名遣いに、旧漢字を新漢字に改め、適宜ルビを付しました。
◎引用文中の〈　〉は、引用者（高槻）による注釈であることをを表します。
◎『血煙高田の馬場』の作品名表記について：坂東妻三郎主演・マキノ正博／稲垣浩監督の1937年作品『血煙高田の馬場』は、戦後に公開された短縮版（『決闘高田の馬場』）も含め、興行の際に使用された作品名に異同があります。そのため、本書において言及している時代や地域などによって、『血煙高田の馬場』、『血煙り高田の馬場』など、作品名表記が異なる箇所があります。

活動弁士の映画史

映画伝来からデジタルまで

序章・活動写真弁士は本当に滅びたのか

二〇一九年一二月、一〇〇年前の活動写真弁士の華やかな世界を描いた映画『カツベン！』が公開される。日本映画界きってのヒットメーカー・周防正行監督五年ぶりの新作、ということで大きな注目を集めることになるはずだ。

では、本作品の主人公である活動写真弁士とは、いったいどんな職業だったのだろうか？

――むかしむかし、映画は音が出なかった。そこで、スクリーンの横に役者のセリフを語る人が立った。だが、音が出る映画・トーキーが発明され人気を集めると、彼らはあっという間にお払い箱となってしまった――

たとえ活動写真弁士の存在を知っていたとしても、せいぜいこの程度の印象だろうか。よほど熱心な映画ファンでもない限り、俳優の声が聞けないなんて、昔の映画は不自由だったんだなあ、と呆《あき》れるぐらいで、多くの人は、弁士も無声映画も「歴史の遺物」になったと思っているだろう。

しかし、そんな活動写真弁士が、今も密かに熱い注目を集めている。三、四〇代の若手らも活躍し、個性を競っている。現役弁士は全国で、ざっと十数名。これ一本で勝負する専業のプロも少なくない。

確かに、トーキーの到来以降、弁士は表舞台から消えてしまったかのように見えた。だが実は、その後も長い期間にわたって根強く活動を続け、支持を集めていた。時代に応じて形を変えながらも、しぶとく生き延びてきたのだ。そして、世紀の変わり目の二〇〇〇年あたりから、急速に存在感を高めていった。その背景には、デジタル技術の発達により、映写が低コストになり、埋もれていた旧作が次々と発掘・修復されるようになるという、大きな環境の変化があった。

映画『カツベン!』により、埋もれていた活動写真弁士の世界に光が当たったのではない。急速に復活の気運が高まっている活動写真弁士の世界に、周防監督がいち早く気付いたのだ。

活動写真弁士の世界は、映画史とともにある。日本に映画が伝来した一八九六年、早くも弁士はそこにいた。映画創成期には世界各地に映画の説明者がいたらしい。だが定着したのは、日本を中心にした文化圏だけである。日本がかつて支配していた韓国や台湾、ハワイや米国の移民社会でも弁士が活動していたことが確認されている。そして創成期以来、弁士という存在は一度も滅びることなく連綿と受け継がれ、現在に至っている。弁士の歩みをたどるならば、そこにはほとんど知られることのなかった、もう一つの映画史があるとさえいうことができるのである。

本書では、それをお目にかけたい。ずっとそこにあったのに、気付かれずにきた世界。しかし、活動写真弁士は滅びた職業だという、世間の思い込みは、とても強固なものであることも確かだ。

若手弁士の一人、片岡一郎は、まだ四〇歳を超えたばかり。当然、無声映画の全盛期は知らない。そんな人間が弁士をやろうとすることが奇異に受け止められるのだろう。片岡は意外なほど頻繁にインタビューを受ける機会があるという。そしてある時期まで、うんざりするほど繰り返される質問があった。

「それで片岡さん、本職は何ですか？」

同じような質問の繰り返しに、もはや片岡は怒るのも通り越して、持ちネタの一つとして公演で使うほどになってしまったそうだ。近年はそのような質問はあまりなくなったが、事態はそれほど改善したとも思えない。

確かに街の映画館で弁士を見かけることはほとんどない。たまにイベントや映画祭で、ライブ公演の告知を見かける程度だ。これでは、何か別の職業を持つ人物、おそらくは落語家や声優が、余技として弁士を名乗っているのだろうと思われても不思議はない。残念なことにそれが大多数の見方なのだろう。だがそれは、間違いである。

弁士の全盛期、稼ぎ頭は総理大臣より高給であったという。もちろん現在ではそんな待遇は望めるはずもなく、収入は往時の何分の一かではあるが、専業弁士として活動を続けることは、十分に可能である。

むろん、ここに至る道のりは険しかった。二一世紀以降に登場した若手弁士たちの奮闘があって、ようやく光明が見えてきたところだ。近年、映画館での弁士付き公演も増えてきた。映画ファンの目に届く場所で演じられることで、無声映画ライブの楽しさが、ようやく若い世代にも浸透し始めている。

ところが、弁士や無声映画に興味を持ち、いざ調べようとしてみると、あまりにも資料が少なく、驚くことになる。

無声映画期をカバーした日本映画史に関する本は、関係者への綿密な取材と膨大な資料をまとめ切った田中純一郎『日本映画発達史』（中公文庫／全五巻）が文字通りの決定版であり、これ以降の映画史を語る本は、すべて田中の著作を土台にして書かれている。なぜなら、戦前の映画フィルムは約九〇％が失われており、関係者も他界して久しい。誰よりも早く行動を開始した田中だけが、情報収集に間に合ったのだ。

これに異を唱えたのが、塚田嘉信の『日本映画史の研究―活動写真渡来前後の事情』（現代書館）である。映画黎明期を知る当事者による生の証言は確かに貴重だが、そこには誤りも多い。塚田は新聞・雑誌など同時代の文献資料に徹底的にあたることで、田中が集めた記録の誤りを一つひとつ正していった。塚田の検証は気が遠くなるほど手間のかかるもので、映画伝来から最初の一年間をたどるにとどまっているが、それでも意義は極めて大きい。

本書は塚田の試みにならい、可能な限り同時代の文献を参照することを心がけた。ただし引用にあたっては、表記はなるべく現代かなづかいに改めている。

また、弁士についてはこれまでにまとめて解説した書籍は、戦後にわずか二冊しか存在しない。御園京平『活辯時代』（岩波書店同時代ライブラリー）、そして吉田智恵男『もう一つの映画史』（時事通信社）である。

二冊ともそれなりに丁寧にまとめられているが、弁士の全盛期を知らないファンが予備知識なしに読んでも、ぴんと来ず、投げ出す羽目になると思われる。それぞれの弁士の特徴的な語り口も紙幅を割《さ》いて多数引用されているが、実際に当時公演を観たわけでもない人間に、雰囲気が伝わるかといえば、それはかなり難しい。

無声映画期は、今のように映画をパッケージとして購入し、家庭で楽しむことなど想像もできなかった時代である。そのころは、新聞や雑誌に採録された弁士の語りを読み返すことが、映画の感動を再現する手段として親しまれていたようだ。ただ、現代人が同じ追体験を得ることは難しい。今回の調査にあたって、弁士の語りを活字化したものをいくつも読んでみたが、残念ながらそこから得られる情報は乏しかった。そのため本書では、弁士の語りを長々と引き写すことは控え目にした。

また、当時の新聞紙面の情報に加え、現代の研究者の論文・筆者による新たなインタビューを参照して、まったく弁士を知らない読者でも、より具体的なイメージを持てるような表現を心がけたつもりである。黄金時代の弁士に関しては、ＳＰレコードが多数残されているので、現代の目線から往年の名調子の特徴を検証してみた。まだラジオ放送すらない、つまりアナウンサー文化が確立される以前の語り芸が、いかに現在とかけ離れた異質なものであったかに驚かされることになった。

先行する弁士本二冊の著者は、トーキーの到来とともに弁士はまたたく間に駆逐され、消えていったと書き、そこで筆を置いている。確かに弁士の没落は急激で、同時代の映画ファンに強い印象を残したことだろう。だが映画史において、真に面白いのは、その先。トーキーの登場以降もしたたかに生き延びていった時代なのである。

例えるなら、オーディオ分野におけるアナログレコードからCDへの転換に近いのかもしれない。一九八〇年代に劇的なオーディオ市場の変化があり、一般にはアナログレコードは滅びたメディアという認識を持たれた。だが、現在もアナログレコード愛好家は多数おり、数は少ないながらも地道に新盤がプレスされ続けている。さらに近年は、CDの衰退と対照的に、アナログレコード市場は回復傾向すらみられるようだ。


本書では、一九世紀末の映画伝来から無声映画全盛期、トーキー到来へと続く弁士の歩みを一通り押さえている。だが、これはまだ序盤にすぎない。トーキーとの長い共存期間、地方への拡散を経て、戦後の無声映画ブーム、ホール上映、そして新世代弁士の台頭へと続き、現代までの弁士たちが活動してきた流れを追っていく。これまでの映画史では数行で片付けられるか、まったく触れられることがなかった項目ばかりだ。

掘り下げた調査によって、私たちが見落としていた何かが見えてくるだろう。あなたも、私も、弁士のことなど分かってはいなかったのだ。それは間違いなく映画であるが、忘れ去られた映画のもう一つの可能性である。弁士はなお現在進行形で進化し続けている。

※補足　本書では、活動写真弁士を表す言葉として「活動弁士」または「弁士」を主に使用する。「活弁」という言葉は現在でもよく使われており、周防監督の映画のタイトルも『カツベン！』であるが、徳川夢声をはじめ全盛期の弁士は蔑称であるとして大変にこの呼び方を嫌った。現在では蔑称のニュアンスはほとんど失われているが、なお「活弁」の呼称を嫌う現役弁士もいるため、極力避けている。ご理解いただければ幸いである。

第1章
映画伝来から旧劇・新派まで
——弁士の登場

映画伝来前夜の弁士

何やら、ピアノのような大きな機械を、腰を屈めて覗《のぞ》き込む着物姿の客。その右隣りに立つ洋装の紳士は、何事かを説明しているようだ。時は明治中期、「時事新報」一八九六年一二月八日付の紙面に描かれたイラストの光景である（図1―1）。記事のタイトルは「写真活動機」とあり、アメリカのトーマス・エジソンが発明したキネトスコープが、神戸の神港倶楽部で公開されたことを報じたものだ。

従来の映画史では、これを日本における映画伝来の瞬間とするものもあった。事実、神港倶楽部での公開は一八九六年一一月二五日から一二月一日まで行われ、この最終日が後年[1]「映画の日」となった経緯がある。だが、キネトスコープは、一分にも満たない短い映像を、覗きからくり形式で見物するもので、現在の映画のスタイルとはほど遠い。近年ではむしろ映画前史として位置づける研究者が増えている。とはいえ、日本人が「動く写真」を体験したのはこれ

図1－1　キネトスコープ伝来を伝える「時事新報」（1896年12月8日）の挿絵

が初めてであり、極めて重要な一歩であったことは否定できない。

そして何よりも、この時点で既に「弁士」に当たる人物が存在したらしいことが注目に値する。だがこの人物が誰だったのかは、残念ながら分かっていない。映画史家の塚田嘉信は、キネトスコープの輸入者である「高橋信治氏その人をおいて他にない」（『日本映画史の研究』）と断定しているが、もう少し証拠がほしいところだ。即断せず、今後の調査に委《ゆだ》ねたほうがいいだろう。

資料によっては、この人物の正体として、弁士第一号とされることが多い上田布袋軒《ほていけん》が挙げられることもあるが、これは明確に間違いだ。上田布袋軒が弁士を務めたのは、この後大阪・南地演舞場（現在の難波・ＴＯＨＯシネマズ）で公演が行われた時である。ただ、布袋軒はこの後も弁士を続け、多くの弟子を抱えてゆくことになるので、「弁士第一号」という称号そのものは、あながち間違いともいえない。

日本映画史は冒頭からこんな具合で、残念ながら当時の実情は、今でも分からないことが多く、映画史の本を読んでも、もやもやさせられることがしばしばだ。そこで本書では、当時の文献と現代の先行研究を突き合わせる形で、なるべく具体的なイメージをつかんでもらえるよう、心がけていくことにする。

「弁士第一号」上田布袋軒はちょんまげだったか

ちなみに、先行文献の『活辯時代』も『もう一つの映画史』も、上田布袋軒の顔写真として、着物にちょんまげ姿で刀を抱えた姿を掲載しているので、この恰好で弁士をしていたのかと誤解する読者が多いのではないだろうか。

布袋軒について具体的に語る資料は、これまでわずか二点しか確認されていない。この写真は、雑誌『新演芸』の一九一六年五月号に掲載されたもので（図１―２）、影斜童子と名乗る書き手が、晩年の布袋軒を訪ねた聞き書き「活動弁士の元祖上田布袋軒」の冒頭に掲げられている。なぜ、ちょんまげ姿の写真が選ばれたのかについては、何の説明もない。

布袋軒は一八四九年、大阪南船場の大商家に生まれた。元来

活動辯士の元祖
上田布袋軒
影斜童子

我國へ活動寫眞のフイルムが輸入された明治二十九年の二月から、四十一年の春まで繼上の人であつた上田布袋軒は、活辯と云ふ文明の風が産んだ新職業の先祖であると共に、門下には例の大山とか江田とか其他の第一流辯士を養成した斯界の古老である。今は大阪市西區新町南通一丁目に息子が小間物屋を營んで居るので布袋軒は其れに養はれ乍ら樂しい餘生を送つて居る。大阪に生れて純江戸ッ兒のタイプを持た布袋軒は今年六十八歳の高齢であるが、結城紬の給を重ね古渡り唐棧に黒八の襟が掛つた絆纏を着て、齒切り良い江戸前で語り出した。

大阪船場の大商家の坊んち

旋毛曲りで他人に頭を下げずに通して来た此の老翁、大道の一品料理か、ミルクホールの様な藝名を持て居る此の翁は實名を上田恒次郎と云つて嘉永二年と云ふ、世の中に騒い風が吹き出した真ッ最中に、大阪南船場の大商家に坊んちとして呱々の聲を上げたのだ。

是れでも俺しは大きな商人の息子に生れたのですが、子供の時から他人に負けるのが大嫌で、殊に御維新の當時には何と云ふ理由も無く長州の武士が亂暴するのが癪に障つて仕樣無いので、何か事が在つたら長州の武士に一泡吹かせて遣らうと思つて居る程に、ある時今の渡邊橋ですあの橋の上で幕府の士と長州の士が口論をして、將に帶刀の鯉口を切らうとする始末なのです、恰度其處を通り掛つ

活動辯士の元祖上田布袋軒（影斜童子）

図１－２　『新演芸』（1916年5月号）記事冒頭に掲載されたちょんまげ姿の上田布袋軒

の趣味人で、家の財産は使い果たしてしまったが、勧められて、曲馬や奇術の口上役を務めていた。以来二〇年にわたってこうした活動をしていたこともあって、キネトスコープの解説役を依頼されたという。

「其時《そのとき》私は何んでも人より違った真似がしたいので、確か中座へ出勤中と思います。始めて燕尾服を着て檀上に立ったのでした」

と回想している。つまりちょんまげでも着物でもない。洋装姿の布袋軒の写真は一枚だけ確認されており、それは一九一二年四月一四日付の大阪毎日新聞における、「活動写真」という連載記事の第一回目に掲載されたものである。ここには「関西に於ける活弁の鼻祖ホテー軒上田恒次郎」という説明が付されている（図1―3）。恒次郎、とは布袋軒の本名である。

図1－3「大阪毎日新聞」連載「活動写真」（1912年4月14日）に掲載された上田布袋軒の肖像

全一一回に及ぶこの連載は、もっとも早い時期に日本映画史を振り返った資料であったため、田中純一郎の『日本映画発達史』をはじめ、多数の文献に引用されている。しかし改めて当時の新聞記事そのものを引き出して読んでみると、無署名のため誰が書いたか分からず、どこから資料を引いたのかも明示されていない。

しかも連載第一回目には、布袋軒の写真はあるが記事では一切触れられておらず、布袋軒の登場は一八日付の第四回目まで待たなければならない。いささか企画の混乱がみられる。

とはいえ、他の資料と突き合わせてみると、比較的よく調べられた記事であり、信頼性が高いことが分かってくる。時代的に仕方ないとはいえ、資料の出先が明示されていないことが実に惜しまれる。こうした不明瞭な文献に頼らざるを得ないところに、初期映画研究の難しさがある。

あやふやな情報が検証され、確定した事実が研究者によって少しずつ、固められつつあるのが、映画創成期を巡る現状である。元の資料の多くは論文や専門誌に掲載されたきりで、私たち一般の読者の目に触れる機会は極めて少ない。それらを本書のような通史にまとめることで、がらりと印象の変わった新しい日本映画史を示すことができる。文献を通して、少しずつ事実を確定させていく行為は地味だが、謎解きの面白さもある。本書を通してその感動を伝えられればと思う。

大阪毎日新聞の「活動写真」の連載記事に戻ろう。キネトスコープは南地演舞場二階座敷に置かれ、客にお茶を出しながら順番に見せるという、のんびりした様子だった。これは、当時見物した久世勇三という人物に取材した、映画研究者水野一二三の聞き書きとも、ぴったり合致する。

「一人ずつ覗いて見る代物《しろもの》だけに待合室には大勢の人が居ました。床の間には松が生けてあり、模型の汽車が電気仕掛けで走るのが面白くて大勢の人のたかっていたのを覚えています。器械の横には一人の男が立って説明をしていました」(「関西映画落穂集2」/『映画史料第九集』/一九六二年五月一五日発行)

この説明者の男こそが上田布袋軒だった。大阪毎日新聞の「活動写真」連載(四)では、次のように紹介されている。

「ユルユルのカラーをかけた燕尾服か何かで押出し何んでも説明して見せる、ナニ俺が知らぬものがあるものかと色々苦心して妙な事に理屈をつけて説明するので遂に一名を高慢屋とも云われた程だ、コノ男また感心にも高慢を云うだけに新しい写真が来ると直ぐ学者を訪問して説明を聞き歩き道を歩いていても珍しいものがあればすぐにその店に飛び込んで聞いて見るという熱心なものであった」

キネトスコープの映像とは、銃を撃ったりトランプ遊びをしたりといった、他愛もないものだったらしい。まだ欧米の生活風俗がほとんど知られていない時代である。そんな時代には、映っているものが何であるのかを、背景からいちいち解説する、まさに説明者が求められていた。

だが、チマチマとした覗きからくりはすぐに飽きられてしまった。久世勇三の証言でも、映像がチカチカとして見づらかったことが語られている。むしろ模型列車の方が人気を集めていたらしいことは、何とも皮肉だ。今日につながる「映画」が登場するまでは、ほんの少し待たなければならない。

稲畑勝太郎の困惑と映画黎明期の四系統

二〇一九年一月二九日、「『映画の父』へ手紙の控え」（「京都新聞」）という記事が報じられた。映像ディレクターで京都大学大学院生の長谷憲一郎が、一九世紀末に京都の実業家・稲畑勝太郎がフランスのリュミエール兄弟に宛てた手紙の控えを発見したというのである。その全文は、稲畑産業のホームページで公開され、映画初期の生々しいやり取りが、初めて明らかになった。

稲畑産業の創始者である勝太郎は、日本への映画技術の紹介者として、映画史では大きく扱われる存在だ。しかし、すぐに興行から手を引いたこともあり、当時の活動を伝える資料は限定的なものにとどまっていた。後年に行われた稲畑へのインタビューはいくつかあるが、あまりにも遠い過去だったため、記憶違いも多かった。今回発見された資料は、映画輸入当時のものであり、極めて重要である。

一八九七年三月一八日の稲畑の手紙は、こんな憂《うれ》いを帯びた調子で始まっている。

「私とジレルは、初《しょ》っ端《ぱな》からいくつかの不運に見舞われたと申し上げなければなりません。私どもは一月の中旬に帰国しましたが、アメリカ系の競争相手たちがほぼ同時に日本に—東京、大阪、そして横浜にも（この競争相手はフランス系です）—やって来ました」（「稲畑勝太郎のリュミエール兄弟宛て書簡四通」／稲畑産業ＨＰ／堀潤之訳）

そこには、たまたまの巡り合わせと純然たる好奇心から映画興行に乗り出した実業家が出くわした、創成期ゆえの混沌《こんとん》への困惑が見て取れる。

神戸でのキネトスコープ公開から数カ月後、関西と関東で一斉に映画輸入の動きがあり、競争相手に手を焼きつつも、なんとか「映画輸入第一号」の座をつかんだ稲畑の苦心が浮かび上がってくる。

映画を「動く写真」ではなく、スクリーンに投射して劇場で大勢に見せる「メディア」として考えると、映画を考案し完成させたのは、フランスのリュミエール兄弟だった。エジソンのキネトスコープはまたたく間に忘れ去られてしまったが、リュミエール兄弟のシステムは巨大な産業へと発展し、現在までほとんど変わらぬ形で運用されている。近年、リュミエール兄弟を映画の発明者とする論調が強まっているのは、こうしたわけだ。

稲畑はかつてフランス留学時代にリュミエール兄弟の兄オーギュストと同窓だった。稲畑は一八九六年に商用で渡仏した際にオーギュストとの旧交を温め、シネマトグラフ開発のニュースに遭遇した。強い関心を持った稲畑は、兄弟と交渉して日本での興行権を取得、お目付け役を兼ねた技師のコンスタン・ジレルを伴い、翌一八九七年一月九日に帰国した。

後に松竹の映画監督となる野村芳亭《ほうてい》[2]（映画監督野村芳太郎の父）らが立ち会う中、二月中旬（雪の降った二一〜二四日のいずれかの日）に、京都・四条河原町の京都電燈（現在の「元・立誠小学校」）で試写が行われ、一五〜二八日にキネトスコープと同じ大阪・南地演舞場にて公開が実施された。つまりこれが日本における映画公開の第一歩であり、キネトスコープと同様に関西から興行がスタートしたのは興味深い。

だが、話はこれだけで終わらない。リュミエール兄弟に後れをとったエジソンは、大慌《おおあわ》てで対抗をはかった。何がなんでも「映画発明者」の名声がほしかったらしい。この時期のエジソンは他人の発明を強引に横取りしたり妨害したりと実に評判が悪く、これもエジソンが映画史から退場させられつつある原因の一つとなったといってよいだろう。エジソンは他人が開発した映写装置を強引に買い取る形で、「ヴァイタスコープ」なるものを仕立て上げた。

このエジソンの目論見《もくろみ》に乗る形で興行に手を挙げたのが、英語の堪能《たんのう》な大阪の西洋雑貨商・荒木和一だった。近年、武部好伸[3]が『大阪「映画」事始め』（彩流社）で、荒木によるヴァイタスコープこそが日本における映画上映第一号であると従来の説に異を唱え、話題を集めた。

だが、荒木の証言は混乱を極めており、毎回言うことが違っていた。田中純一郎は、信用できぬとばかりに、論評抜きで捨て置いている。塚田嘉信は、荒木の証言を整理して、ヴァイタスコープの試写は一月八日に大阪の福岡鉄工所で行われたのではないか、と推理してみせた。これがもし本当なら、稲畑より早い。だが、これとてただの推理である。シネマトグラフにおける野村芳亭のような第三者の証言はない。仮にこの日に試写があったとしても、第三者に公開されていない身内の試写になんの意味があろうか。

こうした映画創成期の本家争いは世界各地で起きており、検証できない試写を持ち出せばきりがないため、近年では「第三者への公開」を線引きとする目安が固まりつつある。ちなみに、荒木系ヴァイタスコープは稲畑よりやや遅れ、同じ大阪の新町演舞場にて、[4]二月二一～二四日に一般公開された。

さらにここから遅れて、新居商会系のヴァイタスコープが三月六日から東京・神田の錦輝館で、吉沢商店系のシネマトグラフが三月九日から神奈川・横浜湊座で公開された。何事にも目ざといはずの関東の事業者たちが関西に出遅れたのは意外な気もするが、まさに稲畑が困惑気味に書いている通り「ほぼ同時」に、各地で初の映画興行が行われたのである。

これまでの映画史でも、主に四系統に分類される複雑な輸入経路が紹介され、多くの研究者が背景に推理を巡らせてきた。『日本映画史の研究』の塚田嘉信は、このうち吉沢商店による横浜の興行と稲畑の間には連携があったのではないか、と推理していた。だが稲畑の書簡から明らかになったのは、なんのことはない、四系統はバラバラだったということである。

稲畑は「競争相手が来るのを防ぐために、空いている会場が見つかるまで、一晩につき四四円で劇場に機材を貸し出す」といった、涙ぐましい対抗措置を講じている。そして横浜の吉沢商店系シネマトグラフについては、「すでに誰かに機材を販売なさったのでしょうか。そうでなければ、この模造者に抗議するか、止めさせてもよろしいでしょうか。どうやらレヴィという名前のフランス人がユダヤ系商会の従業員で、パリから機材を持って来させたようなのです」（ともに先述三月一八日書簡）と、怒りと抗議が入り交じった感情がうかがわれる。

それはそうだろう。今回発見された書簡によれば、稲畑は総計一万四七〇〇フランもの莫大な金額を支払って独占契約を結んだ。にもかかわらず、ちゃっかり他にも売られていたとなれば、それはショックだろう。二〇一九年二月一日読売新聞夕刊の報道では「長谷さんによれば、今の約一億二〇〇〇万円に相当する額」であるという。[5]

稲畑はほどなく興行から撤退することになった。

四系統すべてに存在した弁士

このように日本の映画興行は四系統がてんでばらばらに始まったが、実に興味深いのは、いずれの興行にも弁士がついていたらしいことだ。

まずシネマトグラフだが、先述の『新演芸』の聞き書きによれば、大阪での初上映時に、上田布袋軒への依頼があったという。だが布袋軒は「お恥ずかしいが欧文というもの只《ただ》の一字も判りませんから」と断ったという。布袋軒はやや言葉を濁しているが、その後、荒木和一のヴァイタスコープ公演に登壇していることに鑑みると、荒木に義理を立てるための言い訳だったのかもしれない。

布袋軒の代わりに弁士を務めたのは、当時片岡仁左衛門《にざえもん》の弟子で片岡才槌《さいづち》を名乗っていた高橋仙吉だった。高橋が弁士をしたのはこの回限りとなるが、このときに映画の世界と縁が出来たようで、後に松竹[6]の手代となった。ちなみにこの大阪での公演を見た人の中には「説明などはなかった」(「活動写真の渡来」/『あのな』一九号/一九二五年七月一一日発行)としているものもあるので、高橋が興行期間の途中で降りた可能性もある。

そして京都・東向座の公演では、坂田千駒[7](千曲とも)という人物に任せた、と野村芳亭が「稲畑さんの活動写真」(『日本映画事業総覧　昭和2年版』/国際映画通信社)なる回想記にて語っている。

「この人は記憶術の大道商人で、ベラベラしゃべっている男であった」

という評価で、ややそっけない。この年の『事業総覧』では、稲畑も寄稿しており、「京都京極の壮士俳優に余のフロックを着せて弁士をさせたこともある。蓋《けだ》し、活弁では元祖の方であろう」（「真っ先に活動写真を輸入した私」）とのことで、生真面目な稲畑にしては、文面から悪戯心《いたずらごころ》が感じられるのが面白い。稲畑が「壮士俳優」として坂田を記憶していることを、野村はいぶかしんでおり、両者の印象にはかなりズレがある。

一方、関東の吉沢商店系シネマトグラフの説明を担当したのは中川慶二[8]で、この人物は横浜市水道事業所勤務の官吏であった。お堅いイメージに相反する趣味人で、「万事に物好きの所から毎晩の様に港座〈ママ〉に観覧中の事吉沢商店の店員にて写真師にして旧友たる故人白石某氏の懇談に従い此の事を承諾して面白半分説明の労を執りたる次第」（「活動写真今昔物語」第二回／『活動倶楽部』一九二二年一〇月号）と、観客からずるずる弁士になってしまった経緯を回想している。その後、人気が出るにつれて出番も増え、役所は休みがちになり、ついには退職してプロの弁士となったという。では中川が客の時代には弁士はいなかったのかというと、そうではなかったようだ。

「説明者は居りましたが普通見世物の口上《こうじょう》言《い》いでありますから、品が悪うていけない、と云うので更に活動写真弁士と云うものを置かれました」（「活動写真今昔物語」／『活動写真界』第一八号／一九一一年三月一日発行）

『活動倶楽部』と『活動写真界』の回想録はともに「活動写真今昔物語」というタイトルが付けられているが、微妙に内容が異なるようで、ややこしい。中川はともかく自分はインテリなので、無教養な口上言いよりも質の良い解説ができるといいたいのだろう。こちらとしては中川よりも前に弁士を担当していた人物についても知りたいのだが、それは判明していない。

次に荒井商会系のヴァイタスコープを担当した十文字大元（図1—4）だが、創生期の顔ぶれの中では、かなりの変わり種《だね》だった。後に自彊術《じきょうじゅつ》（健康体操の一種）の名付け親として開祖を称した（考案者は別）人物で、随分とエキセントリックな存在だ。『日本映画事業総覧　昭和二年版』には大元の「活動写真という名の由来」なる談話が掲載されているが、そこで関西勢の公演をすっ飛ばして、そこに自分のヴァイタスコープをはめこみ、われこそは第一号と名乗っている図々しさにはちょっと驚く。大元の兄は代議士の十文字信介で、兄とともに経営していた十文字商会に、荒井商会が映写機の光源用に石油発動機を求めてきたことから、演説好きの大元は弁士役を買って出た。

「写真がうつる前三十分から一時間位、発明者の苦心談、器械の構造、撮影及び映写の方法について説明するのである」（「活動写真という名の由来」）

前口上が一時間もあっては、どちらが主だか分かったものではないが、演説もまた娯楽として楽しまれた時代があったということだろう。田中純一郎が訪ねた時は「〝妙中の妙、奇中の奇〟という言葉が得意で、盛んにこれを濫発《らんぱつ》したものです、とも話した」（『日本映画発達史Ⅰ』）という。

図1－4　十文字大元

初期の四系統の最後に、本章の最初に登場した「弁士第一号」上田布袋軒が荒木和一のヴァイタスコープを担当した際のことにも触れておこう。荒木にこだわりを持ち繰り返し聞き取りを行った、水野一二三による「関西映画発達史談４」（『映画史料　第一一集』／一九六四年一月一五日発行）では、荒木から見た布袋軒の姿を知ることができる。

「仲々の口上言いで、この時の関係が機縁となって、私の興業〈ママ〉にはずっと出てもらう様になりました。関西で活動弁士の草分けで、東に駒田好洋〈後述〉、西に上田布袋軒ありと明治三十年代には仲々もてはやされたものです」

ノリの良い関西人の一面と博識なインテリの一面がある者同士、馬が合ったのだろう。初期弁士の多くがその時限りで止めてしまう中にあって、布袋軒は「私は将来必らず日本で大流行するものだと思いまして、弁士として世の中を送ろうと其の時に決心したのでした」（「活動弁士の元祖上田布袋軒」）と決意し、見事にその意思を完遂した。シネマトグラフにはタッチしていないものの、布袋軒は、やはり弁士第一号の名にふさわしい。

荒木の証言によれば、一八九七年五月六日、稲荷の彦六座（京都の伏見稲荷のことか）で興行したことがあったというが、この作品は『メイ・アーヴィンとジョン・C・ライスの接吻《せっぷん》』（一八九六）という。もともとはキネトスコープ用に作られた映画だが、現在でも時折「世界初のキッス」として上映されることがある。キネトスコープ用なので大変に短く、映画の先頭と末尾をつないでループ上映されたようだ。現在では想像もつかないが、当時は日本に限らず世界各地で「風紀を乱す」と、上映禁止になったという。当時の日本では劇場に警官が常駐して監視の目を光らせており、荒木はハラハラしながら様子をうかがっていた。

「布袋軒はこれは西洋の礼式の一つであって、何もおかしいものではないと舞台の前説明でキッスについて大講演をやり、警官の方が喰《く》われた形で、どうやら無事に済ませたことがありました。〈中略〉五十呎《フィート》のフイルムが、サラサラと映写機を通過して、パッと場内に電燈がついた時、観客一同、成程《なるほど》！と、いかにも東西風俗の違いを会得したかの如く、苦笑満面に溢《あふ》れていたのを記憶しています」

これ以降、布袋軒は一九〇八年まで弁士を続けていた。だが広島の寿座で『不如帰《ほととぎす》』の公演の直前、息子の妻が危篤《きとく》との電報を受け、動揺して、思わずトチッてしまった。

「日本最初の弁士として尊敬されているのに対しても大いに恥ずべき事だ、潔く斯界《しかい》を退こうと覚悟をしまして、其晩を弁士生活の終りとして帰阪したのです」（「活動弁士の元祖上田布袋軒」）

せめて引退興行をとのファンの声も退け、布袋軒はその後、二度とスクリーンの前に立つことはなかった。残念ながら、録音による布袋軒の肉声は、今のところ確認されていない。六八歳まで生きていたことは分かっているものの没年も不明。

最初の弁士の姿を明らかにするべく、今後も調査が望まれる。

源流としての写し絵と幻燈

創生期の日本の映画興行には、なぜすべて弁士が揃っていたのだろうか。ずっと時代を下った一九六〇年代、名画座ブームのころには、無声映画は弁士なし上映が普通だった。忘れ去られていた往年の無声映画も相次いで再上映されるようになったものの、弁士や伴奏が用意されることは少なかった。詳しくは後述するが、当時の映画ファンの間では、「無音で上映する方が、映画監督の意図がより忠実に伝わる」という主張が優勢だった。実は映画ファンの視界から外れた部分では、弁士付き上映は盛んに行われていたのだが、一般の映画ファンと弁士付き上映が出会うまでは、まだしばらく時間が必要だったのである。

ところが無声映画の時代、日本では映画が無音で上映されることはほぼなかった。先述の通り、創成期ですら弁士が欠けることはなかった。弁士は誰かの発明で導入されたものではなく、当初から誰もがごく当たり前のように語り手を用意して上映を行ったのだ。なぜ、例外は一つもなかったのだろうか。その背景を考えてみよう。

日本の伝統芸の中には、人形浄瑠璃のように演者・話者・奏者が分担されているものがある。また、映画が導入された当時、暮らしの中には、投射した映像と語りで楽しむ、身近な芸能が溢れていた。大久保遼による研究「写し絵から映画へ　映像と語りの系譜」（岩本憲児編『日本映画史叢書一五　日本映画の誕生』／森話社）では、一八九五年に連載が開始された樋口一葉の小説『たけくらべ』

にも出てくる「幻燈」のことがまず語られている。明治時代、「幻燈」は子どもにも人気があった。「上映と上演の混淆《こんこう》は、映画の伝来とともにはじまったのではなく、『たけくらべ』に描かれた幻燈のように、映画以前にも広範に根付いていた」

この「幻燈」だが、早くも江戸時代の明和年間（一七六四〜七二年）には、上方に西洋式幻燈として伝わっていたようで、江戸中期には「幻燈」から発展したガラスの種板を投射する「写し絵」（関西では錦影絵と呼ばれた）が寄席《よせ》芸として成立していた。「写し絵」はガラスの種板に光を当てながら壁面に投射し、適時切り替えながら、簡単な動きを作り出すことすら出来た。池田光恵・大阪芸大教授が率いる「錦影繪池田組」は、研究を重ねながら、「錦影絵」の復元を試みてきた。「池田組」のＨＰに記された研究成果によれば、発見された種板を分析した近年の研究から、上方では一八世紀後半には、「複数の木製幻燈機を使って、語りと音曲に合わせて浄瑠璃や歌舞伎などの物語を和紙スクリーンに映し出す上演が行われて」いたという。池田らの手で復元された「錦影絵」は、アニメの原点として、近年注目度が高まっている。

時代を下って明治となった一八七〇年代、再渡来したマジックランタンが「幻燈」として普及し、視聴覚教育に利用されるようになった。生物・地学・医学などの科学教育・啓蒙活動に用いられた一方で、娯楽としても機能していた。講師は映像を投射しながら、説明を行った。近年まで学校現場に残っていた「スライド授業」は、この名残といえるだろう。

日清戦争期に各地で流行した日清戦争幻燈会は、娯楽と教育（というよりもプロパガンダ）の要素を混ぜ合わせたグロテスクなキメラだった。戦況を再現した稚拙な幻燈画が、講談まがいの語りを交えて上演され、熱狂とともに消費された。残念な事例ではあるが、苦みを込めて振り返っておきたい。

このように、映画が到来した当時、何かを壁面に写し、演奏したり語ったりしながら鑑賞することは、極めてありふれたことだった。教育用幻燈では、語りだけで演奏はなかったらしいが、逆に西洋での無声映画上映のように、演奏だけで語りがないという状態は考えられないことだった。

つまり当時の日本人にとって、映画はまったく新しい未知の娯楽ではなく、日常によくなじんだ投射映像文化の延長線上に位置するものだった。大久保は指摘する。

「活動弁士の『誕生』は、この映画以前の『映像と語りの系譜』との関係の中でとらえ直すことができるだろう」

弁士を受け入れる私たちの素地は、映画以前から存在し、現在もなお、ナレーションや実況の形で、変わらず受け継がれているという見方もできる。

一方、伴奏についてだが、初期映画における音楽がどのようなものであったかは、実のところよく分からない。ただ、人形浄瑠璃の事例を考えても、語り芸には何がしかの伴奏はあったと考えるのが自然であろう。それが、映画史の展開とともに、三味線・ヴァイオリン・太鼓などから成る独特の和洋合奏に整備されていった。規模や演奏スタイルはまちまちだが、上映に伴うのが、語りだけ、音楽だけということは、ほとんどなかった。

「頗る非常大博士」来たる

「錦影絵」や「幻燈」とは違い、映画は格段に自由度の高い表現だった。原理的には、カメラを向ければ何でも表現できるわけで、物語表現の発見は時間の問題だった。だが、日本の場合は、「弁士」というもう一つの要素があるため、映像と語りという両者の間合いをどう取っていくかは、なかなか頭の痛い問題だった。

ここまで見てきた「初期映画」では、外国の珍しい風物の動画を見せてそれについて「説明」することが求められた。だがもちろん、それではすぐに飽きられてしまう。新しい公演のあり方が求められていた。そこに登場するのが、「頗《すこぶ》る非常大博士」駒田好洋（図1―5）だったのである。弁士こそが主役となり、確固たるキャラクターをもって語り芸を見せること、これが駒田の示した次なる一歩だった。

初期映画の一系統・新居商会が映画興行から撤退するにあたり、一式を譲り受けたのは、広告業者・広目《ひろめ》

図1－5　駒田好洋

屋《や》だった。ここで勤務していた駒田は、もともと弁舌が得意だったことから、興行を一手に引き受けるようになる。

駒田は、興行師であって、科学者でも博士でもない。ところが、自ら「頗る非常大博士」と名乗り、映画を上映しながら、実にもっともらしい口上を並べ立てた。あたかも海外から直接この町に乗りつけ、珍奇な新発明を御覧に入れる、という具合で、マッドサイエンティストのようなキャラクターを演じてみせた駒田は、確かに時代に先んじていた。

駒田はフィルムを手に、北は北海道から南は鹿児島まで、全国津々浦々を巡業し、映画文化を届けた。鉄道網が未発達だった時代に、よくぞここまでと、驚くばかりである。この詳細な記録は、前川公美夫編著『頗る非常！　怪人弁士・駒田好洋の巡業奇聞』（新潮社）にまとめられた。

田中純一郎も、大正末期に信州諏訪で駒田の巡業を見たことがあるという。まず事前に街中に「明日！ついに来る！頗る非常大博士」といった正体不明のポスターを貼り期待を煽《あお》っておく。そしていよいよ巡業隊が町に到着すると、興奮は最高潮に達する。

「高らかに吹奏楽を演奏しながら、町廻りをはじめる。長身で色白く、美貌な駒田は、シルクハットに燕尾服といった格好に、軽快な指揮棒を振って、その先頭を颯爽《さっそう》と行進する。イヤ、その見事さといったら胸がすくようでした」（『日本映画史発掘』／冬樹社）

皮肉屋の田中ですらここまで書いているのだから、素朴な田舎の人々は、たちまち魅了されてしまったことだろう。

十文字大元が「妙中の妙、奇中の奇」なる意味ありげで無意味な言葉を連発したことを意識し、「頗る非常」と不必要なまでに何度も連呼してみせた。意味は特にない。「なんと驚くべき」ぐらいのニュアンスだろうか。ナイアガラの滝が映っているだけの風景映像をただ映写しても、もう観客は驚かなくなっていた。だが「頗る非常」と連発し、これぞ異境の驚異・七不思議と煽ることで、観客は世にも珍しいものを観たような気分になってしまう。駒田は、キャッチコピーの重要性を、この時代に早くも理解していたのである。

常設館の誕生と『ジゴマ』襲来

そしてこのころからようやく、自国産映画も作られ始めた。とはいえ、それは『芸者の手踊り』(一八九九)や歌舞伎をそのまま撮った『紅葉狩』(同)、ニュースの再現『稲妻強盗』(同)といった、素朴なものでしかなかった。まだカット割りも編集も概念として理解されていないころで、カメラは据《す》えっぱなし、一巻分のフィルム撮影が終われば、それで映画もおしまいだった。

とはいえ、徐々にフィルムのストックも出来始め、一九〇三年一〇月、最初の常設映画館「電気館」が浅草に開設される。この不思議な館名は、かつて電気仕掛けを見世物にしていた名残という。一九八六年の新作無声映画『夢みるように眠りたい』(第6章にて詳述)にも登場したから、案外最近の映画ファンでも名前だけは知っているかもしれない。

着々と成長を続けているように見えた映画産業だったが、実はこのころ、すでに客から飽きられ始めている兆候があった。芝居にせよ風景にせよ、数分間「ただ撮っただけ」なのには変わりがないから、そのままでは早晩消え去る運命だっただろう。

こうしたジリ貧な状況を一気に打ち破ったのが、フランスから突如到来した、ヴィクトラン・ジャッセ監督による映画『ジゴマ』（一九一一）だった（図1―6）。『ジゴマ』は、変幻自在に変装を繰り返しながら探偵や警察の追及をすりぬけて悪事を繰り返す謎の怪盗の一代記。堂々と悪の勝利がうたわれている点でも衝撃的だったが、怪盗と探偵の「追っかけ」という、映画的な物語のスタイルが初めて提示されたという点でも重要な作品だった。それまでの映画はあくまで「見世物」の延長線上にあったが、ここで初めて映画は「物語表

図1－6　『ジゴマ』

現」へと飛躍を遂げた。

本国フランスをはじめ世界各地でもそれなりにヒットしたのは確かなようだが、狂騒を呼び起こしたのは日本だけであった。永瀬重敏『怪盗ジゴマと活動写真の時代』（新潮新書）は、そのフィーバーぶりを克明に追っている。現在、すべて一時間以下の断片とはいえ、四種類の『ジゴマ』のフィルムが国立映画アーカイブに保存されている。どうやら母国フランスにもフィルムはないようで、いかにこの映画に日本の観客が熱狂したかがよく分かる。

しかし、その後日本では、映画が犯罪を誘発したとして、この作品が検閲強化の口実に使われてしまった。弁士の語る内容を事前に検閲するために、台本提出を求める制度も作られた。

無声映画の全盛期、弁士の「台本」は、自分自身で書くものとされていた。現代の弁士もそれを踏襲《とうしゅう》し、原則として自ら執筆することが求められる。しかし、弁士の台本は予《あらかじ》めきちんとできていたかというと、必ずしもそうともいえないようだ。弁士の歴史に詳しい現代弁士の片岡一郎の話を聞いてみよう。

「そもそも洋画はきちんとした台本がありませんから、ある程度弁士自身が書く必要が当初からありました。一方で邦画は、初期には何の台本もない状態でフィルムだけが劇場に届けられて弁士が四苦八苦したそうで、やがて撮影台本の写しがフィルムと一緒に届くようになったそうです」

この撮影台本を提出して弁士台本として検閲を受けることもあったため、後世の研究者は大いに混乱した。当然、公演で弁士が語る内容は台本とは異なるのだが、そのあたりはある程度見逃されたようだ。つまり、まだこのころには台本のスタイルは定まっていなかった。もともとの必要性と検閲の両面から、時間をかけて徐々に整えられていったとするのが自然だろう。

『ジゴマ』騒動を機に、カメラワークと編集に工夫を凝らして映画ならではの物語作りをみせるようになった洋画は、知識人階級の注目を集めてゆくこととなった。その一方で、次第に洋画と日本映画の分断が著しくなり始めていた。

洋画解説者・染井三郎

洋画と日本映画の分断は、弁士にも及んだ。洋画はインテリ層に好まれ、弁士にもそれなりに学歴と教養が求められた。西洋史や風俗・文化など背景の解説が必要とされたからである。そうした洋画弁士の頂点として人気を集めたのが、染井三郎である（図１―７）。染井は戦後一九六〇年まで生きたため録音が残っており、ＳＰレコードや国会図書館の「歴史的音源」でその声を聞くことができる。染井のあまりにも甲高い声質は、今聞けば耳障《みみざわ》りに感じるほどである。しかし、これはマイクがない時代の発声法で、この方が遠くまではっきりと声が届いたのだという。

図１－７　染井三郎

このころ染井の代表作となったのが、イタリアのエンリコ・ガツツオーニ監督『アントニーとクレオパトラ』(一九一三)である(図1—8)。まだアメリカ映画の影は薄く、洋画といえばフランス映画やイタリア映画だった。ガッツオーニの代表作といえば、世界的には『クオ・ワディス』(一九一三)であり、『アントニーとクレオパトラ』は忘れさられて久しい。だが日本では、染井の語りの力により、高い人気を集めた。

「星うつり物変わり春秋ここに二千年、今なお渡る旅人の噂に残る物語」などと、漢語の教養を感じさせる語り口が人気を集めたということである。「淡々として激するところがないので客観説明と言われた」(『もう一つの映画史』)と評されている。あまりにも淡泊で抑揚がないため、現代では物足りなく思う人もいるかもしれないが、この一歩引いたスタイルが、「出過ぎず映画を引き立てる」として、東京圏では人気を博

図1－8 『アントニーとクレオパトラ』

したようである。

「予は一体に弁士が嫌いであるが、帝国館の染井三郎にだけは感心している。まれにはヨタを飛ばすこともあるけれど、概して説明が簡結〈ママ〉にして、要領を得ているし、音声が明瞭で力があって、しかも映画の効果をさまたげるような憂いがない」（谷崎潤一郎『芸術一家言』／金星堂）

次第に、このころから、知識人の弁士嫌いという風潮が出てきたのだろう。谷崎潤一郎は映画に魅せられ、映画史に残る『アマチュア倶楽部』（一九二〇）の脚本を書いたほどだったが、弁士を疎《うと》んじていたようだ。谷崎は「映画の効果を妨げない範囲で、簡略に筋を説明すれば足れりと思う」と断じている。これは特に突出した意見というわけではなく、洋画を好むようなインテリ層の間ではおおむね共有されていた見解といえよう。

戦後になって当時を振り返った、映画批評家の飯島正は、こうつぶやいている。

「あんなに嫌わなくてもよかったとは思っている。思ったけど、当時としては実にしゃくにさわった」（『日本映画の黎明』／『講座日本映画1　日本映画の誕生』／岩波書店）

特に嫌われたのが、日本映画の弁士たちだ。そんなにも強く嫌悪されるような、どんなことを弁士がしたというのか。実はこのころ、弁士の力によって日本映画は、洋画とは似ても似つかぬ、まったく別のものになってしまっていたのである。

日本映画の旧劇と新派、洋画における弁士

明治時代末から大正にかけての一九一〇年代に製作された日本映画は、残念ながらほとんどが失われてしまった。そのためもあって、当時の映画界で何が起きていたのかを知るのは、非常に困難である。だが、近年少しずつフィルムの発掘が進んできたこともあり、ようやくおぼろげな姿が見え始めている。

当時の日本映画は、旧劇と新派という二系統に分かれていた。ざっくりといえば時代劇と現代劇なのだが、現代のイメージとはかなり異なるので注意が必要だ。どちらもカメラは真正面に固定され、ほぼ動かない。フォーカスも一定でカット割りもクローズアップもなく、まるで劇場中継のように、演者の動きを記録するのみだ。旧劇は、歌舞伎や講談を原作にしたもので、スローテンポで展開し、伝統の所作に則った演者の動きは、完全に歌舞伎の引き写しだった。

新派は、いわゆる「新派悲劇」で、不幸な境遇の男女が、すれ違いの末に恋に破れる展開が、繰り返し描かれた。そしてどちらにも女優はおらず、女形《おやま》が女性役を務めた。それもまた、クローズアップができない理由の一つとなっていた。

映画興行がスタートした時代、地方住民や低所得者層はそもそも演劇を見たことがなかった。そのため、居ながらにして芝居を安価で楽しめる装置として、映画は歓迎され、観客が殺到した。海外でも初期は演劇の引き写しのような表現が目立っており、日本が特異だったとはいえない。しか

し海外では、スタジオ同士の競い合いの中で、次第にカメラの構図に凝り、細かいカット割りを駆使した映画独自の表現が編み出されていった。

ところが日本では弁士がいた。彼らは激しいカット割りやクローズアップを嫌った。編集作業によって映画が独自のリズムを主張し始めると、自分たちのテンポを崩して画面に合わせなければならなくなる。それは自分たちが脇役に転落することであり、耐えられるものではなかった。画面がのっぺりと単調であればあるほど、弁士は自由自在に語ることができ、喝采を得ることができた。

先にも述べた通り、当時のスター弁士は「総理大臣より高い給料」と揶揄《やゆ》されるほどの高給取りで、映画に登場する俳優よりも、むしろ劇場のスター弁士目当てに観客が押し寄せた時代だった。

従ってスター弁士の発言権は絶大で、洋画のような説明字幕を付けることが許されず、日本映画は弁士が語るための素材に近いものになっていった。監視カメラ映像のような固定された画面の中で、登場人物は右に左にゆったりと動く。現代に残されたフィルムをただ映写してみても、退屈なばかりで、ストーリーさえほとんど分からない。なるほど、昔の映画は幼稚だったのだ、と誤解する映画ファンが少なくないだろう。だが、当時は、そうした単調な映像を無音のまま上映していたわけではなかったのである。

この時代、日本映画の主流は「陰ぜりふ」といって、舞台裏から複数の弁士が役ごとに別の声を当てていた。アニメのアテレコを思い浮かべてもらうと、近いかもしれない。ただし、録音するのではなく、生でその場で、演じていたのである。

後に活動弁士の代表的存在となる徳川夢声は、このころ、一九一三年に入門している。芝の桜田本町にあった第二福宝館でデビューした夢声が、この時代の「陰ぜりふ」について、自伝で語っているので紹介しよう。

「ところで、西洋物の方は受け持ち弁士が定まれば、別にもう相談も打ち合わせもいらないが、日本物となるとこと面倒である。それぞれに登場人物の担当があって、台詞と台詞の受け渡しであるから、お互いにキッカケを巧く渡さないと、あとの言葉が出にくくなる」（「弁士見習となる」／『夢声自伝・上』／講談社文庫）

拍子木など鳴り物も入れ、本当に演劇を見ているかのように観客に錯覚させる方向にばかり、工夫が凝らされ続けた。

「これが不幸にして浅草の興業〈ママ〉で人気になったことから、日本映画が長い間この間違った道から引き返せなかったのである。この種の興行法が、映画の自由な発展を阻止したことは大きい」（『日本映画発達史Ⅰ』）

洋画では一人の弁士が補足的に説明を加えるのみというスタイルで、映画が主役で弁士は補佐役にすぎない。それなのに日本映画は、弁士によって乗っ取られ、映画作品そのものの発達が阻害されているではないか。知識階級の映画ファンたちは、次第に弁士への怒りを膨らませていった。洋画と日本映画、両者が簡単に見比べられる環境にあったため、対立構造は分かりやすかった。それでも日本映画に対する改革への要望が聞き入れられなかったのは、洋画はインテリ層、日本映画は庶民層という分断がくっきりしていたからである。

声色弁士・土屋松濤の罪

現在では想像することも難しいが、それほどまでに庶民層には「芝居を観たい」という欲求が強くあったようだ。映画はその願望を気軽に叶えるためにうってつけだったのだ。演劇の間に映画を挟み、舞台上では難しい追っかけアクションを展開する「連鎖劇」というシステムも、このころ流行したという。

庶民層は映画と演劇を区別することにさほど関心を持っておらず、新しい芸術表現として映画に期待するインテリ層と鋭く対立した。あるいは、それはインテリ層の独り相撲でしかなく、庶民層は自分たちが軽蔑されているということすら知らなかったのかもしれない。

こうした「芝居もどき」映像に声を当てる弁士は「声色弁士」として軽蔑された。洋画の弁士は「説明弁士」と呼ばれ、「声色弁士」よりも一段上の存在だった。作品の背景となる知識が必要であったからである。声色弁士は語りさえ達者であれば、教養など特に必要でなかったため、テキ屋的な古い興行文化を感じさせる人々が多数存在した。無教養なくせに偉ぶって映画を歪める俗物、とばかりに、声色弁士は散々に批判された。その代表格が、「一人十役」とすら言われ多数の声色を一人で使い分けた土屋松濤（図1—9）であろう。

土屋の音源は幸いにも何点か残されており、国会図書館の「歴史的音源」などで閲覧可能だ。とにかく変幻自在、早いテンポで子供、女性、老人などありとあらゆるキャラクターを次々と演じ分けるさまには、今聞いても驚く。なるほど、これは「芸」である。

土屋の人気を伝える同時代の資料としては、一九一六年三月二日付読売新聞「活動覗記」がある。これは浅草・オペラ館で土屋が新派悲劇『誓』を公演した際のルポである。創成期の映画館の熱気を同時代に記した、非常に貴重な資料といってよい。

図1−9　土屋松濤

この日は月曜日であったにもかかわらず大混雑で、記者は唖然《あぜん》とする。

「下駄、草履、靴等はいずれも札付きで、まとめられて山をなし、エー御案内！御案内！の太い声細い声は蓄音機式に連発、イヤハヤまったく珍らしい人気である」

強引に押し込められて身動きもとれないはずの観客は、文句一ついわず水を打ったような静けさで、土屋の名調子に聴き入る。

「佳境《かきょう》より佳境に入り殆《ほとん》ど息吐く暇も許さない〈中略〉憂愁《ゆうしゅう》の雲は鮨詰《すしづめ》の観客を包み中にはハンカチを取り変える婦人連も大分出来た」

現代に残された音声だけでも引き込まれるのだから、ライブで演じるさまを見た当時の観客がどれほど熱狂したかは想像に難くない。この時土屋が受け持ったキャストは実に十一名。

ところがこの土屋は、インテリ評論家層には、悪の親玉とばかりにひどく叩かれた。

「土屋はもとより学識はなく、ただの声色渡世《とせい》の芸人だったから、映画と舞台の区別を弁《わきま》えるわけではなく、どんな内容の映画でもことごとく自己流に説明し、場面転換の早いのを嫌って、一場面で声色を長々と喋《しゃ》べれる〈ママ〉のを好み、時には映写回転の速度を落とさせ、たっぷりと一席を弁じ、終りには必ずお得意の舟唄をひとくさり吟《ぎん》じる、という風だった」（『日本映画発達史Ⅰ』）

土屋が「こんな映画じゃ声色がやりにくい」といえば、作り直さなければならないほどの強大な権限があったのだという。なるほどそれは傲慢《ごうまん》に見える。ただ、それは土屋の増長《ぞうちょう》というよりは、より楽しめるものとしたいというプロ意識の発露《はつろ》だったのではないだろうか。

先述の読売新聞のルポで、土屋はこのように語っている。

「兎《と》に角《かく》ひとたび舞台に立てば既に劇中の人物でフィルムの回転につれて声色するのではなく声色につれてフィルムが回転するもののように思います」

土屋は、自分の調子に合わせて、映画の映写スピードまで変えさせた。このために画面の動きがぎこちなくなり、不平をいう客もいた。さすがにこれはやりすぎだと思うが、必ずしも悪影響ばかりではなかった。

成田雄太の研究「日本映画と声色弁士　活動弁士を通した日本映画史再考の試み」（『日本映画史叢書一五　日本映画の誕生』）では、当時の映画評を引用しながら「土屋は条件さえ合えば、つまらない作品を面白い作品に『改変』することが可能な弁士だった」ことが指摘されている。

映画製作者も弁士の要求に唯唯諾々《いいだくだく》と従っていたわけではない。現在残された数少ないフィルムを観ると、どこかに映画的な表現の爪痕《つめあと》を残そうとする映画人たちのこだわりに気付かされる。『雷門大火 血染の纏《まとい》』（一九一六／日活京都）（図1―10）は、日本映画界初の大スター・尾上松之助が全盛期であったころの一本。クライマックスには、福井・東尋坊あたりかと思《おぼ》しき奇岩の光景を背に歩く松之助の映像が突如現れ、驚かされる。

夭折《ようせつ》した女形スターの立花貞二郎が主演する『うき世』（一九一六／日活向島）（図1―11）では、最後に立花のクローズアップが一瞬だけ写され、映画の虚構性が強調されて終わる。

もちろんどちらも、据えっぱなしのカメラによる極めて演劇的な様式を原則として守っているのだが、そこから突き抜けようという意志は強く感じられる。弁士と映画人は絶え間ないせめぎ合いの中にあり、そこから新しい映画が生まれる可能性は十分に感じられた。変革の時はすぐそばに迫っていたのである。

●1 「映画の日」 一九五六年に日本映画連合会の総会で定められた時は、キネトスコープの公開は一一月二五日から二九日までだと思われていた。にもかかわらず、「それでは覚えにくい」という、極めていい加減な理由から、一二月一日に繰り下げられてしまう。しかし映画史家・塚田嘉信の調査により、好評のため終

図１－10　『雷門大火 血染の纏』（写真提供：早稲田大学演劇博物館 EV00009967_001）

図１－11　『うき世』（写真提供：早稲田大学演劇博物館 EV00009939）

了が一日まで日延べになったとの、「神戸又新日報」の記事が発見され（『日本映画史の研究』／三七頁）、偶然公演最終日と合致するという皮肉な事態が発生したのである。

●2　野村芳亭らが立ち会う中　芳亭は後年、田中純一郎の取材に応じ、『日本映画発達史Ⅰ』の中で、稲畑の試写に参加したことを認めている。

●3　武部好伸が『大阪「映画」事始め』〜　そもそも武部の著作は、なんの裏付けもないまま、アメリカでの荒木の行動や心の内を勝手に作文してしまっており、資料的価値はゼロに等しい。「おそらく彼らがこう思ったのではないかという胸の内をイメージして」書いたというのだが、それはノンフィクションの書き手がやるべき行為ではないだろう。

●4　二月二一〜二四日に一般公開　塚田嘉信『日本映画史の研究』によると、二一日は、これまでの映画史が触れていないものだが、「共友会の催し物として〝披露〟されている」という。

●5　ちゃっかり他にも売られていた　国立映画アーカイブの入江良郎主任研究員によれば、吉沢商店系のシネマトグラフとされてきたものは、リュミエール兄弟と無関係な製品であった可能性も高いという。また、映画が日本に到着したころ、既に欧米では「シネマトグラフ」の名を冠した別の機械も多く商品化されていた。従って、映画伝来時、日本で競合したのは、シネマトグラフ、ヴァイタスコープ以外にもう一系統あった可能性も出てきたことになる。

●6　松竹の手代となった「手代」というのは一応役職ではあるが、所詮係長レベルのはず。ところが上田布袋軒は『新演芸』の聞き書きの中で、「今では高橋さんも松竹の手代で押しも押されもせぬ幕内の敏腕家ですが」と、驚くような持ち上げ方をしている。活動写真弁士の片岡一郎の調査では「少なくとも一番古い松竹の役員名簿には高橋仙吉の名は掲載されていない」という。おそらくは、先進的企業のサラリーマンとなった高橋は、古い芸人世界にとどまった布袋軒たちからは、ある意味まぶしく見えたのかもしれない。

●7　坂田千曲　片岡一郎の調査によれば、一九〇五年一一月一六日付の朝日新聞における「大阪に於けるジ子ー」なる記事の中で、興行トラブルに巻き込まれた口上師・坂田千曲（ちくま）が「矢面に立ち難く突然姿を隠した」との話が報じられている。これまで千駒と表記されることが多かったが、ルビまで振られている同時代の資料であることから、こちらの方が信頼度が高いのではないかと、片岡は表明している。この短信を信じる限りでは、坂田は映画の仕事はせず、興行の世界に戻っていたようだ。弁友会の会報「辯友」一号に寄稿した、梅村紫声の「坂田千曲師のこと」にも、先輩弁士の松本瓢遊から教えられた話として『千駒』は誤りで『千曲』が正しい」とする報告が寄せられている。ただこの記事では、シネマトグラフを担当したのが上田布袋軒でヴァイタスコープが坂田千曲となっており、取り違えもある。

◉8　中川慶二　こちらも片岡の調査で判明したものだが、布袋軒と同様にプロ弁士の世界にとどまっていたようだ。「中川慶二は『活動写真界』に何度も芸評が読者投稿によってなされています。一九一一年までは確実に吉澤商店系の劇場で中川慶二は弁士として出演していました」という。

第2章 無声映画の黄金時代

――弁士の確立

連続活劇とブルーバード

演劇の代替物から脱した純粋な日本映画を、と望む声は次第に大きくなっていった。声色弁士を排した映画企画が弁士の妨害によって潰されるといった事件も起きた。だが運動の火が消えることがなかったのは、洋画という「手本」が常にそばにあったからだろう。

現在では想像しづらいが、当時の日本映画界で、映像と弁士は対立構造にあった。つまり「新しい映画」とは、弁士が必要ない、映画だけで成り立つ映画のことである。インテリ層は弁士を憎み、映像主体の革新的な表現を夢見た。

そんな状況の中で、洋画の側から日本映画を揺さぶる大きな動きが、相次いで起きることとなった。一つは連続活劇の流行だ。二〇分ほどの短いエピソードを一話とし、毎週一本ずつ封切っていく。多くはミステ

図２－１『南方の判事』

リ要素のあるサスペンス作品で、各エピソードの最後では必ず主人公がピンチに陥り、弁士もまた「果たして運命や如何に？」と煽《あお》って、次作への期待感を盛り上げた。

大ヒットとなったフランシス・フォード監督・主演のアメリカ映画『名金』（一九一五）の場合、全二二話総計四四〇分もの壮大なスケールとなった。だが、この膨大な分量が仇《あだ》となったのかフィルムは残念ながら現存しないという。こうしたスタイルの映画は廃《すた》れて久しいが、むしろ現代のテレビドラマに近いといえるだろう。

英雄譚《たん》でもメロドラマでもない、同時代の都市を舞台にしたモダンなサスペンスは、映画が何を得意とし何を語り得るのか、人々に知らしめることとなった。またこのころ、第一次大戦を経てヨーロッパ映画の衰退は激しく、日本でもアメリカ映画が大きな存在感を占めるようになっていく。

そんなアメリカ映画の清新な潮流として、なぜか日本でのみ爆発的なヒットを遂げたのが、ユニバーサル映画傘下にあった独立プロダクション・ブルーバード映画社の諸作品である。五〇分程度の中編作品を主体とし、緑あふれる田舎の田園の中、若者たちのさわやかな恋や青春が描かれた。

旧弊《きゅうへい》な日本の因習と闘い疲れたインテリ層の若者たちにとって、この清新さが大いなる癒《いや》しとなったようだ。弁士たちもこぞって工夫を凝らし、作品を膨らませた。作品と弁士が対立せず好影響を与え合う実例として、ブルーバード映画は、日本のファン層の記憶に残っていった。

中でも一番の語り草となった作品が、リン・F・レイノルズ監督による『南方の判事』（一九一七）（図2―1・2）である。街にやって来たペテン師の口車に乗せられて、仲の良い恋人同士が破局に

図２－２　『南方の判事』ポスター

陥《おちい》りかけるが、少年の機転により万事が解決する、という他愛《たあい》のない筋立ての作品であった。ところが、この作品を担当した浅草帝国館の弁士・林天風が「春や春、春南方のローマンス」なる語りで締めくくったことが大きな話題となり、一時期は弁士の名文句といえば「春や春」といわれるほどだった。

　ブルーバード映画が存続した期間は、一九一六～一九年のわずか三年ほど。この期間に一六八作品が製作されたとされるが、完全な形で現在も残っている作品はほぼ存在しないという。

純映画運動と関東大震災後の激変

　かくして、主にブルーバード映画の影響を受ける形で、映画青年たちは「純映画運動」の名のもとに、実践に乗り出していった。『アントニーとクレオパトラ』を日本で作るのは無理だが、ブルーバード映画のスケールなら、自分たちにも出来るかもしれない。ようやく手の届きそうな具体的手本を見つけたことで、若き映画人たちの挑戦が始まった。

こうして最初の作例となったのが、天活の輸入係だった帰山教正《かえりやまのりまさ》の監督による『生の輝き』（一九一八）（図2―3）である。字幕を用いてストーリー展開をある程度説明し、弁士に依存せず、映画単体で作品として成立する作品を目指した。もちろんカメラワークにもきちんと気を配り、女形ではなく女優を起用した。

その結果完成したのは、かなりバタ臭いラブロマンスで、興行成績はさほど悪くなかったようだが、評価は分かれた。残念ながらフィルムは残っていないので、現代の目から見てどう感じるかは分からない。ただ、当時の批評からは、高い志に十分見合う作品とはならなかった物足りなさが感じ取れる。

そして。この後も、栗原喜三郎監督『アマチュア倶楽部』（一九二〇）、村田実監督『路上の霊魂』（一九二一）（図2―4）、田中栄三監督『京屋襟店』（一九二二）と、「純映画運動」の趣旨に賛同して製作された意欲的な作品が徐々に増え始めていた。日本映画を変えようとする流れは少しずつ実績を積み上げつつあった。まだ日本映画の大半は、芝居の模倣という様式を引きずっていたが、このまま事態が推移したとしても、いつか改革は成就したことだろう。

ところがここで事態は一気に動く。一九二三年、新派の牙城

図2－3　『生の輝き』

図２－４　『路上の霊魂』

だった日活向島が関東大震災で壊滅《かいめつ》したのである。『京屋襟店』が製作され女優の導入も始まるなど、改革への道は始まっていたが、新派の拠点がリセットされてしまった打撃は大きかった。

旧劇の大スターだった尾上松之助も『荒木又右衛門』（一九二五）『実録忠臣蔵』（一九二六）と改革への道を模索し始めた矢先の一九二六年に急死する。

当事者たちは、観客に飽きられ始めていたことは自覚しており、改革に背を向けていたわけではないのだが、思わぬ形で活動が断ち切られ、すべてがゼロに還《かえ》る事態となった。

その時主導権を握ったのは、好機の到来を待ち、手ぐすねを引いていた若手映画人たちである。かくして、大正から昭和への変わり目で、日本映画は激変を遂げた。映画の主導権が、弁士から映像へと一気に切り替わるのである。

伊藤大輔と大河内傳次郎

この激変期に、突如現れ、またたく間に時代を席巻するのが、後に「黄金コンビ」と呼ばれることになる監督・伊藤大輔と、俳優・大河内傳次郎だった。

両者が入社した日活京都は、当時、尾上松之助の急死で大騒ぎの最中。どちらも期待を集めての登板ではなく、当初の反応は冷たかった。生来の反逆児・伊藤大輔は、カチンとくる。若さゆえの傲慢ではなく、そんな感情を自分の作風として磨き上げていったのが伊藤のすごさである。この時、舞台俳優時代の大河内を観て才能に気付いていたことから、一計を案じる。我を通すための知略も持ち合わせていたのだ。

両者の初顔合わせになったのが『長恨《ちょうこん》』（一九二六）（図2―5）だった。幹部俳優がずらりと並ぶ大広間の場面の撮影で、無声映画であるにもかかわらず、伊藤は大河内に怒鳴らせたのである。

「此の日の場面は、広間の末座に控えた主人公が満座の罵詈雑《ばりぞう》言《ごん》に耐えていたのが起ち上がるなり怒鳴り始めるところから開始し、起こった〈ママ〉主人公があちらへ、こちらへよろめき歩くのをカメラも一緒に動いて行くので幹部俳優たりとも最初に座った位置を変えて途中で穴をあけることを許されない〈中略〉幹部連中が、撮影が終わってから異口同音に発したのは『凄い役者だ！』の讃嘆の声だった」（伊藤大輔「大河内傳次郎と私」／『キネマ旬報』一九六二年九月上旬号）

つい先日まで、カメラが正面に固定され、微動だにしなかった時代があったのである。ところが、画面は大河内にぴったり

図2－5　『長恨』

と張り付いて右へ左へと自在に動いた。後に「いどうだいすき」と綽名《あだな》されるカメラワークは、すでにこの時完成されていたのである。

残念ながら『長恨』は全八巻のうち最後の一巻しか残されていない。従ってこの語り草となった大広間の場面も現在では見ることができない。

しかし、新しい映画の到来が人々に与えた衝撃は、最終巻だけでも十分に伝わる。次々と押し寄せる新手をただ一人で迎え討つ大河内の剣戟《けんげき》を、すさまじい移動撮影の数々と、前衛映画ばりのテクニカルな編集で存分に見せている。ジャン＝リュック・ゴダールよりもはるか以前、ここでは既に、手持ちカメラの撮影すら試みられているのだ。

実はこの時代、震災で東京から避難してきたスタッフの中には、まだ旧態依然たるスタイルで撮っていた者がいた。当時松竹下賀茂撮影所にいた犬塚稔は、様子を見に行って驚いた。

「カメラ据えっきりでガアガア──三十分も回している。声色映画ですよ。手で廻しているんだ。マツタア！　フィルムのチェンジですよ。足許《あしもと》をチョークで記してね、相撲の水入りですよ」（座談会「よき時代とはいえないけれど嬉しき時代のカツドウ屋」／『シナリオ』一九七一年四月号）

だが時代の変化はもはや押しとどめるべくもなく、映画制作の方法も一気に塗り替わっていった。編集もカメラアングルも自由自在となる。あれほど弁士に疎まれた説明字幕もきちんと入るようになった。伊藤大輔は、[9]短くちぎった説明字幕を速いテンポで画面に投げ入れていき、リズムを作り出すことまで試みている。

この時代以降の映画は、弁士抜きで上映しても、きちんと意味が通るようになった。とはいえ、弁士抜きで上映されることはなかったようだ。純映画運動の夢はようやく現実のものとなったが、それでも観客は弁士を求めた。結果として、声色弁士は退場を余儀《よぎ》なくされ、日本映画の弁士も洋画と同様の説明弁士へとスタイルが統一されていった。

実は、この時こそが、弁士文化の最初の危機だった。ところが、弁士は階段を一段降りることで、したたかに生き延びたのである。

図２－６　『新版大岡政談』（写真提供：おもちゃ映画ミュージアム）

あれほど日本映画を嫌ったインテリ層も、伊藤大輔の映画話術には、ひれ伏す他なかった。伊藤は、松之助らの「旧劇」に終止符を打ち、新たな「時代劇」の時代をスタートさせた。この後、『忠次旅日記』三部作（一九二七）、『新版大岡政談』（一九二八）（図２―６）、『一殺多生剣』（一九二九）、『斬人斬馬剣』（一九二九）、『素浪人忠弥』（一九三〇）と、次々と映画史に残る傑作群が、伊藤・大河内コンビによって連打されていった。

だが弁士たちは伊藤が編み出した新しい作品に諾々《だくだく》と従うばかりではなかった。ダイナミックな映画表現は生かしつつ、うまく語りの見せ場を作る工夫を凝《こ》らしていく。『新版大岡政談』では、主君に裏切られた丹下左膳が、怒りのあまり高笑いしながら行列に斬りかかる場面で「殿、ごらん下され、今宵《こよい》の乾雲丸《けんうんまる》は、めっぽうよく斬れまするぞ」とセリフをつけてみせた。映画史家の梶田章によれば「多くのファンがこの台詞を暗記した程である」(「随想―大河内傳次郎」/「NFCニューズレター」八一号)という。

躍動するアクションと権力への怒りが一体となったスタイルは、弁士の語りによってさらに力を増し、観客の熱狂を呼んだ。その多くはあまりにも繰り返し上映されたため、またたく間にすり切れ、失われていった。フィルム保存の意識が低かった時代の弊害《へいがい》であり、残念な思いが募《つの》る。しかし近年、『忠次旅日記』をはじめとして、不完全なものとはいえ作品の発掘・修復が進められているのは、せめてもの救いである。ようやく私たちは、この時代の観客が受けた衝撃を、一部とはいえ知ることが出来るようになったのである。

日本映画黄金時代の到来

大正デモクラシーによって市民階級は、権利意識に目覚めたが、昭和恐慌の到来により挫折を味わった。拡大する貧困、不穏な社会情勢の中、映画は閉じた演劇の世界から脱して、社会の姿を語るものとなっていった。内容への検閲は厳しく、限定的な表現しか許されない時代だったが、伊藤大輔は「御用提灯《ちょうちん》の幾百を切り倒す痛快味」という表現に、堂々と権力への叛逆《はんぎゃく》の意志を込めた。

伊藤の作品にインテリも大衆もこぞって賛辞を送った。

多くの映画人が伊藤に呼応し、新しい映画のあり方を模索した。その結果、興行と批評の両面で好成績を挙げる傑作が生まれ始めた。後に巨匠と讃えられることになる若手監督たちが、この時期に次々と名乗りをあげ、スター俳優も生まれる。ついに日本映画の黄金時代が到来したのである。

伊藤の登場に先立つ一九二〇年、松竹映画が日本映画の向上を目指して発足し、一進一退を繰り返していた。そんな中、初の東大卒撮影所長として就任した城戸《き ど》四郎《しろう》は、旧守派が一時京都に去った震災以降の好機に乗じ、本領を発揮し始めた。監督中心の作家主義や小市民主義など、その後の松竹文化を築くカラーを形成していく。島津保次郎、牛原虚彦《きよひこ》、五所平之助、斎藤寅次郎、清水宏、そして小津安二郎らが次々と登場した。

彼らの作品はいずれも、新時代を支える市民を主人公に据えた、清新な現代劇だった。島津保次郎・牛原虚彦の合作による大作『大地は微笑む』（一九二五）、五所平之助の『からくり娘』（一九二七）、清水宏の『京子と倭文子』（一九二六）などが、次々と話題を呼ぶ。

こうした映画作品がもたらした清新な空気の中、衣笠貞之助監督の『狂った一頁《いちページ》』（一九二六）（図2―7）が完成した。精神病院を舞台に、患者たちの内世界を、特撮を駆使することで映像化しようとした意欲作だった。この映画は、当時世界の最先端に位置する前衛表現であると同時に、日本ＳＦ映画の出発点でもあった。後に特撮の父となった円谷《つぶらや》英二は、この映画のスタッフの一人として制作に携わり技術を学んだ。

衣笠らの自主製作に近い作品に、松竹は撮影所と資金を与えて支援している。当時は十分な評価が得られたとはいい難いが、本作の初公開時に徳川夢声が手がけた解説は、語り草になる素晴らしさであったという。

また、末期の日活向島でデビューした溝口健二は、ルパンものの翻案『八一三』(一九二三)、表現主義への挑戦作『血と霊』(一九二三)など実験的な作品を連打していたが、震災で日活京都への移転を余儀なくされた。しかし、このことが作風を拡げ、『紙人形春の囁《ささや》き』、『狂恋の女師匠』(ともに一九二六)など、日本情緒を取り入れた情感に溢れた傑作を作る契機となる。

日活現代劇では、内田吐夢《とむ》、阿部豊、田坂具隆《ともたか》ら若き才能が次々と現れ、モダンな表現を自在に操ってみせた。内田吐夢は日本SFの開祖といわれる押川春《しゅん》浪《ろう》原作の冒険娯楽作『東洋武侠団』(一九二七)で喝采を浴び、阿部豊は『足にさはった女』、『陸の人魚』(ともに一九二六)で、同年のキネマ旬報ベストテン一

図2－7 『狂った一頁』

位と三位を占めるという快挙を達成した。

尾上松之助と長年二人三脚で旧劇を量産してきた牧野省三は、松之助と袂《たもと》を分かった後、マキノ・プロダクションを設立し、ここで阪東妻三郎、市川右太衛門、片岡千恵蔵、嵐長三郎（後に寛寿郎）と時代劇のスター俳優たちを育てたが、彼らは人気を博していずれも独立プロを設立して退社してしまう。窮地に陥った省三は病に倒れたが、そんな中でマキノ・プロを支えたのは、息子のマキノ正博だった。

スター俳優が皆無となった難局に、わずか二〇歳の正博は、群像劇の『浪人街第一話』（一九二八）など三作品を撮り、そのすべてが同年のキネマ旬報ベストテンにランクインするという活躍を見せた。

マキノ出身の剣戟スターたちも、それぞれに独自の時代劇を作り、評価を高めていった。『雄呂血』（一九二五）（図2―8）など立ち回りの迫力で喝采を集めた阪妻こと阪東妻三郎、稲垣浩・伊丹万作の二監督に支えられユーモアと風刺にあふれた快作を連打した片岡千恵蔵、そして『鞍馬天狗』（一九二八）という最強のキャラクターを完成させた嵐寛寿郎らである。嵐寛寿郎の寛プロは後に、『抱寝《だきね》の長脇差《ながどす》』（一九三二）で、山中貞雄監督を見出したことでも、記憶されることになった。

わずか数年の間に、現在も映画史に特筆されている重要作品が、次々と現れた時期であった。声色弁士の残像を振り捨てた無声映画は、一気に大きな飛躍を遂げたのである。

つまり、日本映画の黄金時代とは、映像表現が弁士から主導権を奪う形で成立したのである。こ

図２－８　『雄呂血』

れにより、弁士ではなく、映画監督や俳優が脚光を浴びる時代が到来した。尾上松之助のような例外はいたが、それまでの映画は弁士が語るための素材にすぎなかった。しかし、このころにようやく、映画がそれ自体で完成された表現として、観客の注目を集めるようになったのである。

ただ、それで弁士たちは脇役に甘んじるようになったわけではない。後段で詳しく述べるが、日本映画の変貌は弁士たちにも刺激を与え、表現者としての自覚を持とうとする動きにつながっていった。これだけ個性的な傑作群を前に、どう新しい語り方を見つけるのか。弁士たちの研究が始まった。映画と競い合い高め合う、より野心的な弁士のスタイルが模索されていくこととなる。

無声期の上映スタイル

実のところ、当時の映画館の上映スタイルは、現代とはかなり違っていた。映画館には舞台があり、観客から見て左隅に弁士が陣取って、説明を行っていた。スクリーン下は少し掘り下げられていて、ここには演奏者たちがいた。これはオーケストラボックスと呼ばれるもので、海外ではオペラシアターなどで現在でも常設されている。

映画の上映形式も現代とはかなり違う。意外なことに思われるが、これに触れている文献は極めて少ない。かつて長野県の松本電気館で弁士を務めた岡島秀響《しゅうきょう》への聞き書きが収録されている『松本今昔語り1』（山麓舎）「無声映画華やかなりしころの弁士稼業」から引用してみたい。

一本の映画を何度も繰り返し上映する現代とは違い、このころ、映画館は昼夜二回の興行だった。昼は一二時から始まって四時半ごろ終わり、夜の部は六時ごろからの入れ替え制だった。

「たいてい五本立てですわ。まず『実写』といっていた風景映画、それから喜劇。連続物の洋画。〈中略〉それと、現代劇があって、時代劇です。夜の部は六時半から始まって、終わるのは〈深夜〉零時、あるいは零時半ごろまで。『こんどの活動は早くていけねえ、一二時前に終って』なんていわれたもんです。たいてい現代劇は八～九巻、時代劇になると十巻ぐらいあったしね。連続物が四巻、喜劇が二巻、実写が一巻というぐあい。見ごたえ、あったですよ」

現代では映画は分数で長さを表示するのが当たり前だが、これはフィルムの映写速度が一定になったトーキー以降のことだ。第1章の土屋松濤の項目でも少し触れたが、当時の映写機は手回しで、自由に映写スピードを変えることができた。声色弁士たちは、見づらくなるほど映写スピードを遅くしてでも、見せ場を強引に引き延ばしていた。

現在の電動映写機は毎秒二四コマで統一されており、特別な機種でなければスピードを変更することはできない。しかし手回し時代の映写速度は基本毎秒一六コマだった。無声映画を電動映写機にかけるとバタバタした画面になってしまうのはそういう理由がある。

ラブシーンはゆったり回したり、アクション場面は速く回したりと、客の反応を見ながらパフォーマンス的なアレンジを加えるのも、映写技師の腕の見せ所であったという。だからこそ、当時の映画は分数ではなく巻数で長さを示す方法しかなかったのである。おおむね一巻あたり一一分程度と考えてもらえば目安になるだろう。

ものいう弁士たち

映画がそんな風に上映されていた時代。無教養な声色弁士が排され、インテリ好みの説明弁士に統一された映画館は、日本映画も洋画も傑作ラッシュで押すな押すなの大盛況だった。現在のような椅子席があったのは一流の封切館ぐらい。多くは長椅子で、和風の桟敷《さじき》席もまだまだ多かった。その場所が、土屋松濤の項で説明したのとさほど変わらない、ラッシュアワーのような鮨詰め状態になるのである。

休憩時間には、雑踏をかき分けるようにして、「オセンにキャラメル」と売り子が行き交う。売り子が商品を肩にかついでいる様子は、映画『カツベン！』でも再現されている。売り子が商品を担いでいたわけは、「何故なら昔は通路までお客がしゃがみこんでいるので、腰の前には下げて歩けないからである」（『活辯時代』）

まさに弁士にとっても繁栄の時。しかしそれでも、「弁士＝無教養」という偏見は消えることがなかった。実際、説明弁士に転換したものの、知識不足で観客に笑われる場面は多々あったらしい。先述の松本電気館の岡島秀響の場合、「いちストライク、にボール」と読んでしまい、高校生たちにずいぶん野次《やじ》られたという。

この時代、弁士は国家の管理下にあり、試験を受けて資格を取得しなければならなかった。とはいえ、文字を読めない者も多く、土屋松濤など人気弁士は、成績にかかわらず合格だったという。つまり国家とすれば、試験は口実で、弁士が大衆を扇動しないように管理できればよかったわけだが、毎年の試験時に新聞の話題となるのはその点ではなかった。弁士たちがいかに教養がないかを面白おかしくあげつらう記事が、各紙に掲載された。

「『首相　浜口遊香』！／『左翼運動』とは体操のこと／活弁試験の珍答案

活弁の試験は既報の如く三日警視庁で行われた、受験者九九名、試験は算術、作文、法規、常識の四科目であるが、特に常識試験には奇抜なのが多く係官をして思わず吹き出させている」（「東京朝日新聞」一九三〇年一二月五日）

この時代、スター弁士は首相以上の高給取りだったのだから、首相並みに叩かれても仕方ないとはいえる。「生駒雷遊《らいゆう》などは月に千円ぐらいと聞いている。千円といえば昔は大変な金額だ。大学出のサラリーマンでも百円の月給を取れる人は、少なかった時代だ」(『活辯時代』)

とはいえ、無教養を見下すようなやり方は、あまりほめられたものではない。弁士の側でも、これではいけない、もっと弁士の地位を向上させようと考え、雑誌を刊行する動きが相次いだ。自ら学び、文章を書き、意見を発信していこうとする新しいタイプの弁士たちが、生まれ始めていた。

芸術性の高い日本映画が相次ぎ製作される中にあって、弁士も表現者としての自覚を持とうとしたのである。国会図書館には、このうち関西の著名弁士たちが結集して作られた『説明者になる近道』(一九二六年/説明者同人会)なる同人誌が収蔵され、デジタルコレクションの一冊として閲覧することができる。

インテリ層は、こうした弁士たちの動きに冷笑的だったようだ。吉田智恵男『もう一つの映画史』は「資料的の価値は別として、中身はつまらない」と切り捨てている。だがそこに偏見は本当になかっただろうか。

知識人と弁士たちの角突《つの》き合いから距離を置いた現代の我々が読むと、『説明者になる近道』は極めて面白い。自分たちが新しい弁士の時代を作るのだという、熱い意気込みが感じられる。序文を見てみよう。

「現在の『説明者』は過去の『活弁』では絶対に無い。活弁という言葉をきくとき、襟垢《えりあか》のついたフロックコートにコスメチック、赤いネクタイの気障《きざ》な姿が連想される。また実際明治の、日本に『活動写真』が輸入された初期の『弁士』にはそんなのが多かったのである。けれど時代は既に移っている。現在の説明者は堂々たる芸術家として、精神に生活に衿《えり》を〈一字脱落〉はぬ立派な若き紳士である。未だに説明者の正体を誤解している社会の蒙《もう》を啓《ひら》くとともに、将来説明者たらんと志す人たちの為に幾分たりとも貢献することが出来たならば幸甚《こうじん》である」

新しい時代を開こうとした弁士たちは、「活弁」という呼び方を嫌った。自分たちはそうした古い時代の軽蔑されたスタイルとは違う。「活弁」ではない、「説明者」なのだ、と名乗ったのである。

この同人誌を主催した松木狂郎は、「松木張り」と讃《たた》えられた語り口で一世を風靡《ふうび》した、関西のトップ弁士の一人だった。残る三人の執筆者である泉創一郎、里見義郎、大谷花亭はいずれも、全盛期の関西弁士界を牽引する存在に成長していった。

本書では、なんといっても大谷花亭が熱い。同僚たちが自分の職業について恥じ「近所の人にも知らせていない」と話すのを聞いて「馬鹿！　馬鹿々々！」と叫ぶのである。

「そんなやつこそ説明者という名を冒涜《ぼうとく》する奴であり、芸人根性を出して碌でもないまねをして説明者全体の面汚《つら》しをする奴である」（「序にかえて」）

この反発に、青臭い、と軽蔑するのは簡単だ。だが、志と情熱が伝わらず偏見だけがいつまでも残る業界を前にしては、叫びたくもなるだろう。これほど実感のこもった言葉で、当時弁士が置かれていた立場を語った魂の叫びは、他に知らない。

何しろ「息子は極道者で飽きやすく見込みがありませんので、弁士にでもしてもらおうかと」と、息子を伴ってやって来た父親すらいたという。大谷が激怒したのはもちろんだが、「軽蔑される代わりに金の儲かる職業」という位置づけだったことがよく分かる。

先輩の松木狂郎は、さすがにもう少し落ち着いていて、自分への賛辞に面《おも》はゆい思いで照れつつも「松木張り」とはすなわち、自分の語り口が平易だったということだろうと冷静に分析してみせる。

「現在は映画も説明もそんな単純なことでは許されません。芸術は一生涯研究しなければなりません」(「回顧して」)。

こんな枯れた表現をしていた松木だったが、このときは、まだ三三歳になったばかりだった。映画と弁士の歴史はまだ浅く、前途に広がる無限の可能性に高揚感を隠さない若者たちがいたのである。

多彩なる弁士たち

後に黄金時代を代表する「名弁士」として語られることになる面々《めんめん》は、このころから次々と登場している。徳川夢声《むせい》、生駒雷遊、山野一郎、泉詩郎、伍東宏郎《ごとうこうろう》といった、トーキー期以降も名前を残す著名な弁士が競い合った時代である。そのきらびやかな顔ぶれには驚くばかりだ。東京と大阪にしか弁士がいなかったわけではないし、地方の弁士が劣っていたという証拠は何もない。ただこのころから顕著になるメディアのマス化の流れの中で、都市部の弁士がタレントとして知名度を上げていったということだろう。

　大正時代末に始まったラジオ放送では、都市部の著名弁士たちが、映像なしに弁士としての語り芸を聞かせた。気の進まないまま、マイクの前に引き出された徳川夢声は、「ビフテキなしでソースだけさし上げるようなもので」（『夢声自伝・上』）とおどけてみせたという。

　弁士業界が成立して四半世紀、第一世代はまったく手さぐりの中で進んだものの、やがて落語・講談と同様の徒弟制社会として確立されていく。面白いのは、有名弁士の弟子がそのまま人気を継承していくといった、落語のような有力一門が育たなかったことだろう。そもそも徳川夢声は、清水霊山というマイナーな弁士の弟子だった。あくまで人気は一代限りなのである。

　つまり、弁士は落語のように語り単体で存在できるものではなく、上映される映画があってこそ成り立つ職業である。一部には七五調の語りのリズムなど、口伝えで芸のスタイルが継承されてきた部分もあるが、目の前の映画をどう料理するかは、個々の弁士の裁量で工夫していくしかない。

　従って、独創的な工夫で映画の魅力を引き出す至芸を確立し得た、個性的な語り手こそが人気を博することになる。声色弁士が活躍した時期のように、好き勝手にしゃべれば良かったわけではなく、ある程度映画を立てつつ、うまく観客の印象に残る演出が必要とされた。そうした弁士が活躍した時代ならではの味わいを、うまく伝える術《すべ》はないだろうか。

　人気弁士たちの多くは、戦後に回想録を出版しているが、あまり使いものにならない。現代のタレント本と五十歩百歩だ。物事が起きた順番もバラバラな上に日時がはっきり書かれていない。誇張が激しく真実味を疑わせる記述も多い。國井紫香《くにいしこう》の『駄々《だだ》ッ子人生』（一九五六年／妙義出版）のように、いかに自分が女性にもてたかということを延々書いているだけ、というものすらあった。

だが幸い、この時代ともなると、多くの弁士がＳＰレコードの形で音源を残している。新聞や雑誌など同時代の資料に採録されている公演もある。そうした音声・活字情報をもとに、以下、イメージの復元を可能な限り試みることにする。ただし、当時の映画は同一タイトル・同一題材で何度も映画化されることが珍しくない。作品が特定できない場合は、年代を明記していない。

もちろんこれが主だった弁士の全員だなどというつもりはない。ある程度記録を確認できた人物のうちから、とにかく多様なスタイルを感じてもらえるよう、バラエティを重視して抽出《ちゅうしゅつ》してみた。豊かな顔ぶれの一端を感じてもらえれば幸いである。

東京弁士

林 天風《はやし・てんぷう》

ブルーバード映画で「春や春」の名文句を編み出したことで名を残していることは先に触れた通りだが、明治大学で弁護士を目指していたはずが弁士になったという、冗談のような経歴の持ち主。「天風自身の説明もまた余分なことは言わず、観客の判断にまかせてしまうというふうなものであった」（『もう一つの映画史』）とされ、こうしたあっさりスタイルが東京のインテリ層の間では本流として喜ばれたということだろう。

大蔵 貢《おおくら・みつぐ》

戦後、新東宝映画の社長に就任し、『東海道四谷怪談』（一九五九）や『明治天皇と日露大戦争』（一九五七）など、キワモノ路線で存在感を見せたことはよく知られている。だが弁士としても高い人気を誇り、どんな映画でもエロチックな説明をつけてしまうことで、女性層に大ウケだったという。「ときに扇情《せんじょう》的すぎ、その方面で警察から注視されることがあったという」（『もう一つの映画史』）とされるが、そうした録音は残されていない（当たり前だが）ので、噂の域は出ない。稼いだ金で映画館を多数運営し、経営者としても才能を発揮して、業界人として存在感を高めていった。

梅村紫声《うめむら・しせい》

活動の拠点が山梨であったため、戦前の録音音声はない。しかし戦後のレコードが残されており、これを聞く限りでは、都市部の弁士に引けを取らぬ確かな技量が感じられる。

また、先述の雑誌『映画史料』の刊行者として、初期映画の研究に並々ならぬ情熱を注いだ。資料に乏しい弁士の世界が、おぼろげにでも把握できる手がかりが残されているのは、梅村の研究があればこそである。現在では、こうした研究者としての側面を持つ弁士は、片岡一郎だろう。梅村のスタイルは、片岡に大きな影響を与えている。ところが評論家層の評価は極めて冷たい。梅村が大学を出ていないからだろう。『もう一つの映画史』では「若干《じゃっかん》風変り」「映画史料の収集家〈研究者と認めていない〉」「老人が一人でやることであるから整理が悪く」と散々な扱いである。だが、証言と文献の相互検証に徹した、『映画史料』は明らかに時代に先んじていた。一九六一年から一九六九年まで一七号が刊行されている。そろそろ復刻と再評価がなされるべきだろう。

谷 天郎《たに・てんろう》

『もう一つの映画史』では「江戸っ子弁士」と名付けているが、ではどのような語り口だったのかというと、驚くほど何も書かれていない。だが幸いなことに、残されている録音は多い。ネット上で聞くことのできるSPレコードで確認する限りでは、歯切れの良い語り口は任侠《にんきょう》物にぴったりだったよう

で『沓掛《くつかけ》時次郎』『血祭り荒神山《こうじんやま》』『國定《くにさだ》忠次』などが残っている。「それから時がたって、時次郎とお絹はお互いの魂が合い寄るのを恐れながら、流れて、歩いて冬になりました」（『沓掛時次郎』）など、ハッとするような詩的な表現も時に織り交ぜているのが興味深い。

國井紫香

くにい・しこう

本人の自伝が残されているのに、どのような活躍をしたのかまるで分からないという困った人。発売されているSPレコードは『丹下左膳』、『丸橋忠也』、『義士討入』などだから、やはり時代劇を得意としたのだろう。講談調の畳み掛けるような展開は非常にスピード感があり、小気味良い。トーキーのはずの『丹下左膳』（一九三三）のレコードが残っているのは謎だが、國井が語っている「仲裁は時の氏神」の場面は、現存するフィルムにもあるので、あえて大河内傳次郎のセリフ回しを真似ない國井のスタイルが分かり、興味深い。大変に早口なのだがキリッとしており、音質が悪いSPレコードでもはっきりとセリフが聞き取れるのは大したものだ。

静田錦波

しずた・きんぱ

美声で知られ、女性ファンも多かったという弁士。なるほど、残されたSPレコードを聞くと、極めて明朗な声で、アナウンサーのような語り口が印象に残る。『山宗の娘』、『お坊ちゃん』（一九二六）など、現代劇に向いたスタイルの語りだったようだ。トーキー以降は歌謡曲紹介や新作映画紹介に活動

の場を移し、それらのレコードも残されているのが面白い。時代が下るにつれて、よりアナウンサーらしい語り口へと近づいていくのがよく分かる。

山野一郎《やまの・いちろう》

新宿武蔵野館で徳川夢声とともに活躍し、山の手派弁士の一人として高い人気を誇ったという。当時の東京では、淡々としたストイックな「山の手派」と、渋く濃厚な「下町派」が、それぞれファンを抱えしのぎを削っていた。

トーキー時代以降の山野は、後述する大辻司郎とともに、漫談の第一人者として知られるようになった。残念ながら山野の弁士音源は見つけることができなかったが、漫談「講釈入門試験」のレコードでは、弁士風に語ってしまう新人講釈師が登場しており、器用で多彩な芸風が推察できる。『活辯時代』には山野の弁士時代の語りとして、D・W・グリフィスの悲劇『散りゆく花』（一九一九）が紹介されているから、シリアスな演技力も十分にあったのだろう。

「そのほほえみ、ああ異国の親切なおにいさま、がっくり彼女はこと切れた」という具合で、過剰にならない範囲で韻文的表現を取り入れ、画面を彩るセンスの良さが窺える。

牧野周一《まきの・しゅういち》

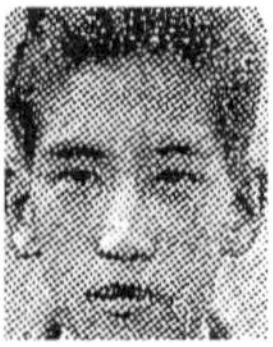

この人もまた、徳川夢声の弟子から山の手派を経て漫談家となった一人。なんとなく名前を聞いたことがある、という人もいるだろう。コメディアンのポール

牧・牧伸二の師匠がこの人である。『活辯時代』には、今やすっかり忘れられたイタリア映画『さらば青春』（一九一八）での語りが紹介されている。

「鉄橋の上から恋人の上に花を投げるドリナ。風のようで、気のぬけた短い青春よさらば」

いかにもインテリ好みな淡彩《たんさい》だが、このキザな味わいが愛されたのだろう。

大辻司郎　おおつじ・しろう

その独特のキャラクターで喜劇専門弁士として名を挙げ、夢声を感嘆させた。後に「漫談」の創始者となる。『活辯時代』によれば、立て板に水が当然な弁士の世界にあって、「ポツンポツンと一言か二言いって客を笑わせた」という。「エー、景色であるデス」といっていきなり黙ってしまい、たまりかねた観客が「ベンシ！　しっかりしろ！」と野次ると「今、怒った人は小生の兄貴であるデス」などと思いがけないことをいい出す。なるほど、これは天才という他ない。

「胸に一物、手に荷物」「勝手知ったる他人の家」など、大辻が編み出した迷言は数知れない。悲劇として知られる『椿姫』すら、大辻が語ると爆笑の喜劇と化したという。新派悲劇◉10『ホトトギス』のＳＰレコードが残されているのだが、山の手派タッチで淡々とストイックに、「二人連れ立ちまして、海抜一二フィートの岩の上に現れました」「千年も万年もさァ生きていたいだよ」「あんれ、そんなに欲張ったらいけねぇよ」などと、シュールなことをいい出すので吹き出す他ない。

生駒雷遊　いこま・らいゆう

全盛期には夢声と人気を二分した、下町派弁士の代表格といっていい存在。国会図書館には米映画『沈黙』（一九二六）や時代劇『安中草三郎』（一九二六）などの歴史的音源が収蔵されている。山の手派のまさに対極で、どんな作品であろうと、義太夫のように切々とこってり語った。インテリ層は眉をひそめたろうが、雷遊の低く渋い声はよく通り、まさにいぶし銀の味わいである。声の魅力だけですっかり聞き惚れるほどで、なるほどこれは全盛期には熱狂されたはずだと思わせる。

何しろアメリカの映画『沈黙』の説明だというのに、

「いや泣いてはおりませぬ。おじさんの目に何かごみでも入ったものと見えまする」

とアナクロの極致のような語りをヌケヌケとやってみせるのだ。いくら生き別れの父娘の再会場面とはいえ、よほど自信がなければやりとおせるものではない。これはちょっと映画とともに観てみたくなった。長らくこの作品のフィルムは失われたと思われていたが、二〇一七年にフランスで発見され、復元されたという。

雷遊びいきは私だけのことではないようだ。「雷遊、いいですよね」と振ってみたところ、若手弁士のほとんどが「まさしく！」と激しく肯首《こうしゅ》してくれたものだった。片岡一郎は、生駒の公演も参考に、『沈黙』を自ら演じてみせたほどだ（詳細後述）。

※なお、徳川夢声は、この場で語り切れるものではないので、本章末に別項を設けて紹介する。

関西弁士

桂一郎　かつら・いちろう（写真提供：片岡一郎）

関西弁士の代表格としてその名が高かった人だが、実は浅草から移籍して成功した異色の経歴の持ち主だった。関西では東京の淡泊な語りはなかなか受けず、苦労したようだが、ここで受けるためならなんでもやろうと腹をくくったのがこの人の大成の秘密なのだろう。『もう一つの映画史』では弟子分の茂木二郎の証言を引いている。

「お客の質を感じとり、その心をギュッとつかまえる名人でした。桂一郎のしゃべっていることは中身などなんにもない、まあ目茶苦茶といってもいいほどのもんなんです。〈中略〉たとえば『花のパリかロンドンか、月が鳴いたかホトトギス』というような具合で、ただ聞いているぶんには抑揚をつけるのがうまいので、なんとなく調子にのせられてしまう」

徳川夢声は、若手時代に一時関西に移籍しようとするが、短期間で逃げ帰っている。東京のインテリたちは、関西のどぎつい芸風が上品な夢声には合わなかったのだろうと囁《ささや》き合った。だが夢声の自伝をよくよく読んでみると、決して関西弁士をバカにはしていない。

「スチョチョン、スチョチョン、スチョチョン悪漢の自動車が逃走するうッ！　後から名探偵の自動車があッ！　全速力の砂塵をまいてッ！

スチョチョン、スチョチョン、スチョチョン、すちょちょオん！　ああありゃありゃ御観客諸君よ、手をたたくのはここじゃここじゃッ！　と絶叫しながら、自分から先にパチパチと喝采《かっさい》をしたり、舞台を縦横無尽《じゅうおうむじん》に駆けずり廻ったり、真にこれ手の舞い足の踏む所を知らざるの熱弁なのである。〈中略〉ウッ！　大したもんだゾこりゃ！　とても私なんぞには歯がたたない、とせんりつした。その晩はスチョチョンスチョチョンが耳について寝られなかった」（「幻滅、ザマア見ろ」／『夢声自伝・上』）

　今、こうして書き写していると、夢声がいかに細かいところまで、克明《こくめい》に記憶しているかがよく分かる。[11]この時の弁士が誰だったのか分からないのが実に残念だ。他人の芸になんて興味ない、という態度を終生崩すことがなかった夢声が、ただ一度心の底から脱帽したのがこの時だ。とても真似できない、それが悔しくてたまらなかったのであろう。

　後日、夢声は桂一郎の公演にも立ち会っているのだが、ここでさらなる衝撃が待ち受けていた。当日の演目はイタリアものの人情劇だったはずなのだが、ここぞという見せ場で桂は、浪曲的名調子で「カチュウシャ可愛いやア別れの辛《つら》さ」と唸《うな》り始めたのである。

「もちろん、この人情劇は『復活』ではない、したがってカチューシャのカの字も出てないんだが、満場酔えるがごとく謹聴《きんちょう》していた。うわッ！　オレは生まれかわってでも来なけりゃ、この神秘境に入るを能《あた》わず、ああとばかり悲観しちまった」

　夢声が得意とする東京弁士の芸風はつまるところ、観客と演者の間に線を引き、吾輩の努力研鑽《けんさん》の成果をありがたく拝聴せよ、というものだ。これに対して関西弁士は、うまく観客を盛り立て、楽しませた者が讃えられる。根本の思想からして違う。ヌーヴェルヴァーグとインド映画ぐらい違う。ヌーヴェルヴァーグ愛好家はインド映画をバカにしたがるだろうが、どちらが偉いというものではない。

むしろ夢声は、自分が理解すらできない芸風が満座を沸かせていることに衝撃を受けたようだ。しかも桂一郎は自分と同じ関東出身なのに、堂々と異質な価値観に身を投じ絶賛を博している。「関東人だから仕方ない」という言い訳は立たない。それが悔しかったのだろう。

面白がらせることができれば、リアリズムを捨ててもよいか――夢声はできなかったが、桂一郎はできた。そして生粋《きっすい》の関西弁士たちは、そもそも迷いなどなかった。「おもろい」ことが正義に決まっているのだから。そうした関西文化の核心が今も昔も変わらないことには、感慨深い思いがある。一方の夢声もそれでは終わらず、禁欲的スタイルを磨き上げることで、自らのスタイルを確立していくことになる。

松木狂郎
まつき・きょうろう

先述した通り、弁士の同人誌を主宰するなど、全盛期の関西弁士を力強いリーダーシップで引っ張ったのはこの人だった。一九二八年二月一一日、大阪・渡辺橋の朝日会館で開催された「第二回新進花形説明競演大会」のパンフレットでは、ズラリと並んだ若手弁士の顔写真の中央に一人だけ似顔絵で大きく掲載されていた（図2―9）。これからの弁士の世界を変えてやろうと理想に燃える若者たちにとって、頼れる兄貴分だったに違いない。

それでも偉ぶらず、謙虚な姿勢を崩さなかったところがまた魅力だったのだろう。いわゆる芸能ゴシップ本というべき、天野忠義『さしむかひ　俳優の内証話』（一九二二年／井上誠進堂）なる冊子が国会図書館のデジタルコレクション

図２－９　「第二回新進花形説明競演大会」パンフレット（資料提供：成田雄太）

に収蔵されている。ここに松木も一項目が設けられているのだが、拍子抜けするほどの清廉《せいれん》さに驚く。

生まれは意外にも関東圏の日光で、父親が事業に失敗し、母とともに実家に帰る途中で立ち寄った大阪が気に入り、住みついてしまったのだという。しかし手に職もないので、難波の郵便局で薄給に耐えながら事務員をしていた。そこで日々の慰みに通っていた映画館で、活動弁士の世界と出会う。学歴もなければ経験もないのに、いきなり伝手《つて》を頼って飛び込んだというから大胆だ。

そこで、いきなり「ではやってみろ」とばかりに舞台に放り出されてしまう。しかしどうしゃべっていいかすら分からない。主任弁士に教えられた通りに筋をベラベラとしゃべったが、気付いてみると画面はさっぱり進んでいない。

これはいけない、とゆっくりしゃべってみたら、今度は画面の方がどんどん進む。

「数千の観客が一斉に説明の失敗に館も動揺せんばかりに哄笑《こうしょう》したので流石《さすが》の彼も後を続けて説明することが出来なくなってコッソリ舞台裏へ退《しりぞ》いたから主任弁士からドエらいお目玉を頂戴するものと覚悟していたが〈中略〉『初めて舞台へ出て歓声が聞こえる程なら有望だ』と賞賛？の甘言《かんげん》に彼は恐縮頓首《とんしゅ》の態《てい》でコソコソ頭をかいたそうだ」

なんとまあ他愛のない、新人なら誰でもやりそうな失敗ではあるが、そこで褒《ほ》められてしまったというのが面白い。松木もここで、恥をかいても客を沸かせたら正解だと悟ったのだろう。謙虚にコツコツと研鑽を重ね、映画雑誌にもたびたび寄稿するほどの知識を蓄えた。

松木のSPレコードは、セシル・B・デミル監督の古典的大作『十誡《じゅっかい》』（一九二三）が残されている。でっぷりと貫録のある容貌からは想像しにくい、甲高くしわがれた声に驚くが、これが意外と聞き取りやすい。欲に目がくらんで手がけた手抜き工事で、母を失った男が酒に溺れていく姿が、すごみのある調子で描かれていく。

「ああ！酒だ！酒だ！酒だ！　俺をどこか地の果てへ　スエズの東へ連れてゆけ！　善し悪しともに区別なく、十誡などのないとこへ！　酒のたくさんあるとこへ！」

関西弁士は「七五調」と一般的にはいわれるが、実は林天風など東京弁士にも七五調はあった。東京弁士は、画面を見ていれば分かる場面は語らない「間」を作るなどして、余白の美で見せようとする。

だがこの松木の語りでも分かるとおり、関西弁士は畳みかけるように言葉を画面にぶつけていく。それは相乗効果を生み、まったく別の面白さを生み出していくことになる。画面にフックを作り、テンポを産み、映像を観客の心に刻みつける。映像を立てるだけがいつも正解だとは限らないのだ。

泉詩郎

いずみ・しろう

トーキー時代以降は「泉詩郎歌謡楽団」を結成し、戦後も歌謡ショー解説者として絶大な人気を誇った。膨大な歌謡解説レコードが残されている。だが、弁士としても評価は高かった。没した時は「『東に夢声あり、西に詩郎あり』といわれた」（「読売新聞」一九七八年五月五日）と報じられたほどだった。だが、映画解説レコードでも残されているものは『母』（一九二九）など、歌が添えられているものが多い。もともと、歌謡曲と親和性の高い人だったのだろう。現在聞いてみると、まったく男性の声とは思えない。甲高い、というよりも、どう聞いても女性アナウンサーの声にしか聞こえず、実に不思議な気持ちになる声の持ち主だった。

伍東宏郎

ごとう・こうろう（写真提供：新温泉町教育委員会）

松木狂郎の弟子の一人で、デビューからしばらくは洋画専門の弁士として活動していた。先ほど触れた『十誡』でも、松木の前座として導入部分を担当している。甲高い塩辛声とでも評すべき不思議な声質で、今にも義太夫でも唸りそうだ。これで「モーゼ再び神に祈れば、おのずから烈風吹きすさび、はるかなる沖合の海水は二つに分かれ」と語ら

れると、ちょっと不思議な気分になってしまう。淡々と絶叫するアナウンサーとでも形容する他ない奇妙な語り方なのだ。

　これはこれで、当時それなりに評価されていたらしい。ただ、伍東が関西弁士の世界を代表する存在に成長していくのは、大正末に時代劇専門の弁士に転向してからだった。『新撰組』のSP盤を聞いてみよう。

「壬生《みぶ》の屯所《とんしょ》の正門がサッと開けば、赤字を白く染め抜いた誠の一字、隊旗《たいき》を翩翻《へんぽん》として翻《ひるがえ》し、夢にも白きだんだら染めの小袖こそ、新撰組の斬り込み装束」

　確かにこちらの方がよく合っている。活劇場面で調子の良い言葉を畳み掛けていく伍東のスタイルは、チャンバラ映画に誠にぴったりしたものだった。熱狂的な人気を呼んだのも当然だろう。

　ただ、冷静に考えるといろいろとおかしい。「赤字を白く」とか「夢にも白き」とか何のことだろう。こうした、リアリズムを蹴飛ばしてテンションを盛り立てていくスタイルは、まさに関西弁士の王道だった。やがて阪東妻三郎の『尊王』（一九二六）で「東山三六峰静かに眠る」という名文句を編み出し、名声を不動のものとした。伍東の『尊王』については、次節で詳しく分析するので、ひとまずここまで。

里見義郎

さとみ・よしろう（写真提供：成田雄太）

　もともと小説家志望で「文壇への落伍者」と自嘲《じちょう》気味に語っていた。ただ、その経験は無駄にはならず、高い教養を誇示するキザな語り口が、喝采《かっさい》を呼んだらしい。落語研究家・正岡容のエッセイ「わが寄

席青春録」（一九五二）では「美文で情熱的な『椿姫』の説明などに全関西の女学生たちの憧れの的になっていた」と評されていたほどだった。確かにSP盤の『椿姫』を聞いてみると「この歓楽の饗宴の中に、ただひとつ燦《さん》として咲き誇る椿姫こそは」と、イヤミなほどの美文調なのだが、これが不思議にしっくりとくる。なるほどある意味名文家なのだ。先述した『説明者になる近道』にも寄稿している。

「説明に於《お》いて本当の批評家が出ているか。この広い社会に二三の人達をのぞいたら、後はお話にならない程分からない連中ばかりだ。無理もない。愛妻の陣痛、その大苦痛を本当に知っているのは彼女の良人ではない。実に同じ悩みを悩んだ隣人の女性ではないか。批評家よ。もっと慎め、もっと底を見ろ」（里見義郎「雑感」）

なんという説得力。お見事である。当時の推理雑誌『猟奇《りょうき》』にもたびたび登場していたほどの筆力は伊達《だて》ではない。

木田牧童

きだ・ぼくどう（写真提供：成田雄太）

明治大学卒、関西弁士界きってのインテリといっていいだろう。単独の映画説明レコードは少なく、もっともよく知られているのはサウンドドラマ仕立ての『道頓堀行進曲』、『最後の審判』のナレーション担当。アナウンサー風の滔々《とうとう》と流れるような語り口は、物語を引き締める役割を果たしていた。特に『道頓堀行進曲』は爆発的なヒットを記録したといわれ、名を大いに高めることになった。本書でも、後の章で思わぬ形で再登場することになる。

春や春・東山三十六峰

ここまで見てきた多彩な面々で分かる通り、弁士口調というべき独特の語り口は、同時代に体験した観客層でなければ理解しづらいものが多い。私もまた先行二冊の弁士本の初読時、あまりの分からなさに途方に暮れ、語りの書き起こしはほとんど読み飛ばしてしまった。そうした自分の体験があるため、ここまで弁士の語りの引用は最低限にとどめてきた。引用する場合も、何十行も延々書き写すのではなく、ここぞというべき特徴的なポイントに凝縮して伝えるように心がけた。

そもそも全盛期当時、弁士の語りの何が面白いのかが十分に分析されていたかというと、それは疑問である。田中純一郎の『日本映画発達史Ⅰ』は、このように罵倒《ばとう》するばかりだった。

「痴呆的な舞台の引き写し映画と活弁の結託が、世間のインテリゲンチャには見向きもせず、もっぱら子守娘や鼻たらし小僧を相手に、姑息《こそく》な安住世界に惰眠をむさぼっていたといってよかろう」

こうした通説がはびこる中、同時代の様々な呼び声や自然音を採集し、音から時代を検証しようとした、鈴木鼓村『耳の趣味』（一九一三年／左久良書房）は、数少ない例外的な記録の一つといえるかもしれない。鈴木は当然弁士にも注目し、劇場を訪れて弁士の語りを筆記している。『日本映画発達史』では、この鈴木の筆記部分のみを引用し、弁士の語りがいかにわけの分からないでたらめなものであるかという証拠として引用している。

「焼野のきぎす夜の鶴、人の親の心に闇はなけれども子を思う道に迷いぬるかな。ここに仏蘭西《フランス》マルセーユの片ほとり峨々《がが》たる山嶽重畳《ちょうじょう》の間、武陵桃源《ぶりょうとうげん》とでも例《たと》えつべき小村がある。その村に代々名主を勤めた、否《いな》数代連綿と神代の昔より、音に聞こえた名はゼームスバートン」といった具合だから、確かに語りだけを引用すると、わけの分からないでたらめというしかなかろう。だがでたらめだと一刀両断に切り捨てるだけでは、観客がなぜこんなに難解な文言に熱狂してしまうのかを理解することはできない。鈴木の原本を参照すると、この引用の後に「と立板式なのには、ひたすら感嘆の外はない」と、むしろほめているのである。

弁士が「愚かだから」で済む話ではなかろう。ここまでいくと、ほとんどシュルレアリスム詩の領域である。人間が語り言葉を理解する際には、必ずしも書き言葉のように理詰めである必要はないのかもしれない。要所要所に大意をつかめる単語が配置されていれば、必ずしも首尾一貫している必要などなく、強い感情を喚起する詩的な単語を適切に配置することで、よりダイナミックな表現が可能となったとはいえないか。

先述の怪説明をもう一度見てほしい。「親の心／闇はなけれど／子を思う道に迷いぬるかな／仏蘭西マルセーユ／山嶽／小村／代々名主を勤めた／名はゼームスバートン」と、意味の取れる単語を拾っていけば、ひとまずストーリーは追える。残りは、語りを盛り上げるための装飾なのである。

そうした見地に立って、洋画・日本映画の弁士の名文句のうち、代表的なもの一つずつを、ある程度まとまった分量を見ながら、改めて検証してみよう。まずは洋画の代表格、『南方の判事』（図

2―10）ラストシーンにおける林天風の語りである。

「灰になれ灰になれとドース少年は手紙を焼いた。そうしたときに、恋こそまことなれと相擁《あいよう》する二人の上に、静《しず》こころなく花は散る。朧々《おぼろおぼろ》のよい闇に、千村万落《せんそんばんらく》春たけて、紫紺《しこん》の空には星の乱れ、緑の地には花吹雪、春や春、春南方のローマンス、題して『南方の判事』全五巻」（『もうひとつの映画史』）

書き起こされた語り文だけ読んでも、今一つぴんと来ないだろう。だが、実際の観客は映像を見ながらこれらの語りを耳にしていたことを思い返してほしい。『南方の判事』のフィルムが失われていることは実に残念という他ないのだが、ともかくも映像は劇映画なのだから、首尾一貫したものであるはずである。その映像をぴったりなぞるような語りを入れても芸がない。それこそまさに「見ていれば分かる」という話だ。だがここに、わざと少しずれたイメージを音声としてぶつけてみたらどうだろうか。そのイメージの衝突は、観客の心を波立て、より強い感情を喚起《かんき》することにならないだろうか。

引用された語りの中では、「静こころなく花は散る」が分かりやすい。戦前の観客なら誰もが知っていたであろう、百人一首でおなじみ紀友則《きのとものり》の

図2－10　『南方の判事』に主演したマートル・ゴンザレス

和歌「久方《ひさかた》の光のどけき春の日に」の後に続く下の句部分の引用である。もちろんアメリカ映画にはミスマッチに決まっているが、だからこそのどかなハッピーエンドの光景を強めてくれるものになるのではないか。「千村万落」は、四字熟語としてもあまり知られているものではないが、音の調子が良く「とにかくたくさん」のイメージが伝わるものとしては最適だろう。こうして個々の単語の間の関係性は薄くても、めでたい言葉を重ねてゆけば、喜びの結末は、しっかりと観客に伝わることだろう。

図２－11　『尊王』（写真提供：おもちゃ映画ミュージアム）

続いては、時代劇。伍東宏郎の『尊王』である（図2—11）。

「時恰《あたか》も幕末の頃、弦歌《げんか》さんざめく京洛の夜は更《ふ》けて、下限の月の光青く、東山三十六峰《ぽう》静かに眠る深き夜の静寂を破って突如起る剣戟《けんげき》の響き〈中略〉かくて乱刃乱闘数刻。悲壮な最期をとげた。『オー隼人《はやと》、霊あらば聞け、倒幕の勅命は下った。俺もやがては行くぞ』群がる新撰組。龍造寺俊作の愛刀鞘《さや》走る。刀風一閃《とうふういっせん》、血吹雪一文字に引いて、黒装束ことごとく倒れる。尊王大義の雄叫びは、加茂の流れにさんさんたり」（『活辯時代』）

先述の『耳の趣味』では「そうして、その用語には、漢語、英語、誤謬語《ごびゅうご》、不文法、比喩、古諺《こげん》、古小説の佳文、聖賢《せいけん》の格言、一つとして入らぬものはない」と、弁士の表現の多様さを讃えている。伍東のこの語り草となった名文句を見れば、納得せずにはいられない。洋画のラブストーリーでは和語を中心に据え、活劇の多い時代ものでは漢語が増える。このあたりの使い分けがなかなかに興味深いところだ。

こうして伍東の名を不滅のものとした『尊王』であったが、同時代の評論家の受けはさほど良くなかった。ストーリーは他愛のないもので、ただひたすら阪妻《ばんつま》得意のチャンバラ場面が続いていく。「興行方面のみを狙ったもの」として、バッサリ切り捨てられている。マツダ映画社の無声映画鑑賞会会報『カツキチ』二三号（一九七三年）に掲載された松井竜三の「阪妻物語第六稿　東山三十六峰」が興味深い。「そろそろ頭を持ち上げかけた日本ファシズムが、映画へも忍び込もうとしていたかもしれない」というのだ。「尊王大義の雄叫びは」というあたりは、確かにプロパガンダめいた響きで、時代を煽ってしまったかもしれない。時流に敏感ということは諸刃《もろは》の剣になる可能性があることを、自覚しておきたいものである。

ただ、庶民が反応したのはあくまで「東山三六峰」なのだった。松井は同記事で「これは実際に十六峰しかない」と面白い指摘をしている。なぜ二〇も水増しされてしまったのか。弁士の語りにおいてリアリズムよりも音感が優先される典型例といえるだろう。関西弁士ならばなおさらである。「三六計逃げるにしかず」あたりからの連想かもしれない。

ともかくも「語り言葉」としての弁士の話術には、前衛詩めいた言語実験の可能性が秘められていることを忘れないようにしたい。ちょうど同時代にシュルレアリスム詩人として活躍していた瀧口修造の詩集『妖精の距離』（一九三七年／春鳥会）に収録された、表題作「妖精の距離」は、このようにして始まる。弁士の語りとの類似性には驚くばかりだ。

「うつくしい歯は樹がくれに歌った／形のいい耳は雲間にあった／玉虫色の爪は水にまじった」

衣笠貞之助の『狂った一頁』のようにアヴァンギャルド文学と映画が交錯することはあったにもかかわらず、前衛詩人と弁士が出会わなかったのは残念でならない。だが、未発掘であるからこそ、可能性が開かれているともいえる。語り言葉と書き言葉の差異について、検証すべきことがまだあることを、弁士の語りは教えてくれるのである。

図２－12　徳川夢声

頂点を極めた弁士・徳川夢声

徳川夢声（図２―12）こそは、弁士界のスーパースターである。弁士たちがトーキーに追われてトップの座を失った後も、時に俳優、時に司会者、時にエッセイスト、時に漫談家と八面六臂の大活躍を続け、文字通りのマルチタレントとして、戦後も長く記憶され続けた。

夢声の名を全国区に広げた、吉川英治原作『宮本武蔵』の全編朗読は、レコード化され、現在に至るまで広く親しまれている。

とはいえ、夢声は本来活動弁士であった。戦後ナレーションを務めた怪作映画『海魔陸を行く』（一九五〇）や、チェコの映画作家カレル・ゼマンの『悪魔の発明』（一九五八）の吹き替え音声などから、夢声の語り口はある程度知ることができる。

ここまで見てきたような、甲高かったりしわがれ声だったりする、大衆芸能の面影をある程度残した弁士たちとは、夢声は一線を画していた。地の語りはアナウンサーに近く、非常にモダンで明瞭、老人から子供まで、声色の使い分けも達者だった。それでいて出すぎず、威張らず、常に映画を立てた。インテリたちが「夢声だけは違う」と絶賛したのも無理はない。

夢声は、大学こそ出ていないものの、東京府立一中出の秀才で、そのまま一高、東大と進んで政治家になるのが夢だったという。実は、映画好きでもなんでもなかった。ところが一高の試験に二度失敗し、学費を稼ぐために、趣味を生かし落語家になろうとしたが、政党職員だった父親に苦言を呈《てい》され、「暗がりで顔が見えない弁士なら」と勧められたというから、妙な話である。夢声がマニア性に乏《とぼ》しく、常にどこかで映画に対して距離を取り続けたのは、こうした背景がある。

だが語り芸は好きだったので、いろいろと工夫を凝らした。先にも触れた通り、関西移籍に失敗するなど、初期にはかなり苦労もしている。ただ、その挫折をバネに、「無色の色」というべき、癖のなさを武器として、ファン層を着実に増やしていった。大衆にもインテリにも変わらず愛されたからこそ、頂点に立つことができた。

夢声の代表作というべき、ドイツ表現主義映画の古典、ロベルト・ヴィーネ監督『カリガリ博士』(一九一九)(図2—13)は、こんな風に語られている。

「老人は右手に持った短い銀色の棒を、ものものしく動かすと、セザレの両手がノロノロと肘のところから前に曲がって、棒の動きにつれて目をつむったまま、箱を出て前へ歩き出した。棒で止れという形をすると、セザレは立ちどまり、曲げた両手を真直ぐにおろした。『セザレ、セザレよ。わしは汝の支配者カリガリ博士じゃ、今こそ目ざめよ。目ざめよ』」(『活辯時代』)

ここまでに見てきた、前衛詩的ですらある弁士の語りとは、完全に一線を画しているのが分かるだろう。書き言葉としても明瞭に分かる上に、映像を邪魔せずうまく雰囲気を盛り上げる言葉づかいに感心させられる。つまり、田中純一郎らインテリ層は、徳川夢声のストイックなスタイルを理想として見ていたがゆえに、不明瞭を大

図2－13 『カリガリ博士』

胆に取り込んだ他の弁士たちの語りを邪道として排したのである。

　だが、インテリ層の振る舞いもまた、洋画をお手本とした純映画運動と同じで、自らが正解とするスタイルのみを掲げ、他を排する狭量《きょうりょう》な態度にすぎなかったのではないだろうか。映画にとって大切なのは、一つの正解ではなく多様性であるはずである。

　一九一七年三月、トーマス・H・インス監督の大作『シヴィリゼーション』（図2―14）が公開された。反戦映画の先駆として映画史に名を刻んでいるが、今見ると、かなり説教臭さが鼻につく作品である。しかし当時日本ではかなり評判となったらしい。夢声が弁士を担当し、前説の廃止という英断で話題を呼んだためである。

図2－14　『シヴィリゼーション』

　前説とは、映画が始まる前に、弁士が映画の背景や鑑賞に必要な予備知識を語りつつ座を温める、落語でいえば「枕」のようなものである。だが『シヴィリゼーション』は、冒頭から延々字幕が続き物語の背景を説明していく。この段階から極めて説教臭い。そこで夢声は、思い切って前説の廃止を行い、いきなり暗がりの中でフィルムを回し、語り始めた。
　このストイックさが「さすが夢声は違う」と賞賛を集めたらしく、『活辯時代』も『もう一つの映画史』も、大きくその功績を扱っている。だが夢声はあくまで飄々《ひょうひょう》として「明るみでガニマタを見せたくなかったので」とおどけてみせた。（「前説廃止の大英断」／『夢声自伝・上』）

以降は、「夢声に続け」とばかりに前説は一斉に廃止され、いきなり暗闇から映画がスタートすることが当たり前になったという。だが、これはそれほど画期的なことだったのだろうか。結局、現代に至り弁士の多くは、前説を復活させているのである。かつてとはまた別の意味で、無声映画を観るにあたっては、様々な予備知識が必要とされるからだ。

夢声は実に威張らない人だった。「前説廃止の大英断」と仰々《ぎょうぎょう》しく書いても、実は……とバカバカしいオチを披露してしまう。謙虚というよりは、繊細でシャイだったのだろう。ただ、あまりにも己の功績を語りたがらないがために、上中下三巻の巨大な自伝を著しつつも、その中身は、妙に軽い落し噺《ばなし》集のような展開になってしまった。

結果として、夢声が立ち会ったはずの重要な場面がいくつも飛ばされてしまったのは残念という他ない。後の章で触れることになる、戦後の弁士たちの復活や弁友会の設立について、夢声は何一つ語っていないのだ。

とはいえ、他の弁士の自慢本とは違って、さすが夢声、資料的価値はある程度押さえた上で、しっかりと楽しませる文章を書いてくれている。フリッツ・ラングの野心作『ドクトル・マブゼ』(一九二二)を担当した時などは、泥酔した状態で登壇し、マブゼが「汝等、愚かなる者共、俺は神の如き者である」と見得を切る見せ場で「汝ら、大馬鹿野郎どもよ、俺はエラいぞよ。神様みたいであるゾヨ」とやってしまったことがあるそうだ。当然、客席からは座布団が投げ込まれる大騒ぎになったが、翌日は騒ぎが評判を呼びかえって大入り満員。夢声の啖呵《たんか》を気に入った紳士が、楽屋にウイスキーを置いて行ったほどだった。（「ベラボー自動車」／『夢声自伝・上』）

この人ほど、観客に愛された弁士はいないだろう。「客席から『トクガワッ！』と掛け声がかかり、トイレの前にまで客があふれかえった」（濱田研吾『徳川夢声と出会った』／晶文社）というほどの人気ぶりを誇った。今や想像するのも難しいが、まさにここに黄金時代の頂点があった。

だが、幸せの時は長くは続かない。ほどなくトーキーの風が弁士たちを脅かし始めるのである。

◉9　短くちぎった説明字幕を速いテンポで画面に投げ入れていき　伊藤大輔の『薩摩飛脚東海篇』はフィルムが現存しないが、残された台本を見る限りでは「場所は」「薩摩」「其処に何かが有る」と、非常に短い字幕を映像と交互につないでいく形が指定されている。

◉10　『ホトトギス』　原作は徳富蘆花の『不如帰』。結核に冒された浪子が、逗子の海岸の断崖の上で、日露戦争に出征する夫・武男に苦しい胸の内を打ち明け、「千年も万年も生きたいわ！」と叫ぶシーンが見せ場となっている。大辻版でも大筋は同じなのだが、二人はなぜかズーズー弁。浪子は疲れたのではなく「腹が減った」というし、悪いのは肺ではなく腎臓で、むくんでぽっちゃり顔。なお海抜一二フィートとは、およそ三・六メートル。悲壮感は薄い。

◉11　この時の弁士　この時、夢声に衝撃を与えた関西弁士について、夢声は明言していないが、小林いさむ『映画の倒影』（伊藤書房）によれば、「スチョチョンチョン」「手をたたくのはここだよ」といったエキセントリックな語りで人気を呼んだ関西弁士として、神戸で活動していた花山櫻水の名が挙げられている。

第3章 トーキーの到来

——まだらの時代

弁士退場を煽ったトーキー到来前後の報道

解釈に濃淡はあれど、日本映画にトーキーが浸透するまでに、それなりの時間がかかったことは、多くの先行文献も認めているところである。ところがどうしたわけか、弁士はトーキーによってあっという間に駆逐《くちく》されたという思い込みは、現在も根強く残っている。日本におけるトーキー映画上陸の第一弾『進軍』が上映されたのは、昭和の初期、一九二九年五月九日のことであった。その後トーキーはまたたく間に市場を席巻《せっけん》し、弁士たちはストを打って対抗するものの、時代の流れには逆らえず、はかなく消え去った、という風に。いささか時間の早送りが過ぎる。なぜこんな思い込みが起きたのだろうか。

当時の新聞紙面を参照してみると、事情が呑み込めてくる。「もう直き活弁無用」(「朝日新聞」一九二八年七月一五日)(図3―1)、「悲鳴を上げる活弁と楽師/我が国にも直《じ》ぐトーキー時代」(「東京朝日新聞」一九二八年七月二三日)と、煽るような報道が展開されている。続き「ハリウッドは遂に発声映画の天下/無声映画は絶対に作らぬと大フォックスの声明」(「朝日新聞」一九二九年三月二七日)と、追い打ちがかけられる。改めて強調しておかなければならないが、トーキー到来は一九二九年五月九日。まだ日本にトーキーが到来する前から、せっかちにも、弁士への引導を渡す報道が各紙で繰り返された。

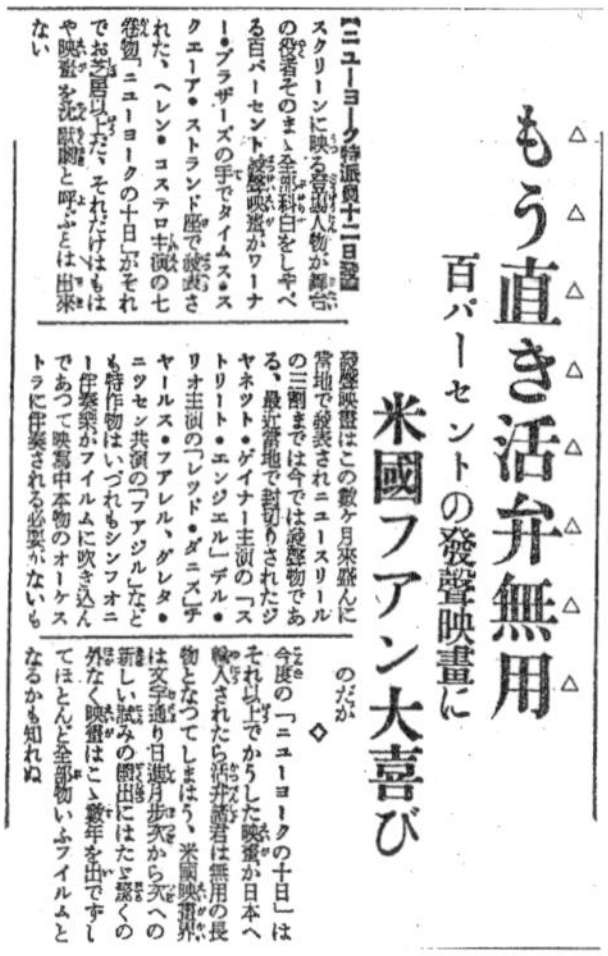

もう直き活弁無用
百パーセントの發聲映畫に
米國ファン大喜び

【ニューヨーク特派員十二日發】スクリーンに映る登場人物が舞台の役者そのまゝ全部科白をしやべる百パーセント發聲映畫がワーナー・ブラザーズの手でタイムス・スクエーア・ストランド座で披露された、ヘレン・コステロ主演の七巻物「ニューヨークの十日」がそれでお芝居以上だ、それだけはもはや映畫を沈默劇と呼ぶとは出來ない

發聲映畫はこの數ケ月來盛んに當地で發表されニュースリールの三割までは今では發聲物である、最近當地で封切りされたジヤネット・ゲイナー主演の「ストリート・エンジエル」デル・リオ主演の「レッド・ダニス」チヤールス・フアレル、グレタ・ニツセン共演の「フアジル」なども特作物はいづれもシンフオニー伴奏樂がフイルムに吹き込んであつて映寫中本物のオーケストラに伴奏される必要がないものだが◇

今度の「ニューヨークの十日」はそれ以上でかうした映畫が日本へ輸入されたら活弁諸君は無用の長物となつてしまはう、米國映畫界は文字通り日進月歩で次から次への新しい試みの續出にはたゞ驚くの外なく映畫はこゝ數年を出でずしてほとんど全部物いふフイルムとなるかも知れぬ

図３－１　「活弁不要」を報じる記事
（「朝日新聞」1928年7月15日）

トーキーの犠牲
弁士の失業續出す
二三流どこは早くも都落ちし
一流連も不安動揺

雑司ケ谷付近所見

もう數ケ月
生き延びるも
沒落もやむを得ない
徳川夢声悲しげに語る

三名はね飛ばす
米大使館員の自動車

日光が近くなりました

図３－２　トーキーを煽る当時の報道（「朝日新聞」1929年11月3日）

トーキー初上映からしばらくすると、「トーキーの犠牲／弁士の失業続出す／二三流どこは早くも都落ちし一流連も不安動揺」（「朝日新聞」一九二九年一一月三日）なる記事が出た。

関連記事では徳川夢声が「生き延びるももう数カ月」（同）と語る有様（図3—2）であった。だが、夢声のコメントをよく読むと「日活の大資本を始めとして内地映画がどしどしトーキーを作り始めたら」という但《ただ》し書きが付けられている。オールトーキーの国産第一号とされる『マダムと女房』が公開されるのは一九三一年八月であり、まだ二年近く先のことだった。ところが、まるであと数か月で弁士は消え去るといわんばかりのミスリードが横行した。

確かに洋画のトーキーへの転換は早かった。日本では外国語のセリフをどう処理するかが大問題となったが、現在まで続く字幕スーパー方式が好評を得た米映画『モロッコ』（一九三〇）で、一応の決着をみた。「無説明時代招来か／説明者を刺激する『モロッコ』上映」（「読売新聞」一九三一年二月六日）なる報道も出ている。

そしてわずかその二年後、一九三三年一月三一日の朝日新聞紙面では「今は昔活動写真大会　当時の名弁士が総出で熱弁」なるラジオ番組が、大きく紹介されている。（図3—3）

司会を担当した活動弁士の松井翠聲は「最近目まぐるしい程の大変化をいたしましていろいろ問題も引き起しましたが、ほんの数年前までは映画常設館は、活動大写真を見せてくれてなじみの弁士が観客のご機嫌を取り結んでくれた唯一の娯楽場でありました。当時の思い出を大先輩に語っていただくのが今日の趣向です」と語ったという。

まるで弁士が既に滅び去ってしまったかのような物言いである。確かにちょうどこのころ、各地で弁士のストライキが頻発し、多くが劇場を去っていったことは確かだ。

だが、[12]『活動写真フィルム検閲年報・昭和八年版』（内務省警保局／後に『映画検閲年報』と改題）によると、この年（一九三三年）検閲を受けた無声映画は一万二〇一七件。これに対してトーキー映画は二九六七件と、無声映画の四分の一にも満たなかった。そして、この年、弁士はまだ六五九八人もいた。ピーク時の一九二五年には七五七六人いたというから、一〇〇〇人弱が減ったにすぎない。

ちなみに検閲件数とは外国映画も含めた総数で、その内訳を見ていくと、日本＝無声一万九八四件・トーキー一六〇七件、アメリカ＝無声六八五件・トーキー一二六九件、ヨーロッパ＝無声三四八件・トーキー九一件、となる。漠然《ばくぜん》と日本映画と洋画は半々ずつと思いがちだが、実態は九対一と圧倒的に日本映画が優勢で、しかも無声映画がまだまだ大部分を占めていたのだ。さすがにアメリカではトーキーが主流になりつつあったが、それでも三分の一強は無声。ヨーロッパでは、母数は少ないものの、まだ八割が無声

図3－3　「今は昔活動写真大会　当時の名弁士が総出で熱弁」（「朝日新聞」1933年1月31日）

だった。

検閲は、恥ずべき国家の蛮行《ばんこう》であるが、おかげで当時の映画流通の実態が極めて正確に分かる。大いなる皮肉という他ない。

それにしても、統計上はまだ弁士が健在だった時代に、もうすべてが終わったように人々がふるまったのはなぜなのか。レコードからＣＤへの転換、ＶＨＳからＤＶＤへの転換期を振り返ってみても、誰もが新しいものに飛びつき、古いものを競って捨て去ろうとした。そうやって形ばかりでも何か変革を成し遂げたようにふるまいたがるのは、人間の性《さが》なのかもしれない。だが、実態は思い込みを裏切っている可能性があることを、統計データは教えてくれる。

本書では、様々な資料を参照しつつ、トーキー到来以降の日本映画の歩みを、とらえ直してみたい。

そっぽを向かれたトーキー

一九二九年五月九日のトーキー映画第一弾『進軍』上映は、時に日本史の年表で取り上げられるほどなので、その事実だけはよく知られている。だが、『進軍』とは、そもそもどんな映画なのだろうか。近年、日本で『進軍』が再上映された記録は、見つけられなかった。英文の映画データベースＩＭＤｂでも、ほとんど具体的な資料が掲載されておらず、どうやらフィルムは失われている可能性が高そうだ。

この映画の上映について具体的に証言している資料としては、徳川夢声の『夢声自伝・中』における「トーキー禍《か》」の項目がある。夢声は、この『進軍』上映が行われた新宿武蔵野館の弁士だったから、その騒動の一部始終を間近で目撃していた。

この日上映されたトーキー作品は、『ハワイの唄と踊り』、『進軍』の二本。ただし「トーキー興行といっても、『ハワイ』が一巻もの『進軍』が三巻もので、いたって貧弱である。そこで『北極』の六巻もの、『巴里』の七巻ものと、長い添え物がしてある」という構成だった。『北極』とは、ドキュメンタリー映画『死の北極探検』（一九二八）、『巴里』とは『巴里酔語』（不明）なる作品で、いずれも無声映画だ。

『進軍』が三巻ということは、およそ三〇分程度。タイトルから想像されるような派手な戦争映画ではなく、ピアノを弾く主人公一家とラッパを吹く二階の老人が騒音トラブルからケンカになるといった他愛ないコメディであったようだ。『ハワイの唄と踊り』は、タイトル通りの内容。特にどうということもない。だが、これが夢声にはこたえたらしい。

「なるほど、ギターを奏する手の動きと、音とがぴったり合うぞよ。と、私たちは感服した。感服すると同時に、自分たちの職業に対する脅威を、ギターの一音ごとに打ち込まれる思いだった」

ところが、この鳴り物入りの上映会は「実にさんざんの不入りであった」そうだ。

「ざまァ見ろ！と私は快哉《かっさい》を叫ぶ一方、そこはかとなき心細さも感じたのである」

と夢声は振り返っている。つまり、音が出ていることを見世物として披露するだけでは、客は来ないということだ。このままハリウッドがトーキーに固執すれば、映画そのものが飽きられるのではと、夢声には嫌な予感がよぎったのだろう。

実は、発声映画はこれが最初ではなく、映画初期から繰り返し試みられては沈没し続けていた。前掲の『日本映画史叢書一五　日本映画の誕生』に収録された論文の一つ、大傍正規「無声映画と蓄音機の音　歌舞音楽と革新的潮流」が、これに詳しい。一九〇二年に大阪道頓堀の弁天座で、エジソンの覗き見式のキネトスコープを改良した「キネトフォン」が公開されていた可能性があることが指摘されている。覗き窓から映像を見ながら、聴診器のような装置で音を聴いたらしい。

映画の上映スタイルでリュミエール兄弟に敗れたエジソンだったが、いち早く発声映画のスタイルを整え、雪辱を期した。投写式に改良されたエジソン社のキネトフォンは、一九一三年に日本でも公開され、オペラやダンス、コップを叩き合わせる音などがきちんと同期することが驚きをもって受け止められた。

だがこれには限界があった。音源となったレコードの録音時間は片面数分という時代である。歌手が一曲歌えばおしまい、という状況では、一時間を超える長編作品が主流になっていく無声映画に到底太刀打ちできなかったのだ。

先述の夢声の自伝における「トーキー禍」の項目でも、キネトフォンについて辛辣《しんらつ》に表現している。

「蓄音機と映画とを、物理的に結合させたものである。映写室から、スクリーン裏の蓄音機まで、針金を張り廻し、もっぱら力学的に画と音をシンクロナイズさせたもので、真空管などという霊験いやちこなものは使用せず、電気の力はただもうモーターを回転させるためにのみ必要であった」

つまり、小学生の素朴な工作のような仕組みである。一時は浅草に専門館もあったそうだが、複雑なドラマなどは作れないため、大傍によれば「一九一六年辺りからキネトフォンは目に見えて下火に」なったという。

さて、夢声がトーキーを体験して、「音がぴったり合う」ことに危機感を抱いたことに今一度、注目したい。それほどまでに、音と映像のシンクロは、実に難しい積年の課題だった。

この困難を解決したのが、フィルムの端にサウンドトラックを設けて、画像で音声を記録するサウンド・オン・フィルム方式であった。これにより、ついに本格トーキー化への突破口が開かれたのであった。

『モロッコ』前後の模索

ところが、期待のトーキー初興行は惨敗に終わった。どうせまた次もすぐ消える、と冷ややかに受け止めるファンも多かった。確かに初期のトーキー作品は、音声が不明瞭で聞き取りづらく、やたらと歌ったり音を出したりと、トーキーらしさを出すことに夢中でドラマがおざなりになる傾向がみられた。

先項で述べた通り、そもそも外国語のセリフをどうやって観客に理解させるかは、大問題なのだが、公開第一号の『進軍』の場合、特に何も決めないまま輸入が実行されてしまったらしい。新宿武蔵野館の観客は中学校・女学校を出ているインテリ層が多いから、英語ぐらいはそのまま理解できるだろうと考えられたのである。だがカセットテープもラジオ講座もない時代、インテリ層でも、ネイティブの発話を聞き取ることができた者はごくわずかだっただろう。

再び夢声の「トーキー禍」から引く。夢声自身は、英語の台詞を相当分かるつもりでいたらしいが、「その英語なるものを、実際に聞いて見ると、何が何だかさっぱり分からない」というありさまだった。そこで興行期間の途中から、トーキー作品にも弁士の説明が付けられることになった。「いまさら、何を申すか」と苦々しさを覚えた夢声だったが、好奇心もあって実際にやってみることにした。

「いやどうも、その演《や》りにくいこと。想像の外であった。こっちが喋っている最中に、画面の人物もペラペラやる。〈中略〉私の耳は、自分の言葉と、トーキーの言葉とで、すっかり混乱させられてしまう。そこで、画面の人物が黙っている間を利用して、一気に喋る方法をとった。自動車がひっきりなしに疾走する大通りを、横に突っ切るようなスリルである」

続くトーキー作品『アリバイ』(一九二九)は本格的なミステリ作品で、さらに弁士にとって難易度が上がった。そこで、説明の間だけフィルムを止めたり、音声を絞ってもらったりしてみたが、

図3－4　『モロッコ』

これまた不評で、最後は「どうにでもなれとばかり、トーキーはトーキーでガンガン喋り、我々は我々で客がきいていようといまいと、バリバリ怒鳴るというようなことになった」という。そして、このやけくそのようなスタイルが、ストライキを経て罷免《ひめん》されるまで四年にもわたって続けられるのである。

本章の最初で述べた通り、『モロッコ』（図3－4）で初導入された字幕スーパーが、その後の洋画上映のスタイルとして定着していった。だが、それが標準的スタイルとして定まるまでには、実は長い時間を要している。

こうした移行期の混乱とそれに翻弄《ほんろう》された弁士たちの苦労については、映画史家北田理恵による論文「トーキー時代の弁士─外国映画の日本語字幕あるいは『日本版』生成をめぐる考察」（『映画研究』四号／二〇〇九年）において詳細に調査・報告されている。

北田によれば『モロッコ』もまた、トーキー受容における一通過点にすぎなかった。

に興味深い。

「『モロッコ』の成功後も無説明上映に切り替える劇場が即座に増えなかった」という指摘が大変に興味深い。

「サイレント時代から弁士独自の説明によってオリジナル版に付加される魅力を常に期待してきた当時の観客にとって、台詞を翻訳しただけの単なる字幕文では不十分な映画興行であったのだ」それほどまでに観客の弁士への信頼感と支持は根強いものだった。

字幕スーパーは、他にも多数ある「日本版」の選択肢の一つでしかなかった。ハリウッドにおいてトーキーの初期には、わざわざ当地の人気俳優を呼び寄せて同じ脚本で他言語版を作成するということが試みられた。『パラマウント・オン・パレード』（一九三〇）では人気弁士の松井翠聲が司会者役として、わざわざアメリカまで招かれた。さすがにあまりにも高コストだったということもあってか、数作品しか続かなかったのだが。

現在でも行われている、一人一役の「吹き替え」も当然試みられたが、結局定着しなかった。初期には日系移民による吹き替え音声が不自然すぎて聴くに堪えない、といった失敗もあったが、新劇俳優を使った試みが好評で「一九三五年の後半に吹替の日本語版が頻出する」ところまでこぎつけた。だが一九三六年になると突然姿を消した。次第に観客が字幕に慣れていく中で、割高とみなされるようになったのかもしれない。

この他無声映画時代同様、画面と画面の間に日本語字幕を挿入してストーリーを説明するものもあった。『アンナ・クリスティ』（一九三〇）という作品では、字幕監修者として、徳川夢声の名が挙げられていたことも注目すべきだろう。

ともかくも、『モロッコ』が封切られた一九三一年段階での、洋画の日本語対応はバラバラで、混沌《こんとん》といっていい有様だった。この混沌とした状況は数年間に及び、日本版＝字幕スーパーという概念が定着したことが確認されるのは、一九三六年になってからのことである。そこに至るまでの道のりには、弁士たちが意外なほど積極的に関わっていた。

弁士かトーキーか

こうした状況にあったのに、なぜ弁士たちは職場を追われることになったのだろうか。
「トーキー全盛の犠牲／弁士悲鳴時代来る／井口靜波等十名突如検挙され結束、争議に入る」（『朝日新聞』一九三二年四月九日）
一九三二〜三三年に頻発した弁士ストは、都市部の一流館で起きたため、大きな注目を集めた。東京では徳川夢声や生駒雷遊、関西では伍東宏郎や木田牧童らが、奮闘空しく解雇されていった。その過程で、黒澤明の兄だった須田貞明が自殺するという悲劇も起きている。本書ではここまで触れられずに来たが、須田は当時人気の若手弁士だった。黒澤は、自分に絶大な影響を与えた存在だったと、回想している。
多くの先行書が誤解しているように、弁士らは不要になったから馘首《かくしゅ》されたのではなかった。ここまで見てきた通り、弁士の需要はまだ十分にあった。問題は、彼らの給料があまりにも高すぎたことにあった。だからこそスター弁士が狙い撃ちにされたのである。

「無声映画時代の浅草全盛期／弁士は超高給だった／アンケートの原票みつかる」（「読売新聞」一九八四年一一月二一日）

こうした記事が報じられたことがある。大正・昭和期の社会学者・権田保之助が関東大震災直前に実施し未整理のまま残されていた、浅草の映画館従業員のアンケート原票七〇〇人分が発見されたというのである。風聞ではなくきちんとした社会調査なので、信頼度は高い。一九八四年現在の物価水準に換算して月給五〇〇万円相当の弁士もいたという。石川弘義成城大教授（当時）を中心とする「日本人と娯楽研究会」が発見し、分析を急いでいる、との報道だったが、後にまとめられた報告書に、このアンケートに関する記述はないようだ。結局まとめ切れず再び倉庫に放り込まれてしまった可能性が高く、一刻も早い再発掘が求められる。

ともかくも、トーキーへの本格参入には、莫大な費用が必要とされた。田中純一郎は「ざっと見積もっても無声映画時代の三倍の設備投資を必要とする」（『日本映画史発掘』／冬樹社）と、いい続けたが、その根拠はついに示さずじまいに終わった。現代の研究者や現像所の技術者に尋ねてみたところ、高いことは間違いないが、三倍という数字にはあまり裏付けが感じられない、という意見が多かった。「おそらく三倍ではきかないでしょう」と指摘した技術者もいた。つまり三倍は大げさというわけではなく、おそらくはもっと桁外《けたはず》れの多額な費用が必要とされたのだ。

いったい何にそこまで経費がかかるのか。もちろん開発されたばかりの高性能な集音マイクはひどく高価だろう。ここで経費をけちるとセリフがまったく聞き取れなくなってしまう。フィルム代も、これまでよりかさんだはずである。無声期のフィルムの映写速度は、毎秒一六コマだった。だがトーキーは毎秒二四コマ。おもちゃ映画ミュージアム（京都）の太田米男館長は、「つまり高価なフィルムが、常に一・五倍必要ということだ」と指摘している。

それだけではない。一九三四年刊行の『トーキー映画宝典』（トーキー映画宝典社）なるパンフレットが、国会図書館に収蔵されている。技術者向けの教材として刊行されたようだが、ここに大変興味深い記述がある。

「先ずトーキー映画を製作するには外部の音響を遮断《しゃだん》する撮影所が必要だ。之を遮断するにはコンクリートの二重の隔壁を作りその隙間にフェルト或いは綿の如き材料を入れると十分の九秒で音波の五十パーセント（約半分）の吸収が出来る、他の吸収されない半分の音については目下技術者の研究題目の一つになって居るが之が完成されたらトーキー撮影はどんなに楽になるであろう。現在の撮影所は出来るだけ雑音の少ない場所に建てるか或は夜間の静閑《せいかん》の時を選んで撮影せねばならない不便がある」

逆に言うと、サイレント時代はこうした密閉環境が一切不要だったわけで、トーキーに適したスタジオを新たに建てるには、どれほど大がかりな設備が必要なのかと関係者は天を仰いだに違いない。スタジオを見下ろす制御室のガラス窓は三重にしなければならないし、カメラは駆動音が漏れないようにブーツと呼ばれる移動式小部屋の中から撮影しなければならなかった。

戦後もかなり遅い時期まで、セリフのアフレコが多用されていたことを考えると、こうした重装備が必須とされたことは奇異に感じられるかもしれない。だが、せっかくトーキーを選ぶのだから、俳優が演じる時の声は演じる瞬間に録音されるべきだとする「同時録音主義」は、映画会社にも観客にも強く意識されていた。アフレコ＝偽物トーキーとして、ロパクが合わないことは、しばしば非難の対象となっていた。同時録音の志はあっても、実際に得られる音は聞くに堪《た》えないことから、やむを得ずアフレコが採用されていくのだが、それは恥とされ、あまり表ざたにされなかった。

トーキーか弁士か、と問われた時に、多くの映画会社はトーキーを選んだ。ただ、高コストのトーキーはあまりにも重荷で、弱小プロダクションは消えてゆく運命を余儀なくされた。

その一方で、トーキー専門のスタジオを擁した東宝が阪急電鉄の豊富な資金を得て発足し、急速に存在感を増していった。

むろん、競争相手が消えた無声映画市場に、あえて参入する小規模プロダクションもあったのだが、それについてはもう少し後で触れたい。

続発する弁士スト

トーキーへという映画界の大きな潮流の中で、痛手を被ったのは切り捨てられたスター弁士たちであった。彼らの「弁士スト」は、なんとなく「最後の無駄な抵抗」として切り捨てられがちな評価を受けてきたが、そもそも「弁士スト」とはどういうものだったのだろうか。朝日新聞東京本社版の戦前紙面を分析してみると、興味深い傾向が浮かび上がってきた。

トーキーが導入された翌年、一九三〇年八月二二日には、浅草の弁士らが長旗を押し立て検事局に押し寄せ、給与不払いの映画館主らを詐欺罪で告発したことが報じられている。まだ状況はそれほど切迫していなかったはずだが、経営状態の悪い映画館では、早くも弁士排除の動きが始まっていたのである（図３―５）。

以降の弁士たちのスト報道は都市部に集中しているが、地方でもストがなかったと

長旗を押立て
検事局に押寄す
淺草映畫館の紛擾

淺草の映畫館大東京の弁士、樂隊手その他從業員約三十名は「淺草劇場、活動從業員の餓死より救へ」「大東京[illegible]不拂詐欺告發團」など長旗をおし立て、二十二日午前十時頃檢事局に鹽野檢事正を訪れ前館主高松豐次郎、前經營者若木愛一氏等を詐欺で口頭告發した
その理由によると同館は去る六月初旬から閉館、五月からの給料を支拂へぬ悲況にあつた所館主等は別に引き受け手を探し再び映畫館として復活開業、從業員等もそのまゝとする約束を結んでゐた
然るに二十一日突然帝京座主と契約して一切を譲り安木節、レヴュー等のバラエテイを始めることゝなつたので今まで隱忍した從業員は遂に前館主等を詐欺罪として告發するに至つたといふのである

図３－５　窮状を訴える弁士の陳情（「朝日新聞」1930年8月23日）

はいえない。一九三一年五月三日という極めて早い時期に、「客を追い出し罷業《ひぎょう》／青森の三映画館」なる報道が見つかる。だが東京本社紙面ということもあり、以降は東京圏に偏った報道に占められた。おそらくそれぞれの地域でもそれぞれの事情によるストライキがあったはずである。それは、地方紙の詳細な分析が進めば、今後浮かび上がってくるだろう。

以降に紹介するのは、東京圏のごく一部の事例であることは、心に留め置いてほしい。ただ東京圏は、スター弁士たちを巻き込んだ争議であっただけに、とても派手で大規模な事件であったのは確かだ。

弁士ストは、一九三一〜三四年ごろまで盛んに報道されたのだが、一年中切れ目なく起きていたわけではない。毎年六〜八月ごろ、映画産業のかき入れ時である「お盆興行」の時期を狙って断続的に発生していた。芸能人たちのストだけあって、ユニークな一面があったようだ。観客の支持を得るべく、鬼の面を落書きして経営者を糾弾《きゅうだん》したり、米俵を積んでデモをしたり、劇場内で突然観客にビラをばらまいたりしたのである。

だが、観客の中には、ストによって映画が上映されないことを怒る者も多く、ファンに支えられたストとはいい切れなかったようだ。ストに参加しない劇場に蛇《へび》が投げ込まれたり、爆竹が突如鳴らされたり、硫酸入り電球が投げられたりと、次第に過激化する傾向も見え始めた（図３―６）。乱闘騒ぎや幹部宅への日本刀での殴り込みなど荒っぽい事件も起き、新聞が騒動を面白おかしく書きたてる様《さま》が目立った。残念ながら、弁士への同情や無声映画を守ろうとするファンの動きは、ほと

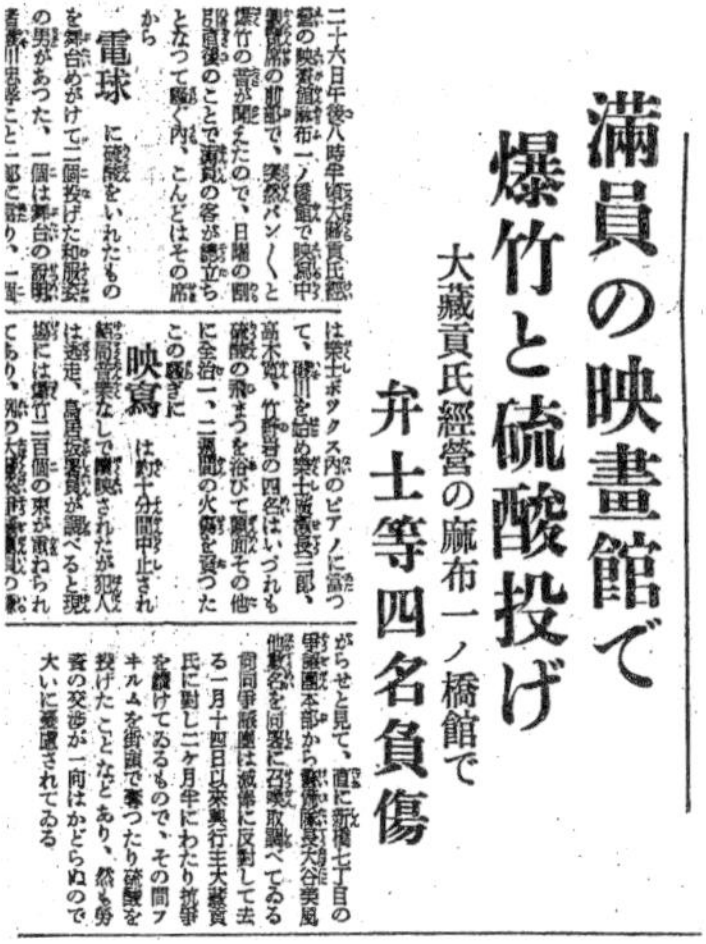

満員の映畫館で
爆竹と硫酸投げ
大藏貢氏經營の麻布一ノ橋館で
弁士等四名負傷

二十六日午後八時半頃大藏貢氏經營の映畫館麻布一ノ橋館で映寫中觀覧席の中部で、突然パン／＼と爆竹の音が聞えたので、日曜の觀覧席満員のことで觀客の客が總立ちとなつて騒ぐ内、こんどはその席から

電球 に硫酸をいれたものを舞台めがけて二個投げた和服姿の男があつた、一個は舞台の説明者川光事こと二郎に當り、一個は樂士ボツクス内のピアノに當つて、川を始め樂士長三郎、高木、竹君の四名はいづれも硫酸の飛まつを浴びて顔面その他に全治一、二週間の火傷を負つた

この騒ぎに

映寫 は約十分間中止されたが犯人は逃走、結局營業なしで續映されたが高員が調べると現場には爆竹二百個の束が重ねられてあり、

がらせと見て、直に新橋七丁目の争議團本部から團長大谷美風他數名を同署に召喚取調べてゐる

同争議團は減俸に反對して去る一月十四日以来興行主大藏貢氏に對し二ケ月半にわたり抗爭を續けてゐるもので、その間フキルムを街頭で奪つたり硫酸を投げたことなどあり、然も勞資の交渉が一向はかどらぬので大いに憂慮されてゐる

図３－６　弁士ストを報じた「朝日新聞」1933年3月27日の記事

図３－７　「浅草大勝館に立てこもる弁士ら」との記事に付された写真（「朝日新聞」1932年4月9日）

東京朝日　（土曜日）　昭和七年六月十八日　（二）

映寫室に六晝夜

スター七人男
城明け渡し
争議團の凱歌に迎へられ
兩映畫館争議解決

解決條件

通風口閉鎖に閉口
體驗を語る籠城組

疲れてるが
案外丈夫
七人男診察

双方無傷で
前田署長談

女で最初
溝上游龜女史

図３－８　「籠城で弁士スト勝利」（「朝日新聞」1932年6月18日）

んどみられなかった。

しかし、そんな中にあって効果を上げたのが劇場に立てこもる作戦（図3—7）で、世間の注目が集まったこともあって、意外にも多くの争議が弁士側の全面勝利に終わっている。

夢声のいた新宿武蔵野館では、「映写室に六昼夜／スター七人男／城明け渡し／争議団の凱歌に迎えられ両映画館争議解決」（「朝日新聞」一九三二年六月一八日）と、籠城騒《ろうじょう》ぎの末に、いったん弁士側の全面勝利で解決。円満復職など二〇カ条が劇場側にすべて受け入れられた（図3—8）。『自伝・中』で夢声は、六カ月分の退職手当で手を打つはずが、憤然《ふんぜん》として立った他の従業員の手前、「一場の激励演説をやらざるを得ざることにあいなった」（「ダラ幹でありたし」）とこぼしている。

とはいえ、これでめでたしめでたしとなるはずもなく、一九三三年二月二六日には再度解雇の通知を受け、この時はあっさりと受け入れている。結局のところ、ストに勝利したところで一時しのぎにしかならなかった。体力を擦り減らす籠城作戦を再度試みても、「またか」と思われるだけだったろう。夢声ですら、解雇そのものは、大きく報じられることはなかった。

解雇の知らせを受けた夢声の妻は
「あのね、お雛さまの首が、みんな抜けてるの、ホホホ」（「笑の王国創世記」）

と、呑気《のんき》な反応をしたそうだ。

退職金で一年ぐらいはもつだろうか、と腹をくくった夢声だったが、芝居に呼ばれて大当たり、東宝からは俳優として出演を依頼され、漫談も大人気と、むしろ次から次へと仕事が増え、一気に全国区の有名タレントへと急成長していった。

むろん、これは業界の頂点にいて、多才であった夢声だからこそで、大半の弁士たちは、大幅な給与減を受け入れて地方の映画館を巡るか、他の仕事を探すかの選択を迫られた。東京の著名弁士の中には、夢声と同様に漫談家やタレント、俳優として成功する者もいた。しかしそれはごく一部で、多くの弁士たちは、紙芝居屋やチンドン屋で細々と食いつないでいくことになる。

かつては熱狂的な支持を集めた弁士たちだったが、その窮状《きゅうじょう》に対して、新聞や映画雑誌の反応は冷たかった。弁士たちを疎ましく思っていたインテリ層は、どこかで「いい気味」だと思っていたのだろう。一九三一年の満州事変を機に、日本全体が愚かさに飲み込まれ、滅びへと突き進んでいく時代である。インテリ層からは、愚かさの象徴に見えた弁士が退場したのは、少し溜飲《りゅういん》が下がる出来事であったのかもしれない。だが、本当にそれでよかったのか。今一度考えてみる必要がある。

後の章で詳しく述べるが、戦後になると、何度か無声映画のリバイバルブームが起きる。人々はこぞって「ああ懐かしの活動大写真」と無声映画時代と弁士を持ち上げた。

一九七三年三月二日、読売新聞のコラム「人間広場」で、「活弁由松のプライド」なる記事が掲載されている。東久留米のゴミ・し尿処理場の事務員をしている男性が、実は「雲井天竜」の名で活躍した活動弁士であったという話だ。六五歳になった当時も、「映画説明」だけは、酒の席で頼まれても断っていたという。

「『プライドですよ』控え目に声を低めた」

この人物が、弁士のリバイバルブームを知らなかったはずはない。だがそれでもあえてその波に乗ることを良しとしなかった。そんな意地を貫き通した弁士もいたのである。

楽士たちの明暗

派手な弁士たちの動きに隠れて見えにくくなりがちだが、演奏者つまり楽士も失職の憂き目にあったのは同じである。ところが映画ファンたちは、それほど楽士の行く末には関心を持たなかった。「ジンタ」と呼ばれる哀愁あふれる音楽を主体とし、いくつかのバリエーションを組み合わせて演奏している楽士が多かったのだが、これがＳＰレコードの再生音に置き換えられても、誰もさほど文句はいわなかったのだ。彼らは弁士よりも早く、真っ先に馘首《かくしゅ》されることとなった。

一九三四年五月七日の東京朝日新聞は「楽士昨今《さっこん》」と題して、映画館から追われつつあった楽士たちのその後をリポートしている。

「楽士でいながら楽譜の読めない三流以下の常設館の専属楽士はたちまちに転落した」

多くの楽士は、さほど曲目があったわけではなかったようで、楽譜の読めない者も少なくなかった。彼らは市場の宣伝楽隊などで細々と稼いでいくことになる。

その一方で、楽譜の読める楽士には、いろいろと声がかかったようだ。盛り場でタンゴバンドを組んで人気を得た者、オーケストラを組みひとかどの芸術家として地位を得た者、ラジオ放送局の専属楽士となった者などなど。その明暗は実にくっきりとしていた。

「最近では映画会社のトーキー製作のスタジオにまで飛び込んでくるという有様、泣くほどでもない楽士の昨今だ」

つまりある程度の音楽的な素養があれば、潰しが効いた。音楽という技能は、なるほど応用範囲が広い。だが弁士たちはそうもいかなかった。

しぶとい無声映画

かくしてスター弁士たちは去り、無声映画の時代は終わった、と誰もが思った。

少なくとも東京など都市圏では、そうしたムードが高まった。新作トーキー映画はどしどし作られ始め、最初は戸惑《とまど》っていた作り手も観客も、次第にトーキーに馴染《なじ》んでいった。

だが、日活・松竹など大手映画会社でも一九三六年まで、無声映画はしぶとく作られ続けた。大都映画などの中小プロダクションでは一九三八年まで製作が続く。弁士の説明を吹き込んだ「解説版」は一九四〇年にもまだ作られていたし、旧作無声映画の検閲申請は一九四一年になってもなお続いていた。三六三五件と全体の九％を占めたほどである。新たにプリントが焼かれたということは、それを語る弁士がいたということだ。

華やかな表舞台でこそなくなったが、無声映画の需要はなお途絶《とだ》えなかったのである。そうした映画は地方の小さな小屋で、細々と上映され続けた。高価な音響装置を整備する資金はない。しかし、弁士付き上映ならまだ客を呼べる。そんな劇場は少なくなかったはずである。

佐伯多門の労作『スピーカー技術の一〇〇年 黎明期〜トーキー映画まで』（誠文堂新光社）を開いてみると、トーキー初期のスピーカーがいかに巨大だったかがよく分かる。一九二七年には、ぐるぐると音道をホルンのように曲げて小劇場向けにコンパクト化した一二A型・一三A型というホーンスピーカーがあった。それでも開口部が一〇〇センチを超える巨大なラッパを二つも置かなければならず、狭い小屋には大きな負担だったはずだ。楽団がいたオーケストラボックスに置いたり、天井から吊ったり、はたまたスクリーンに細かい穴を空けてその裏側に置いたりという苦肉の策が取られていた。現在でも、映画館のスクリーンを至近距離で観察すると、細かい穴が開いていることがある。右の書籍では残念ながら価格は書かれていないが、これほど巨大なものが気軽に買える安さであるはずはない。

さらに付け加えるならば、トーキー映写機は電動だった。だがサイレント映写機は手回しで、停電でもガス灯を光源に映写することができた。電線も通わぬ山奥でも上映できたサイレントに対し、トーキーは電気なしでは手も足も出なかった。こうした高価で大がかりな装置を無理に導入してまでトーキーへ切り替える必要を感じない小屋は、いくらでもあっただろう。

つまり、仕事さえ選ばなければ、弁士が働く場所はまだあったのだ。戦後、無声映画の復活に大きな役割を果たすことになった二代目松田春翠（以下、適宜「春翠」「松田春翠」と表記）は、このころ、

図３－９　二代目松田春翠は1925年、東京にて初代松田春翠の実子として生まれた。写真は千葉での少年弁士時代（15歳ごろ。当時の名は松田美知夫）の様子。手を引かれているのは弟の和雄（写真提供：マツダ映画社）

千葉の亥鼻館で主任弁士を務めていた（図３—９）。とはいえそれは名ばかりのものであった。

春翠なくしては、現代まで続く弁士の系譜が保たれることはなかった。ところが本書でも春翠の名が登場するのは、ようやくこの時期になってからである。黄金時代を知らない弁士として苦渋《くじゅう》をなめたことが、後に役立つことになるのだが、この時春翠はまだその前途を知る由もない。

春翠が少年弁士としてデビューしたのは一九三〇年。女性の声色で「ねえ、おまえさん、今晩泊まっていってよ」とやったので、大いに受けたという。既にトーキーの足音に業界がざわついていたころだった。一本立ちするころには、もはや没落期。映画館に楽士はおらず、蓄音機も自分で廻さなければならなかった。そして一九四三年、春翠は出征する。「一番みじめな時代の弁士だった」（「ベタ記事を追って／無声映画にささげた一生」／「読売新聞」一九八七年八月二六日）春翠は、そう振り返る。

新作無声映画が途絶えたのは一九三八年。この年、全国にいた弁士は二六三二人。春翠がいた千葉の弁士はわずか一三人だった。

無声にこだわる巨匠たち

何度も繰り返し強調している通り、日本映画におけるトーキーの普及は、極めてゆっくりとしたものであった。実に一〇年の歳月をかけて、少しずつ少しずつトーキーの勢力は拡大していったが、その一方で弁士付き無声映画上映を好む層も確実に存在していた。

大手映画会社にも、無声映画のスタイルにこだわり続けた名匠・巨匠と呼ばれる監督たちがいた。たまにトーキーを撮っても、すぐにサイレント（無声）に戻っていった。これは巨匠のみに許されたわがままというわけではない。実際にサイレント映画の方が安く製作できるという台所事情もあり、サイレントが一定のマーケットを保っている以上、どちらを選択するかは、映画の内容次第で決められたということだ。戦後も一九七〇年代まで、かなり長い期間にわたって、カラー

図３－10　『ふるさと』

とモノクロの選択が可能だった状況を思い浮かべてもらうと、近いイメージが得られるだろう。喜劇王チャールズ・チャップリンが、パントマイムとしての無声映画表現にこだわり、一九四〇年の『独裁者』までトーキーを撮ろうとしなかったのは有名な話である。ただし、これはチャップリンが世界的なヒットメーカーだからこそ許された例外であり、ハリウッドでもヨーロッパでも、トーキーへの転換は、素早かった。

しかし、日本映画では、事情が異なっていた。溝口健二、伊藤大輔、小津安二郎といった巨匠たちは、確かに無声映画への愛着を見せたが、それはパントマイムを好んだというよりは、思い通りの映画を撮りたいというこだわりに基づくものだった。

トーキーの映画機材は重く大きく、機動性が著しく損なわれる。先にも触れた通り、初期トーキーでは、カメラの駆動音をマイクが拾わないように、密閉した小部屋の中から撮影しなければならなかった。軽く扱いやすい無声カメラを駆使して、自在なカメラワークを構築していたこれまでを考えれば、到底容認できることではない。

溝口健二は一九三〇年に、いち早くパートトーキー映画『ふるさと』（図3—10）を撮った。当時人気があった歌手藤原義江を主役に据え、藤原の歌唱シーンだけをトーキーで撮るという変則的なスタイルで、カメラの機動性を確保しようとした。しかし、それまで自在に移動していたカメラが、トーキー場面になると、とたんに身動きがとれなくなる不自然さは、いかんともしがたい。溝口は『時の氏神』（一九三二）で再びトーキーに挑んでみたものの、既成音楽を使って夫婦喧嘩《げんか》を茶化《ちゃか》す

図3－11　『瀧の白糸』（写真提供：国立映画アーカイブ）

ような演出をしたことが、観客の怒りを買った。「下《げ》劣《れつ》」「人を舐《な》めている」と散々な評判だったらしい。今ならば、一種のパロディ的表現として好評を博すのではないかと思われるが、あまりにも時代に先行しすぎたということだろう。作品のフィルムが残っていないのが残念である。

これに懲《こ》りた溝口は、転換期のギリギリまで、無声表現を磨き上げる方向に転換した。無声時代の溝口作品はほとんど失われているのだが、その完成形というべき『瀧の白糸』（一九三三）（図3―11）が、幸福にもかろうじて保存されている。

この映画では、愛し合った男女が検事と被告という立場に引き裂かれるという展開で、まるで三面記事か新派悲劇の如くであるが、安易な情緒は徹底的に排除されている。雑味を削ぎ落として、なおかつ立ち上がってくる情念のみで物語を突き進めてゆくスタイルが、かえって物語のすごみを増している。

余計な表現を削ぎ落とした余白をそのまま生かすという溝口のスタイルは、無音で観てもそこに観客の想像力を込めることができる。だが弁士付きで観ると、また別の魅力が生まれる。演者の解釈によって、作品の陰影が微妙な変化を見せ、よりまろやかな味わいが増す。こうした特性が幸いしてか、戦後も多くの弁士が、この作品を好んで演じた。結果、何本ものフィルムが残され、より原型に近いフィルムを復元することができたのである。

溝口最後の無声作品となる『折鶴お千』（一九三五）は、解説版と呼ばれる、弁士の語りを吹き込んだものだった。担当したのは松井翠声で、初めて観た時には、いささか甲高い耳障《みみざわ》りな声に戸惑ったのを覚えている。ただ、当時の録音機器はお粗末なものだったし、翠声を批判するのは的外れだろう。自然な語りを理想とする、アナウンサー文化にどっぷりと漬かった現代の我々が、マイクがない寄席芸能時代の語り口に違和感を覚えたとしても、それは仕方がないことなのかもしれない。芸能は時代とともに変わっていくものであり、こうした時代時代の記録があって初めて、そのことに気付くのである。

解説版は、無声時代末期に独特のスタイルで、トーキー映画館でも上映できるし、音声設備のない地方館でも対応できるものだ。また、映画監督は、撮り慣れた無声映画のスタイルを自由に駆使《くし》できた。まさにいいことずくめに思われるのだが、文字通り移行期の徒花《あだばな》で終わってしまった。

つまり、弁士の口演は、生で聞いてこそ楽しめるものだということだ。解説版は、決して弁士の魅力を引き出してくれるものではなく、苦し紛れの代用品でしかなかった。トーキーを並べて上映

図3－12 『丹下左膳第一篇』

すると、俳優の自然な語り口に対して、弁士の語りがひどく古臭く聞こえてしまったことだろう。

以降、腹をくくった溝口は、完全にトーキーへ移行していった。その転換が成功したのは、脚本家・依田義賢との出会いが大きい。『浪華悲歌』、『祇園の姉妹』（ともに一九三六）と傑作を連打し、ようやくトーキーのスタイルを確立させた。悲劇と喜劇が衝突する溝口演出のギリギリの緊張感の中で、絶妙なクッションとなったのが、依田の脚本による関西弁のやわらかさだった。

しかし、誰もがトーキーの波にうまく乗れたわけではない。最大の犠牲者が、無声期に頂点を極めた伊藤大輔だった。華麗なカメラワークと自在な編集を最大の武器とする伊藤にとって、トーキー技術は足枷《あしかせ》となりノイズにしかならなかった。万難を排して挑んだ『丹下左膳第一篇』（一九三三）（図3―12）は、確かに絶賛されて大ヒットとなった。公開時の半分ほどの分量にすぎないが、英国で発見されたフィルムを観て、変わらぬ見事なカメラワークとトーキー初期とは思えぬ音質の良さに驚かされたのは、私だけではあるまい。だが、鳴り物入りで導入された米ウェスタン・エレクトリック・トーキーには「実態は防音装置のステージもなく、アフレコを多用せざるを得ないかなりお寒い状態だったらしい」（佐伯知紀編『映畫読本・伊藤大輔』／フィルムアート社）という裏があった。

一部の評論家が、トーキーであるにもかかわらず、サイレント作品と撮り方が同じだと批判していたのだが、的外れではなかったのである。先にも触れた通り、トーキー初期にアフレコは退行とみなされた。これはずいぶんとこたえたようで、この後、伊藤は長いスランプ期に入った。戦後の『王将』（一九四八）でようやく復活した、とされるが、もはや往年の面影はなかった。

我々のように、発掘作品で後から無声期の伊藤を知った層の方が、より評価が厳しくなるかもしれない。戦前無声期の伊藤作品の偉大さを前にしては、トーキー時代の作品はどれも小粒で話にならない。それほどまでに伊藤の無声作品は衝撃的だった。残念ながら、伊藤大輔は、トーキー表現の中に、独自のスタイルを見出すことができなかったようである。

また、無声期に持っていたスタイルの一部を捨てることで、自身の様式を守り抜いた作家もいる。小津安二郎がまさにそうだった。小津の作品は画面に登場するすべてのものを自らの意思のもとにコントロールしたい、という強烈な意思に貫かれている。そこから生み出された、他に類を見ない独特のスタイルが、「小津美学」として、世界中にファンを育てた。

だがそれは戦後、かなり後の時代になってからのこと。このころ小津は、評論家には絶賛されるが、興行的にはあまりふるわない、やや残念な立ち位置にいた。

自分が少数派であることを認めた上で、告白したい。冷たい完璧主義に満たされたトーキー期以降の小津よりも、呑気《のんき》でとぼけた無声期の小津の方が好きだ。特に戦後は「純和風」の代名詞のようにいわれた小津だが、アメリカ映画を好み、そのモダンなスタイルを、巧妙にパロディ的なタッチで、自作の中に取り入れた。初期の短編『突貫小僧』（一九二九）は、アメリカの作家O・ヘンリーの短編「赤い酋長の身代金」の翻案《ほんあん》で、主演の青木富夫を人気子役俳優の座に押し上げた。

ピストルやボクシングが登場する珍妙なアクション作品『非常線の女』（一九三三）（図3―13）が、小津作品の中で一番好きだと語ると、未知の生物に出会ったような目を向けられてしまうのが、残念でならない。実はこうした珍作にも、小津ならではの徹底的なイメージコントロールはきちんと働いている。その上にふわっと、いい加減なゆるさが被せられているからこそ、独特の味わいが生まれる。

当時の観客には十分に理解を得られなかったようだ

図3－13 『非常線の女』

が、厳格な画面管理を経ても、無声期の小津作品は、いわゆる喜劇映画とはまったく異なった、独特のペーソスと抒情にあふれた朗らかな笑いに満ちていた。現代の弁士たちが、好んで小津作品を取り上げるのは、完成度が高いにもかかわらず、弁士の解釈によって新しい味わいを生み出す余地が、なお残されているからであろう。定番である『東京の合唱』（一九三一）、『生れてはみたけれど』（一九三二）あたりは、特にその傾向が強い。

ところが、トーキーを撮ることを決意したあたり、おそらくは『出来ごころ』（一九三三）付近から、小津は画面に残る余分な要素を徹底的に排除し始めた。そうして身軽になることで、「音もコントロールする」という難題に備えたのである。結果として画面は美しく磨き上げられ、完成度を高めていくが、冷たく近寄りがたいものとなっていく。世界中の映画ファンの尊敬を集める究極の美がそこにはあるかもしれないが、どこか寂しさを感じずにはいられない。

三流プロダクション奮戦す

大手プロダクションにおいて巨匠たちが苦闘した裏で、独自の道を行く者たちがいた。当時「三流プロダクション」と揶揄された、大都映画・極東映画・全勝映画といった零細プロダクションである。

トーキーは莫大な資金を必要とする。にもかかわらず、大手は世界的な傾向には逆らえず、トーキーへ舵《かじ》を切った。しかし、まだまだ無声映画と弁士の人気は根強い。ならば自分たちが、大手が去った後のマーケットをそっくりいただこう。そう考えた抜け目のない人々がいたのである。

大都映画の前身となる河合映画が発足したのは、トーキーが到来する前年の一九二八年。その計算高さと素早さには驚かされる。もちろん評論家たちの目は極めて冷やかで、山師たちが子供相手にチャチな三文映画を作っている、というようなものだった。

『もうひとつの映画史』では「トーキー映画製作のことなど少しも考えない純然たるサイレント映画の製作会社」と、ほとんど「空気を読めない奴」扱いである。

だが大都は、とにかく徹底して安く早く映画を作ることを心がけ、戦時統合によって強引に大映へと合併させられる一九四二年まで、一度も赤字にならなかった。放漫経営で倒れる映画会社が珍しくなかった当時、これは極めて珍しいことである。

B級＝低予算＝粗雑＝無価値、というのが、当時の評論家の偽らざる思いだったことだろう。だが、潤沢《じゅんたく》な予算に裏打ちされた大作ならば、必ず傑作が生まれるというものでもない。むしろ「船頭多くして船山に上る」ということわざにもある通りの事態も少なくなかった。むしろ低予算の方がイメージコントロールはやさしくなる。思い切った低予算で、かえって面白い映画が生まれることがあるのが、映画の興味深いところなのだ。

大都映画のファン層は、子供だけではなかった。B級に徹することで、大手にはマネのできない独特の味わいを作り出し、熱心なシンパを生んだのである。大都は低予算だからこそ、知恵を絞っ

図3－14『無敵三剣士』

て、化け猫と闘う弥次喜多といった、知的なパロディめいた変化球で攻めた。軽業師出身のアクションスター・ハヤフサヒデトや、極めて大柄なコメディエンヌ・大山デブ子など、出演者も個性的だった。

日本における商業SF映画第一号『怪電波殺人光線』（一九三六）三部作を手がけたのが、このスタジオだったことも明記しておきたい。低予算主義だったからこそ、大手が挫折《ざせつ》したSF映画の製作を実現できた。

また、一九三五年創立の極東映画は、時代劇とSFを合体させるなど直球勝負の奇想で、インパクトを与えた。伝説の『無敵三剣士』（一九三八）（図3－14）、『鋼鉄人間』（一九三九）では、時代劇なのにロボットが登場する衝撃の展開で、観客の度肝《どぎも》を抜いた。戦前のSF表現としても大変に早い時期の作品だったが、フィルムが失われているのが残念でならない。数少ない、原型のまま残されている作品『戸隠八剣士』（一九三七）を観ると、無声映画末期の洗練されたカメラワークとキレの良い編集に驚かされる。特撮を巧妙に駆使して構築された、奇想に満ちた独自の世界を創り出すことに成功している。三流の一言で切り捨てるのは、あまりにもったいない。

一九三六年設立の全勝映画は、『江戸に現れたキングコング』（一九三八）なる怪作を製作したことでのみ知られている。調べてみたところ、大都や極東よりもさらに格が落ちる、弱小プロダクションだったらしい。『江戸に現れたキングコング』も、特撮もないただの猿の着ぐるみ映画だったようだ。だが、タイトルの付け方だけは天才的で、ハッタリを効かせた宣伝で、大道芸めいた怪しげな魅力を作り出すうまさがあった。

こうした映画はまず無声映画で公開され、地方の小さな小屋で盛況を呼んだ。やがてトーキーの普及が進むと、弁士の音声が付いた解説版となった。それも難しくなると、サイレントですべて撮影した後にアフレコで音声を付ける荒業に出た。それは時に聞き取りづらくセリフと映像がうまく合わないことすらあったが、それもまた愛嬌で、ファンには愛された。「三流」の強みである。

これら「三流プロダクション」の映画は、これまであまりにも軽視されてきた。大半のフィルムが行方知れずとなり、現存が確認されているのはごくわずかである。

多くのフィルムが失われたのはなぜか。残されたフィルムを保存したのは誰か。失われたフィルムと弁士の間には、戦後、重要な関わりが生まれることになる。後述するが、ここでも三流プロは、思わぬ存在感を見せる。

優良経営の大都映画などは、強引な戦時統合がなかったらどこまで行けただろうかと考えてしまう。彼らの奮闘があったからこそ、弁士たちが活躍する場は、太平洋戦争の直前まで確保され続けたのである。

◉12『活動写真フィルム検閲年報』　一度検閲を受けた作品でも、配給会社が変更になったり、新しいプリントが焼かれたりした場合は再検閲を受けなければならなかった。従って検閲件数は、その年に公開された映画本数と同一ではない。ただ、人気の高い作品は何度もプリントされる傾向があるので、無声映画の流通量が知りたい場合は、こちらを参照する方がより正確な傾向がつかめるだろう。

第4章

残された謎の時代

――戦時中・海外の弁士たち

ゼロにならなかった弁士・再び増え始めた無声

太平洋戦争中、弁士はどうしていたのか。その歴史を探る試みは、非常な困難を伴った。当時の一般観客も評論家も、弁士は既に滅びた過去の遺物と思いこみ、語ることすら少なくなっていくからである。唯一の手がかりとなるのが、生データの記録たる『映画検閲年報』の存在だ。皮肉なことに、自由な映画表現の敵対勢力たる検閲官たちが、一番正確に弁士や映画が置かれた現状を把握していたのだった。映画への思い入れが何もないからこそ、そこには、直観や思い込みを大きく裏切る、意外な事実が記録されていた。

まずは、日本映画における新作無声映画の製作がゼロとなった一九三九年の様子を見てみよう。弁士の数は全国で合計一二九五人。これが多いか少ないか。議論のあるところであろう。前年に二六三二人もいたことを考えると、ほぼ半減してしまったわけである。

しかし市場の急激な縮小の割にはしぶといともいえる。この年は、常設館に在籍する弁士の数も調査されており、ここからある一つの傾向が見えてくる。常設館の弁士はわずか三八八人。つまり、固定給を得ていた弁士はわずか三割足らずになっており、大半はフリーだったということだ。

実はこの年、なお五九二九件の無声映画が、新たに申請されている。データの傾向を分析した総説の章を参照してみると、「その大部分が再検閲の古いものである云ってよい」とある。つまり、新作がなくなったとしても、旧作のプリントを新たに起こす形で、フィルムは焼かれて世に出続けていた。減少したとはいえ、なおも無声映画の需要はあったのである。もちろん、弁士の解説版はまだ健在だったから、トーキー設備のない地方では、新作無声映画として興行することができた。

さらにこの年の年報では、標準の三五ミリの半分以下の幅の一六ミリを主体とした「小型映画」の増加についても触れられている。たとえ一六ミリや八ミリ映画でも、公的な場で公開する場合は、検閲を受けなければならなかった。多くは人気のある劇映画をダイジェスト化したもので、「運搬不便の地域や、電力利用の困難なる場所等に使用せられ」ていることが報告されている。

おそらく、こうしたフィルムが上映された単発の仕事を丁寧に拾っていけば、フリーでも弁士を続けていくことができたのだろう。それがこの数字の意味だ。とはいえ、日中戦争は泥沼化し、国際的孤立は進む。モノ不足は深刻になり、太平洋戦争の開戦が間近に迫る。無声かトーキーかという議論以前に、映画を作ることそのものが極めて困難になっていた。

翌一九四〇年には、弁士の総数は三三二人まで落ち込む。常設館に在籍する弁士に至っては、わずか六七名となった。否定しようもない窮状ではあるが、そもそもそれどころではなかった。弁士の登録者数を公開すること自体が、この年で終わってしまう。

つまり太平洋戦争が勃発する一九四一年から敗戦の一九四五年まで、弁士たちの総数を知る手段は失われる。本書の執筆にあたって、各年代の資料を可能な限り集めたが、映画史の中でもっとも不透明なままなのが、太平洋戦争中の五年間である。

だが敗戦まで、弁士の登録制度は残っていたのだから、どこかに資料はあるはずである。絶対にゼロ人にはならなかったはずだ。そう確信させる証拠が、『映画検閲年報』が刊行された最後の年、一九四二年版に残されていた。

「総説」を参照すると、一九三九年をピークに、映画の検閲申請件数は減少の一途をたどっていたことが分かる。もちろん物資不足もあるが、アメリカをはじめ敵国製とされた映画は、旧作も含めすべて上映できなくなってしまったからだ。そして肝心の日本映画といえば、娯楽色に乏しい、つまらないプロパガンダ映画ばかり。弁士が食い込む余地はどこにもないように思える。

だが、ここに興味深いデータがある。トーキー映画の検閲申請件数は、一九三九年の四万九七五四件から、一九四二年には二万九三七二件まで、確かに大幅に減っている。当初のトーキーの勢いを考えれば激減といっていい。ところが、無声映画は、逆に増えているのだ。前年までじわじわと減少を続け、一九四一年には三六三五件まで落ち込んでいたものが、翌一九四二年には、四八七五件と大きく持ち直したのである。それは検閲官にも奇異に感じられたようで「その大部分は、主として教材用の小型映画である」と断りが入っている。

「なんだ」と落胆するのはまだ早い。娯楽映画が壊滅した状況下で、なぜ教育映画がにわかに伸びるのか。この手の小型映画は、常設映画館のない地方で、地域の福利厚生として上映されたものだ。つまり表向きは地域の啓発教材として認可されたわけだが、こうしたフィルムが近年、ネットオークションで頻繁《ひんぱん》に出回っている。多くは地域の有力者の家で死蔵されていたものだ。

私も何本か落札したことがあるが、教材というのは表向きの口実にすぎなかったことがよく分かる。生真面目な文化記録映画も少しは含まれているものの、その大半はチャップリンなどの喜劇映画やアニメ、そしてチャンバラを主体とした時代劇だった。

つまり、正規の劇場が娯楽としての機能を失った時、人々は小型映画に代替機能を求めたのである。小型映画のほとんどは、サイレントフィルムだった。これまで繰り返し述べた通り、無声映画を無音で上映することは考えられないことだった。だとすれば、そこに弁士の存在が必要とされたのではないだろうか。

むろんそれは非合法すれすれの行為であり、派手な宣伝などあり得るはずもなく、仲間内でひっそりと上映が行われたことだろう。公式の記録に残る可能性はほとんどない。だがそれでも、地域の記録や私的日誌の中に、今後何かしらが見つかるかもしれない。探してみる価値はありそうだ。

残念ながら今回の調査では、そうした直接的な証拠は見つけることができなかった。だが、弁士たちの活動の基盤となり得る状況証拠ならば、いくつか見つけ出せたので、以下にそれを示す。実際に発掘できた実例はわずかで、多くはやや時代を遡《さかのぼ》ったものだが、先に示した『映画検閲年報』や、ここまでの年代の調査が示すのは、弁士が戦時中に生き延びられるとしたら、こういう環境だろうということだ。

リバイバル専門館の存在

トーキーへの移行後も、サイレントを専門に上映する名画座があったという話は、しばしば聞く。だが、多くは曖昧な思い出話で、どこのなんという劇場なのかは分からずじまいのままである。そんな中にあって、極めて貴重なのが、映画史家・梶田章の次の証言だろう。

「昭和七（一九三二）年一一月二五日、新築開館の浅草大東京（日本館の隣り）は日活直営、定員四八五名、一階席三〇銭、二階席五〇銭、弁士は南龍美以下五名、伴奏音楽の選曲は松平信傳。大正末期からの時代劇作品を繰り返し上映する時代劇ファンにとって嬉しい存在」（「随想―大河内傳次郎」／「NFCニューズレター」八一号）

こうした拠点が、弁士たちの命脈を保つために大きな役割を果たしたことは間違いない。ただ、こうした無声映画専門館が全国にどのくらいあったのかは、『映画検閲年報』でも触れられていない。そもそも浅草大東京がいつごろまで無声映画専門館としてのスタイルを保ったかさえ不明である。ただ、梶田によれば、満員盛況の大ヒットが何度もあったようだから、打ち捨てられた二番館などという風情ではなかった。弁士付き映画に愛着を持つ層は、東京文化圏の映画の中心地の一つであった浅草においても健在だったのである。

そこでは無声時代劇の定番たる伊藤大輔監督作品の他、池田富保、伊丹万作、稲垣浩などの諸作品が上映され、いずれも好評を博したという。

ここまで触れられずに来たが、トーキーへの転換期、漸減傾向にあった全国の弁士の総数が、一九三一年には七一四六人と急増し、ピーク時に迫るという珍現象が起きた。

「それまで無声映画に親しんできた映画観客のすべてがその技術革新を喜んだとは考えられない。とくに登場人物が外国語を発する外国映画が本格的にトーキー上映され始めた一九三〇年ごろには、説明者が再要請されたのであり、統計結果はその跳ね返りとして理解できる」（藤岡篤弘「日本映画興行史研究─一九三〇年代における技術革新および近代化とフィルム・プレゼンテーション」／CineMagaziNet! Articles）

翌年からは再び減少へと転じていくのだが、いかに弁士を求める観客が根強かったかを示す、興味深いデータだといえるだろう。

今後、大戦期にも活動していた無声映画館が確認されるならば、それが弁士の足跡を示す物証となるだろう。

『薩摩飛脚』にみる弁士興行

伊藤大輔は大佛《おさらぎ》次郎の小説『薩摩飛脚』を二度にわたり映画化している。そのうち、サイレント期の日活製作のものは映画史に残る傑作で、伊藤が前篇『東海篇』（一九三二）のみを撮って日活を退社してしまったため、後篇『剣光愛欲篇』（一九三三）を山中貞雄が担当し、これも傑作であった

図4－1　『薩摩飛脚』

ので、大変な話題となった。残念ながら、残されたフィルムは、ほんの数分の断片のみだ。

　また、両者を一本にまとめたトーキー版（図4―1）が一九三八年、新興キネマで伊藤の手により作られることになった。これも長らく現存しないといわれてきたが、二〇〇七年、全米日系人博物館から寄贈された「伴武コレクション」の一本として発見された。伴武は一九三〇年代、全米各地の日系人社会で日本映画の巡回上映を行っていた人物であるという。

　だがこのフィルムには気になる特徴が一つあった。トーキー映画であるにもかかわらず、サウンドトラックがなかったのである。劣化して読めなくなっていたのではなく、最初から焼きつけられていなかった。従って、そのまま上映してもストーリーはまったく分からない。このフィルムはいったい何を意味するのだろうか。


板倉史明「伊藤大輔生誕一一〇周年にあたって―

『薩摩飛脚』の復元を中心に」（「NFCニューズレター」八一号）は、興味深い調査結果を報告している。まずカナダ・ブリティッシュ・コロンビア州の検閲印がフィルムに押されていることが判明し、当時の日本の検閲記録から、一九三九年にわざわざ無音版で新興キネマから検閲申請が出ていたことが分かった。さらにフィルムの足跡をたどった板倉は、バンクーバーの露木海蔵という日系一世が荷受人となっており、同年一〇月の現地日系紙から、露木自身が弁士を務めた上映が行われたことまで突き止めてみせたのである。

「もともと北米における弁士付きの上映会で利用されることを前提として、日本で焼き付けられたものであったことがほぼ特定できた」

この上映が、日本での弁士付き上映が急速に細っていく時期とぴったり重なっていることに注目したい。ここから見出せる可能性は二つある。たとえトーキーフィルムしかなくても、音を消してわざわざ弁士付きで上映する実例があったこと。そして、日本ではなく海外で弁士が公演することに需要があったということだ。

むろん、太平洋戦争下のアメリカで敵国のフィルムを上映することが可能であったはずはない。だが、韓国・台湾は日本の植民地であったことから、弁士文化が根付いていたし、その他の地域でも、日本人が一定数いる地域であれば、興行は成り立ったのだ。

さらに弁士付き上映であれば、ガス灯が一つあれば、電気のない場所でも上映することができた。僻地《へきち》への電力供給が遅れ、都市部でもしばしば停電に悩まされた大戦期の国内では、大変な強みと

図４－２　戦地慰問に弁士を派遣したと思われる写真（写真提供：田中映画社）

なったことだろう。

この強みは、前線での慰問においても効果を発揮したようだ。関西を中心に活動し現在も続く映画配給の老舗「田中映画社」の活動写真プロデューサー・松岡優は、「戦地に慰問のため弁士を派遣したとみられる写真（図４―２）が確認できる」と話している。一方、召集された松田春翠は芸能班に配属され、フィルムもない状態で、仲間たちに弁士の語りのみを聞かせ、娯楽への飢えをしのいでいたという。正確には実例とはいえないが、春翠の証言は、極限状況下でも弁士が活動していた可能性を感じさせる貴重な例といえるだろう。

そして、トーキー映画の音を消してわざわざ上映するスタイルは、無声映画が品薄となる戦後に一定の広がりを見せ、なんと現代まで関西弁士の井上陽一によって継承されている。その原点が、この時期にあったと考えられるのである。

小型映画と地方巡業の活路

図4－3『生命の冠』

商業映画の世界共通フォーマットとして長く活用されてきた三五ミリフィルムに対し、主にアマチュア映画の領域で、一六ミリ、八ミリ、そして戦前には両者の中間サイズたる九・五ミリが、「小型映画」と呼ばれ、幅広く利用されていた。「小型」とはいえフィルムであり、高価であることには変わりがない。一部の高所得者層には趣味として広まっており、地域のイベントで小型映画を上映することは、有力者の大切な役目だった。

トーキー映画から音声を抜いて無声映画化した例は、『薩摩飛脚』だけではない。戦後も巡回映画の貸し出しで長く活動した、大阪に拠点を持つ「奥商会」という業者があった。ここに「奥商会教育映画部」という名義で、内田吐夢の『人生劇場』、『生命の冠』（図4—3）（ともに一九三六）というトーキー作品を無声化した一六ミリフィルムが残されている。『薩摩飛脚』のようにサウンドトラックを消しただけでなく、再編集で上映時間も半分程度の一時間弱に短縮したもので、中間字幕が挿入されており、フィルムだけを見ても一応のストーリーは把握できるようになっている。

おそらく、戦時中に申請が急増した「教育用の無声映画」には、こうしたものが含まれていたのだろう。「奥商会教育映画部」とは、実体のない名目上の存在だった可能性もある。「教育用」といい張れば、ある程度の娯楽映画は見逃されたということだ。

文化映画の場合は、地域の文化人である教師や僧侶が、原稿を読み上げるなどして弁士役を担当していたようだ。だが人々の楽しみである娯楽映画ともなれば、素人が担当するのは難しかっただろう。

先述の『松本今昔語り』における、弁士・岡島秀響の証言では、出張映画も比較的よく行われたらしい。近在の穂高や豊科の祭り、塩尻や穂高の芝居小屋で公演したという。岡島は一九三六年で弁士を廃業しているので、ここで実例として挙げられているのは、一九二九年の大糸線・四ツ谷(現・白馬)の祭りでの公演だ。岡島の場合は、当地にあるフィルムではなく、会社から借り出した『説教強盗』という作品を上映したそうだ。祭りの会場なので当然屋外。だが、電気を引く準備をしていたところ、作業員が感電死してしまう事故が起きた。これに警察が態度を硬化させ、上映禁止を頑《かたく》なに主張し始めた。岡島は必死に説得を続け、なんとか承諾が出たのは、なんと夜中の二時だったという。

「えらかったもんですわ。どうです、見る人たちは夜中の二時まで待っていた。お宮の境内で、ゴザ敷いて毛布かぶって、弁当持ちでね。終わったころは、夜が明けたですわ。お月夜でしたし、おまけに電気がつかなかったから、ガスで写したんです。うすくてね、画面が。それでもみんな誰も帰らず最後まで観ましたよ」

文化庁の映画検索「日本映画情報システム」で調べる限りでは、『説教強盗』とは、一九二九年に公開された、北村哲三郎監督、大木三十三主演の映画。監督も俳優もまったく無名の作品で、記録もほとんど残っていない。それでも、人々は何としても観たがった。これほどまでの娯楽への執着は、現代からはなかなか想像しにくいかもしれない。

映画館に行くことも難しかった地方在住者にとっては、弁士付き無声映画上映は、絶対に見逃すことのできない貴重なイベントであったのだ。

先に触れた『映画検閲年報』一九四〇年版に戻ろう。ここに掲載された統計として残る最後の全国の弁士総数の内訳を見てみよう。全国で三三二人が登録されているわけだが、その分布は決して全国均一ではなかった。県内にわずか数名、という地域がほとんどである中にあって、宮城県二六人、石川県五七人、山口県四〇人、そして高知県に至ってはなんと八一人もいた。インフラが整っていない地域が多く、集落がお互いに離れて点在している環境が、弁士が活躍する舞台となったのであろう。

何かが見つかるとすれば、この四県、とりわけ高知に期待が持てる。郷土史家の調査に、大いに期待したい。

ハワイ・韓国の弁士たち

弁士の海外展開については既に触れたが、まとまった書籍としては横川眞顯『ハワイの弁士（日米映画文化協会）』というものがある。奥田慶月以下、四人の弁士・劇場関係者にインタビューし、日系人ハワイ移民略史とともにまとめたもので、極めて貴重な資料といっていいだろう。当時はまだ日系一世の時代であり、国外で働いていても、日本文化を懐かしんで熱心に求める層があったようだ。日本映画を日本語で興行する余地があったのだ。

奥田の証言では、日本映画の上映は週に一回だけだったが、それは大層人気があったという。奥田は「みんな日本映画のほうが好き、日本芝居の方が好き、日本ものがいちばん楽しみな娯楽だったわけだね」と回想している。

奥田の場合、一九三〇年から一九四一年の一二月まで弁士を続けることができたという。つまりハワイにおいては開戦ぎりぎりまで、弁士は生業として成立していたということになる。日本国内よりも、ハワイの方が弁士の活動状況は良かったわけだ。もちろん戦時中は敵国映画の上映が許されるはずもなかったが、終戦後は、秘匿《ひとく》されていたと思われるフィルムが盛んに上映された。それはなんと尾上松之助などの旧劇時代のフィルムだったそうで、残念ながらハワイの気候では、現在まで保存されている可能性は望み薄だろう。実にもったいないことだ。

上映コストが安く済む無声映画は、まさに庶民の味方だった。ハワイでさえこの盛況だったのだから、ならば敗戦まで日本の支配下にあった地域では、より長く無声映画が上映できたのではないだろうか。実際、台湾は空襲に遭わなかったこともあってか、時折、無声期の日本映画が発見されることがある。ただ、当時どんな弁士がいてどのような公演がされていたのかを示す資料は、まだ少ない。

一方、韓国（日本統治下朝鮮）には、映画史に残る傑作として語り継がれている羅雲奎《ナウンギュ》監督の無声作品『アリラン』（一九二五）（図4―4）があった。支配者の日本人ではなく、韓国人自らの手で多数の映画が早い時期から作られたことは、大いに誇るべきことだ。だが、残された映画が数えるほどであるのは本当に惜しい。朝鮮戦争で国土が徹底的に破壊し尽くされたこともあってか、同時期の映画はほぼ残っていない。

図4－4 『アリラン』

活動弁士として活躍した韓国人も多かった。共同通信による新聞連載記事「アリラン物語」が、日韓併合一〇〇年の検証の一環として掲載されたことがある。この三回目「韓国人最後の弁士」（「神戸新聞」二〇一〇年八月二八日）における、全盛期に弁士を務めた申出《シンチュル》（取材時八一歳）による証言によれば「主人公が去っていくシーンは、今でもはっきり覚えている。すすり泣く声があちこちから聞こえ、観客全員でアリランの大合唱になった」という。

まさに国民的映画といえ、いつかフィルムが見つかることを祈るばかりだ。長い間、韓国の戦前の無声映画は一本も確認されていなかったのだが、二〇〇八年、安鍾和《アンジョンファ》監督の『青春の十字路』(一九三四)が発見された。復元されたフィルムは、弁士だけでなく歌と踊りの実演を交えた往年の連鎖劇スタイルで再演されるようになり、日本公開時、筆者は幸運にも観ることができた。

さわやかな青春映画のスタイルをとりつつも、ヒロインを誘惑する邪悪な男に支配者・大日本帝国が巧妙に重ねられていた。様々な観方をすることができる、深みのある作品といえるだろう。その一方で、ひたすら明るくにぎやかな弁士のスタイルは、日本のものとはかなり違っており、映画と共鳴し時に対立しながら奥行を増していく巧みさがあった。扇子をシャッシャッと音を立てて、素早く広げては閉じる動作を繰り返し、語りを盛り立てる楽器のように使う。上方落語の小拍子に少し似ているかもしれない。

このような再現が可能だったのは、申出ら往年の弁士たちが、戦後も地道に上演を続けていたからだろう。実に興味深いことに、同地では戦後一九四八年になって、わざわざ新作無声映画が撮られていたのだ。このようなことは、弁士付き無声映画の本場・日本でも起きなかった。

労作である『韓国映画史—開化期から開花期まで』(キネマ旬報社)によれば、弁士たちは、日本の植民地支配に対する抵抗を鼓舞するという、大きな役割を果たしたという。先述の名作『アリラン』は、独立運動で投獄されて心を病んだ主人公が郷里に戻ってくるが、親日派が妹を強姦しようとしているのを見て激高、鎌で刺殺したところで正気に返り、再び連行されていくという物語だ。

「劇中では主人公がなぜ精神を病んで故郷に帰ってくることになったのか、明確に表現されていない。ところが弁士のソン・ドンホは、劇場内に常駐して監視していた日本人警官が席を外した時は、『若い学生だった主人公が独立運動をしていた時、ひどく殴られて精神を病み、故郷に帰った』と解説し、警官がいる時は独立運動のくだりを抜いて説明した」

この他、フレッド・ニブロ監督の『ベン・ハー』（一九二四）が上映された際は、ユダヤ人がローマ人の支配に抵抗する場面になると、興に乗って叫ぶ弁士に観客が興奮し、連日超満員となった。「この事実が日本当局に知られ、乱闘劇が繰り広げられた」という。

つまり日本で活動弁士というシステムが確立した時、国家が何よりも恐れたのはこういう事態で、だからこそ免許制度で弁士を監視し、叛逆につながるような騒ぎを防ごうとしたのである。皮肉にも、日本国内では、弁士が抵抗の先導者として機能することはなかった。

日本の弁士と韓国の弁士は似ているようでいて、大きく異なるものだった。それでも、朝鮮半島で弁士が大きな影響力を持ち高い人気を誇ったことは間違いない。もちろん、無声映画は全盛期から戦後まで一貫して撮られ続けたというわけではない。朝鮮半島にもトーキーの波は及び、弁士たちは同様に第一線からの撤退を余儀なくされた。特に朝鮮映画令が施行された一九四〇年以降は、韓国人主体の映画作りが事実上禁じられ、戦争遂行と日本への忠誠を強いるプロパガンダ映画ばかりが作られる、受難の時代となった。

だが一九四五年、戦争に敗れた日本が去った後、ようやく自前の映画を作る好機が訪れる。とはいえ物資不足・フィルム不足は深刻で、そのためもあってこの時期に多数の新作無声映画が作られた。無声映画でも違和感なく受け入れる観客と、それを語り得る弁士が多数存在したということだ。『検事と女先生』（一九四八）は、そうした作品のうちの一つ[13]で、戦後も長く上映され、韓国弁士の芸能が継承される大きな足がかりとなった。フィルムがあり弁士がいる限り、未来への希望は途切れることがない。無声映画は、ある意味で、持たざる者が声をあげ映画を撮ることができる、画期的な武器だったのだ。

●13　そうした作品のうちの～　『韓国映画史』によればこの時期に作られた無声映画はかなりの分量になる。『三・一革命記』、『解放された我が故郷』、『不滅の密使』、『ユン・ボンギル義士』（以上一九四七）、『ユ・グァンスン』、『罪なき罪人』（一九四八）などが挙げられている。

第5章

焼け跡の弁士たち

——無声映画復活の日

無声映画のリバイバル

さて、本書は、ここから真に未踏の領域へと分け入っていく。敗戦後、映画の新作供給が滞《とどこお》る中で、大規模に無声映画の再上映が行われ、仕事を失っていた弁士たちが一時的に復活するという現象が起きたことは、よく知られている。だが、上映された映画館はどこで、何日程度の興行で、上映されていた作品はどのようなものだったのか、具体的なデータは何一つ分かっていなかった。松田春翠ら弁士の思い出語りや、実際に上映を観た観客たちの証言から、漠然と「そうしたことがあったらしい」といえるのみだったのである。

だが弁士の通史を書く以上、「よく分からない」では済まない。そこで今回、当時の新聞を徹底的に調べてみることにした。多くは空振りだったが、一部の地方版から、大量の映画広告を発見することができた。これまでまったく知られていなかったものである。無声映画の再上映が行われ始めたはいつごろのことで、どのような特徴を持った興行だったのか、まとまった姿を示すことが、初めて可能になったのである。まずは、ざっくりとした時代背景をおさらいしておこう。

一九四五年の敗戦は、人びとに大きな喪失感をもたらした一方で、国家の鎖《くさり》からようやく解き放たれて、ささやかな自由を享受する機会を与えることとなった。だが、空襲によって大都市は軒並み大きな被害を受け、映画会社の生産体制は停止状態となってしまった。さらに、占領軍としてやって来た米軍が、日本が軍国主義になった元凶として、チャンバラ映画を敵視して上映・上演禁止を通告した。時代劇自体は認められたが、刀を抜く行為がご法度《はっと》となり、格闘でごまかすなど消化不良な展開を強《し》いられた。

せっかく平和が訪れたというのに、映画業界は出ばなをくじかれた格好となった。戦時中、すべての娯楽を取り上げられていた市民たちは、強く映画を求めていた。だが劇場にかけるべき映画がない。そこで、倉庫に眠っていた無声映画の旧作群が一斉に放出され、全国各地で上映された。苦肉の策だったが、人々は沸《わ》き、にわかに無声映画のリバイバルブームが起きる。ここまでは、多くの映画史も触れているところだ。

映画人から一般の観客まで、当時の映画館で久しぶりに無声映画と対面した人は多く、断片的な証言ならばいくつも挙げられるだろう。ここでは、比較的知られておらず、具体性の高い事例を示すことにする。

大阪市大正区の大正区映画連盟が発行した「映画月報」なる手書きガリ版摺《ず》りのミニコミ紙が手元にある。戦後間もない時期に、地域の教職員たちが映画を通した学校教育を訴え発足したグループで、後に「大阪映画教育」という画期的な映画研究紙を発行する組織へと発展していった。詳しくは後の章で述べるが、教育映画にとどまらず、戦前無声映画の研究・発掘に力を注いだ大胆な活動方針は、このころからすでに定まりつつあった。一九四九年五月一〇日号に掲載された、「〝無声映画〟のはんらん」という記事では、

「区内でも『刺青判官《いれずみはんがん》』の無声映画が人気を呼んだが、無声映画は全国的にひろまりつつある様子で、人気があるのは『国定忠次大会』、『水戸黄門来国次の巻』、『地雷火組大会』、『牢獄の花嫁』、『若者よなぜ泣くか』、『謎の白頭巾』、『女優奈々子の裁判』、『地上の星座』などである」

とある。「大会」とあるのは、三部作・五部作と初公開時に連作で作られたものを、リバイバル時にまとめて上映したものだ。有名ではない作品もあり、また当て字・脱字は高槻が修正した。多くの映画史が「終戦後間もない時期に〇〇を観た」という思い出を引きながら無声リバイバルを語ってきたが、これは、ブームの最中に書かれた、貴重な同時代の記事といえるだろう。具体的な作品名も挙げられているのはありがたいことだ。石山稔監督『謎の白頭巾』(一九四一／大都)、仁科熊彦監督『女優奈々子の裁判』(一九三二／富国映画社)、野村芳亭監督『地上の星座』(一九三四／松竹)といった、現在ではまったく知られておらず、フィルムの現存が確認されていない作品も多く見受けられる。

これまでの映画史では、多くの過去作品が上映され、無声映画が再発見されたこと、しかしながらこの時期に多くの映画がそのまま行方知れずになってしまったことだけが語られてきた。もちろんそれも重要なのだが、そもそも無声映画ブームとは、いつごろ始まり、いつごろ終わったのか。どのような作品がどのような形で上映されていたのか。そしてそこに弁士の語りと楽士の生伴奏はあったのか。そうした具体的な事柄が一切分からなかったのだ。そもそも新作チャンバラはご法度だったのに、どうして旧作ならば認められたのかも謎とされてきた。

本章では、これまでだれも解き明かせていない、戦後の不透明な「無声映画復活時代」の実像に、迫っていきたい。

台湾から沖縄へ

そもそも上映された旧作フィルムはどこから来たのか。ほとんどは分かっていないのだが、一部のルートは判明している。まずは、先行研究書から始めよう。山里将人の労作『アンヤタサ！ 沖縄・戦後の映画』(ニライ社)は、米軍占領と直接統治により、本土と切り離された沖縄の戦後映画事情をたどっている。ここでは、枯渇《こかつ》した日本映画が大島経由で九州方面から、石垣島・宮古島を経由して台湾方面からの二ルートで沖縄に持ち込まれたことが語られている。いずれもほとんどが闇フィルムの旧作だった。

中にはトーキーもあったが、繰り返し上映された後だけにフィルム傷が激しく、セリフはほとんど聞き取れない。そこで音声を消し、弁士がセリフを代わりに語るという方式が取られた。「弁士・山田義認や瀬名波肇の七色の声は冴《さ》え、観客を魅了した。そこにはサイレントのハンディはなかった。むしろ昭和初期にタイムスリップしたかのように爆発的人気を呼んだ」

弁士は、戦前同様に収入もかなりのもので、山田義認は、那覇市の長者番付ベストテンに入るほどだったという。

台湾から密かに持ち込まれたフィルムが、一九四七年夏ごろに石垣島の千歳館で大量に上映され、一九四八〜五〇年ごろには沖縄本島で繰り返し上映されるようになった。そこで上映されたフィルムとは、『雪の渡り鳥』（一九三一）、『小雀峠』（一九二三）（図5―1）、『影法師』（一九二五）と、現在でも何らかの形で保存されている映画が多かった。その後何人かのコレクターを経て、アーカイブに収蔵されたということだ。ただ伊藤大輔監督『丸橋忠弥』（一九三〇）、山中貞雄監督『鼠小僧次郎吉』（一九三三）など、映画史に残る傑作が行方知れずなのが、心乱される。

図5－1　『小雀峠』

なぜフィルムの行方をそこまで気にするのか、不審に思う読者もいるだろう。それが戦後の弁士活動において、重大な役割を果たすことになるからだ。自由に上映できるフィルムをより多く手元に確保した者が、弁士付き興行というマーケットを制する時代が間もなくやって来ることになる（第6章で詳述）。だがこの時代、フィルムはまだ潤沢で、弁士らは再び映画を前に語れる喜びに浸っていた。事態の変化に気付いていた者は、ほとんどいなかった。

当時の上映記録で気になるのは、高木新平主演『南京のサム』、片岡千恵蔵・市川右太衛門主演『千曲川の決闘』なる、過去の記録に存在しない正体不明の映画が上映されていることだろう。『南京のサム』に関しては金森万象監督『争闘』（一九二四）ではないかとの説が、『アンヤタサ！』では紹介されている。これは国立映画アーカイブに保存されており、高木新平が演じた役名は確かに「南京鼠のサム」というのだ。高木はビルからビルへ飛び移るシーンをこなし、「鳥人」スターとして爆発的な人気を誇った。

『千曲川の決闘』に関しては、そもそもこの二大スターが共演することがあり得ない。無声黄金期には、千恵蔵と右太衛門はそれぞれ個別のプロダクションを運営しているし、その後も二人のキャリアが交わることはない。当時は、個々の映画会社に在籍する俳優だけで作品を作っていた。だからこそ引き抜きや移籍が話題になった。二人は一九四二年に大映で顔を合わせることになるが、もう既に中年で、決闘する若いやくざ者を演じる歳ではない。

ちなみにこの作品は国立映画アーカイブに収蔵されたという。収蔵作データベースを検索してみると、曽我正史監督『利根川の血陣』（一九二八）の一部として保存されているのが分かる。ならば片岡千恵蔵のみは正解で、相手役は澤田清ということになる。ちなみに市川谷右ヱ門なる俳優も出ているのが面白い。ただ、国立映画アーカイブの主任研究員・入江良郎によると、このフィルムは異なる三カ所から提供を受けたフィルムが同一作品として分類されており、その根拠については、さらに検討の余地が残るという。山里の記述によればフィルムには『愛憎血涙』とタイトルが付されており、日本映画データベースに記録が残されているのはこちらのタイトル。ではなぜ違うタイトルで保存されているのか。しかもデータベースの記録では、澤田清ではなく別の俳優が出演したことになっている。不明なことがあまりにも多い。

厄介《やっかい》なことだが、戦後の再上映においては、タイトルが勝手に変更されることがしばしばあった。結果として、何が上映されたのか分からなくなってしまっている例も少なくない。なぜそんな手間のかかることが行われたのかは、ほとんど分かっていない。新作映画のように装うためではないか、とされることもあるが、私の意見は少し違う。それについては、もう少し後で触れよう。

松田春翠、筑豊へ

戦後、こうした無声映画上演に携わっていた弁士の証言はとても少ない。通常引用されるのはただ一人、松田春翠だけだろう。それは春翠がこの活動を自分の原点として繰り返し語っているからである。おかげで我々も、当時の上映について具体的なイメージを持つことができる。

先にも紹介した「ベタ記事を追って／無声映画にささげた一生」（「読売新聞」一九八七年八月二六日）によれば、戦地から復員した春翠は、すぐに興行を始めたわけではない。一度は映画配給会社に勤めたが、詐欺に遭って一文なしになる羽目《はめ》となる。そのころ石炭が「黒いダイヤ」と呼ばれ炭鉱景気に沸いた福岡の筑豊では、にわかに無声映画ブームが巻き起こっていた。「やはり自分には弁士しかない」と腹をくくった春翠は、戦友だった浪曲師と組んで映画館巡りを始める。

「当時、ＧＨＱの検閲は厳しく、まずい部分はカットして検閲をすませ、持ち帰ってからフィルムをつなぎ合わせて上映した。劇場の外には監視員を置いて、危なくなると次の劇場へ」

まさに綱渡りの巡業だった。だが、本来興行されるべき新作よりも、古い無声映画の方が、客の入りは良かったらしいのだ。現在マツダ映画社の専務を務める息子の松戸誠によれば、週二日は映画館側が普通に本来の興行映画を上映し、残り五日を借りて自分たちで自主的に興行するという仕組みであったらしい。「ただ、そんなに長くいるとＧＨＱにバレるので、実際に上映出来る限界が三日だった」ということだ。そして追跡を逃れ、次から次へ巡業先を転々と移動していく。

そんなスレスレの巡業ならば、極力跡を残さないようにするだろう。チラシなどの配布も避けたと思われ、従って今となっては記録をたどることがとても難しくなってしまっている。だが、何かあるかもしれない。ダメ元で新聞各紙をを探すうちに、たった一点、「活弁の復活／新作不足に一役」なる、めぼしい記事が見つかった。

「最近の映画界は東京でさえ新作品不足のため〝新版もの〟でお茶を濁している始末、ましてや、地方の新作不足は甚《はなは》だしくこのため往年の無声映画が一役買って、かつての弁士も返り咲いてなかなか侮《あなど》り難い人気がある。大河内傳次郎の『忠次三部作』や阪妻、草間実、森静子主演の『砂絵呪縛』谷崎十郎、酒井米子主演の『鳴門秘帖』などの無声映画はいまさかんに中京地方に出回っている。また南九州では旧大都映画の股旅ものが盛んで先日の佐賀の興行師がわざわざ空気座の小崎政房に面会に来て『是非先生に佐賀へ来て頂きたい』との口上に〝肉体の門〟の話かときいて見ると、小崎の前身が旧大都の美男剣士松山宗三郎なので〝松山の方〟を買いに来たというナンセンス。とにかく和洋伴奏で男女掛け合い説明つきという本格的？　無声映画が大繁盛とはなさけないような淋しい話』（「読売新聞」一九四八年九月七日）

　終わったはずの弁士を好む酔狂者《すいきょうもの》がまだいるとは、とあきれ気味の冷笑的な論評が気になるが、これもまた当時の感覚を伝える重要な情報だろう。こういう受け止め方もあったのだ。

「忠次三部作」とは『忠次旅日記』のこと。他の二作品は、傑作として名のみ知られているものだが、現在は確認できるフィルムが存在しない。

　小崎政房は、戦前に大都映画のチャンバラスターとして活躍したのだが、多才な人だったようで、本名で映画監督も手がけた。デビュー作『級長』（一九三八）は、三流映画会社の大都にはあるまじき秀作と当時の批評家の絶賛を浴びた。戦後は舞台演出家に転身、田

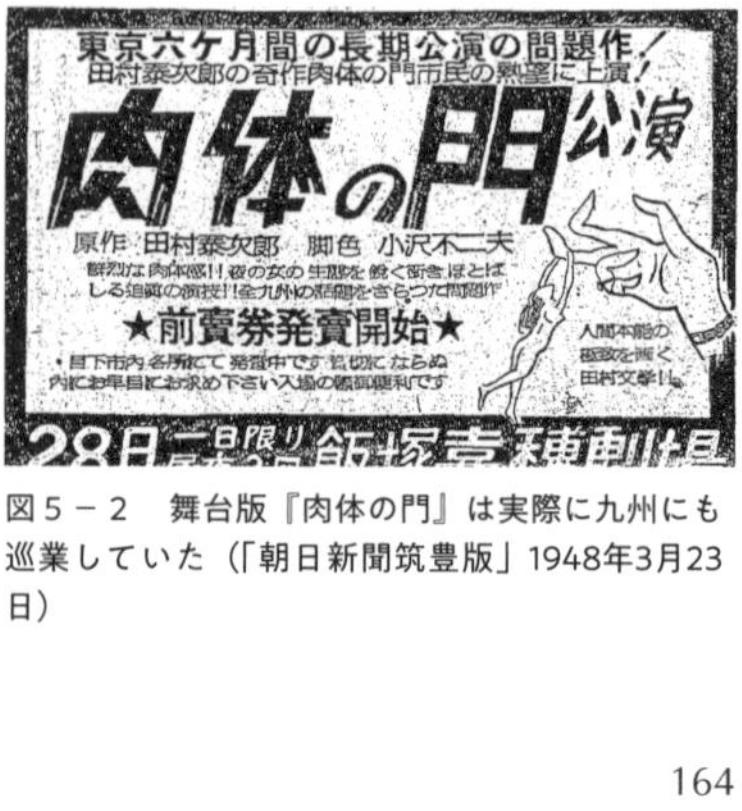

図５－２　舞台版『肉体の門』は実際に九州にも巡業していた（「朝日新聞筑豊版」1948年3月23日）

図５－３　舞台版『肉体の門』はその続編も九州で上演された（「西部朝日新聞」1949年4月9日）

村泰次郎の小説『肉体の門』の舞台化を手がけ大ヒット。ちょうどこのころ、小崎が属する空気座は、全国を巡業しているところだった（図５—２・３）。そこで、てっきり『肉体の門』の舞台上演の依頼かと思えば、なんと戦前の大都映画の俳優としての話だったというわけだったのである。

『化粧蜘蛛』の夏

ともかくも、一九四八年夏に、全国紙に取り上げられるほどの大きなブームがあったということは分かった。だが、『忠次旅日記』などのめぼしい映画タイトルで当時のデータを検索しても、一向にヒットしない。どんな作品をどこの映画館で、どれぐらいの期間上映していたのか、なんとか具体的なデータがほしい。こうなると当時の紙面を一つひとつしらみ潰しに見ていくしかない。

そこで考えたのが、朝日新聞の地方版だ。残念ながら、この時期の名古屋版はまったく

図５－４　小倉で上映された『化粧蜘蛛』の広告（「西部朝日新聞」1948年8月15日）

図5－5　『疾風天狗蜘蛛』広告（「西部朝日新聞」1948年11月30日）

見つからなかった。幸い、福岡版は戦後間もない時期のものを発見。この時期の新聞はたった二頁で、地方版は二頁目の三分の一のみ。ただし、広告は各版で差し替えられている。三つある地方版をすべて調べても、それほど時間がかからずに済む。ひとまず一九四八年八月一五日のお盆前後の紙面を調べていくことにした。普段は掲載しなくても、かき入れ時のお盆には何か動きがあるかもしれないと考えたわけだ。

結果的には大正解。いきなり物証が転がり込んできた。福岡県小倉市の太洋劇場で一五・一六・一七日の三日間、無声映画『化粧蜘蛛』を上映するという新聞広告を見つけたのである（図5―4）。確かに松戸誠の証言通り、興行は三日が限界であったようだ。残念ながら弁士の記名はなし。ただし「和洋合奏入」の記載があるので、当然弁士もいたはずだ。

ネット上の「日本映画データベース」で検索してみると、確かに[14]『化粧蜘蛛』というタイトルの映画は製作されていた。ただし、データベースによると広告にあるような嵐寛寿郎・鈴木澄子主演ではない。一九三九年に製作された、件《くだん》の読売記事に登場した、松山宗三郎（小崎政房）主演の大都映画作品だったのである。むろん、筑豊の炭鉱労働者が東京拠点の弱小プロ大都映画を知っている可能性は低いだろう。そこで嵐寛寿郎主演と偽装したと推察される。劇場主は、荒くれ者の炭鉱労働者にぶん殴られたのではないかと心配になってしまう。だが心配ご無用。この作品は再び、一一月三〇日に同じ小倉の太洋映劇で松山宗三郎主演『疾風天狗蜘蛛』として、同じく三日間の上映が告知された（図5―5）。系列館かそれとも劇場名を変えたかは不明。ともかくも好評だったようで、今度は堂々と松山宗三郎の名前が掲げられていた。有名スターはおらず、とことんマイナーだが、一度観れば面白さに取りつかれてしまうのが大都映画の魔力だ。それにしても『天狗蜘蛛』とは……。若干《じゃっかん》嵐寛寿郎の鞍馬天狗をなぞりつつ、無理に合体させた結果、本家大都顔負けの怪しげなタイトルとなってしまった。

　さらに翌年五月三日、大牟田の中座で上映した際には『化粧ぐもの伊那の弥太っぺ』と、いろいろ混ぜすぎて何やら意味不明なタイトルになってしまっている（図5―6）。せっかく松山宗三郎を覚えてもらえたのだから、『化粧蜘蛛』のままでいいのに、どうして次々とタイトルを変える必要があったのだろうか。こうしたタイトル変更は、戦後の再上映では珍しいことではなかった。これが、発掘されたフィルムの特定を難しくしている。

図5－6　『化粧ぐもの伊那の弥太っぺ』広告（「朝日新聞筑豊版」1949年5月3日）

　再びマツダ映画社の松戸誠の話に戻ろう。

「タイトルを次々と変えるのには、チャンバラ禁止令を欺《あざむ》く意味もありました」

先にも触れた通り、ＧＨＱの検閲は厳しかった。だが、タイトルを変えれば、ひとまずは「あのチャンバラ映画とは別物」と思い込ませることが可能だったということだ。もちろんそれはすぐに気付かれるから、次はまた別のタイトルで申請する。どんどんタイトルがバカげたものになっていくのは、相手を混乱させようとする作戦だったのかもしれない。いくらなんでも『化粧ぐもの伊那の与太っぺ』までくれば、「馬鹿にするな」とＧＨＱも怒り出したのではなかろうか。だが、普通に広告が掲載されているということは、すんなり通ってしまったということなのだ。

ＧＨＱに対しては、タイトル変更は、どうやら非常に有効な手段であったようだ。この小倉市の事例に先立つ一九四八年六月、絶対に実現できるはずがなかった、ある映画の再映が、タイトル変更によってすんなり通った。そうかこの手があったかと誰もが膝を打ち、無声映画ブームの呼び水となったのではないかと思われる、そんな一本があったのである。

一九四八年の『民族の祭典』

ＧＨＱの映画規制がどのようなものであったのか、実ははっきりとは分かっていない。ガイドラインとなる文書をあらかじめ公開するような透明性の高いものではなかった。個別の映画に関する許可・不許可の判定を突き合わせていくと、矛盾が多く混乱させられる。非常に厳しい注文に苦しめられた例が報告されている一方で、とても通るとは思えない作品がすんなり上映されていたりもするからだ。まさに謎だらけ。

結果、現在に至るまで研究者らの議論が続いている。チャンバラ映画はご法度、とはいっても、旧作の上映はある程度見逃されていた節がある。その結果、大量の無声映画が出回ることになった。

とはいえまさか、旧作ならば、「ナチスの映画を上映してもＯＫ」などという抜け穴があるはずはない。しかし、一九四八年六月一五日、九州全域の地方版にでかでかと、レニ・リーフェンシュタール監督『オリムピア』の上映を告知する広告が打たれていたのを発見した時は、思わず目を疑った（図５―７）。

聖火を点火する有名なシーンのスチールが添えられており、戦前に大ヒットとした『民族の祭典』および『美の祭典』（一九三八）以外の何物でもないことが分かる。ところがタイトルは何の説明もないまま原題のカタカナ表記『オリムピア』に変えられているのである。いわずと知れた、一九三六年ベルリン五輪の公式記録映画である。ナチス政権のプロパガンダの色彩を強く帯び、ナチ的な美意識が全編にわたって誇示される。ハーケンクロイツの旗が翻る中、競技が繰り広げられ、ヒトラーが

図５－７　『オリムピア』広告。日本での初公開時のタイトルは『民族の祭典』『美の祭典』だった（「西部朝日新聞」1948年6月15日）

笑顔で手を振り拍手する。こんなものが、本当に占領下で堂々と上映されたのだろうか。にわかには信じがたいが、一週間、二週間と時間を置いて他の映画館の広告も打たれており、順調に上映が続けられていたことが分かる（図5―8）。

取り締まるＧＨＱの側に立って推理してみよう。自分たちのよく知らない、時代劇の中から特定のストーリーだけ抽出して禁じるのは至難の業だ。もちろん時代劇を全部禁じてしまえば楽なのだが、それでは相手に恨まれる。日本を民主化する、という大義名分で占領統治している以上、それはできない話だ。脚本段階から提出させて内容を監視できる新作ならば、細部にわたってにらみを利かせることが可能だ（それでも規制にムラがあったことはたびたび指摘されている）。

だが旧作の場合、完成したフィルムしかなく、全国各地でバラバラに、違う内容の作品が大量に検閲申請されていたとすれば、どうしても内容をチェックするのはおざなりになる。できるとすれば、ある程度の「禁止作品リスト」を作成し、それと合致するフィルムが申請されれば不許可とする、という仕組みだったのではないか。そしてひょっとすると、支部によっては、「指名手配作品」リストと合致しない作品は、ろくに内容をチェックせず、素通りさせていたのではないか。

それでは春翠の「ＧＨＱの検閲は厳しく」という証言と食い違う。だが、そうとでも考えなければ、かの悪名高き『オリムピア』が検閲をパスしてしまった理由が理解できないのである。おそらく検閲は一貫したものではなく、恣意的《しいてき》であり、抜け穴もあったのだろう。

時代劇を見たこともない米兵は多かっただろうが、『オリムピア』を知らぬ者はほとんどいなかったはずである。何しろ世界的なヒット作だった。にもかかわらず、上映は許可された。九州地方だけではない。東京も三重も大阪も広島も、同日に広告が打たれた。おそらくは全国一斉の大規模リバイバルロードショーだったはずである。

ここで、各地の公開初日の告知広告を比較してみると、謎がだんだん解けてくる。本来、もっとも大々的に告知しなければならない東京の広告は、うっかりすると見逃してしまいそうな小さな小さなものだった（図5―9）。

図５－８（右）『オリムピア』が尾道市で新たに上映されていたことを示す広告（「朝日新聞広島版」1948年6月30日）
図５－９（左）『オリムピア』広告（「東京朝日新聞」1948年6月15日）

これが大阪、広島と距離が離れるにつれて、少しずつ大きな広告になっていき、九州では写真入りの堂々たるものになる。つまり、検閲は東京で行われたということだ。しかもおそらくは、リーフェンシュタールの映画ではない何か別物がダミーとして上映され、それが『オリムピア』と称された。あるいは上映すらされず、適当な内容説明が添付されただけだったのかもしれない。

それにしても、なぜこの時期の再上映

だったのか。実はこの年、一九四八年には、戦後初のオリンピックたる、ロンドン大会が開催されている。だが第二次世界大戦で敵国だった日本とドイツは参加を許されなかった。

「日本水泳連盟会長やJOC総務主事などの役職にあった田畑政治は、なんとかロンドン大会への出場がかなうよう奔走したのですが、結局出場はなりませんでした。そこで田畑はやむを得ず、ロンドン大会と同時に全日本水上選手権大会を開催したのです。その大会の一五〇〇メートル自由形で、古橋が一八分三七秒〇、橋爪が一八分三七秒八のそれぞれ世界新記録を樹立。ロンドン大会の金メダリスト・アメリカのジェームズ・マクレーンの記録は一九分一八秒五でした」(「オリンピックの歴史」/日本オリンピック委員会公式サイト)

この年のロンドン大会は七月二九日から。つまり、不参加を余儀なくされ、鬱屈《うっくつ》する国民を慰めるべく、日本選手が大活躍した大会のフィルムが引っ張り出されたということだ。

もし何の検閲もないのであれば、日本初公開時のタイトルのまま上映する方が良いに決まっている。だがそうはなっていない。つまり、タイトルを変更すれば、通る見込みがあったということだ。しかも、観客には何らかの形で、「あの映画のことか」と察知させるものでなければならない。あまりに大評判となっては気付かれる。入念に知恵を巡らせた跡がうかがえる。

この映画の配給元「東和商事」は、戦前から名作洋画の発掘・配給に尽力し、戦後は黒澤明監督『羅生門』(一九五〇)など、日本映画の海外展開にも活躍した、川喜多長政・かしこ夫妻の運営する会社だった。当時の資料を保存する川喜多記念映画文化財団に、背景を調べてもらった。実のところ、財団に残されている資料は、初公開時と一九六〇年代に「完全版」としてリバイバルされた時のものだけという。担当者はかなり驚いていた。つまり極秘裏に公開されたもの、ということである。

ともかくも、タイトルを変えればＧＨＱの審査が格段に甘くなる、ということを突きとめた『オリムピア』の効果は大きかった。

このころから、大々的に旧作無声映画の上映を告知する広告が打たれるようになっていく。

『魚屋剣法』

当時の新聞広告をチェックしていく限りでは、無声映画上映は敗戦と同時に始まったわけではないようだ。確かにフィルムは足りず、末端の地方館まで新作フィルムが届かない。だが何かは上映せねばならず、旧作が蔵出しされた。当初はＧＨＱの顔色をうかがってか、現代劇のトーキー映画が頻繁に上映されていた。五所平之助監督『新道』（一九三六）や阿部豊監督『太陽の子』（一九三八）（図５―10）など、秀作ではあるが地味なラインナップである。確かに上映中止にはならなかっただろうが、ヒットもしなかったことだろう。

さすがにまずいと思ったか、時には、マキノ正博監督『昨日消えた男』（一九四一）や伊丹万作監督『赤西蛎太《かきた》』（一九三六）など、チャンバラではないトーキー時代劇も上映されている。最初はや

図５－10　『太陽の子』の新聞広告（「西部朝日新聞」1948年4月28日）

はり「トーキーでなくては客が来ない」という思いが強かったようで、本格的に無声映画の上映告知が散見され始めるのは、一九四八年に入ってからのことだ。

　このころは「無声映画」とだけ書かれ、弁士も楽士も表記されていない。沖縄の項目で触れたように、かの地でも無声映画上映が動き出したのは一九四八年に入ってから。つまり、いよいよフィルムがなくなり、手持ちの古い無声映画を苦し紛れにかけてみたら、驚くほど反応が良い。それで、一気に市場が動き始めたということなのだろう。おそらく九州、沖縄、台湾をつなぐ、闇フィルムの流通ルートが確保されていったのだ。

　そしてこのカギとなる一九四八年に、松田春翠は確かに筑豊にいた。後に春翠が設立し、第二次無声映画ブームの牽引役となった「無声映画鑑賞会」が、二〇〇九年に五〇周年を祝い『活狂（カツキチ）たちの半世紀―無声映画鑑賞会五〇周年史』（マツダ映画社）なる資料を刊行している。ここに当時の具体的なエピソードが、当事者の証言とともに記されているのである。

「昭和二三〈一九四八〉年一一月一九日、九州久留米市の太陽館という映画館に出演中の春翠氏の楽屋を訪ねた一人の若い俳優があった。森川信一座にいた田中淳一氏で、淳ちゃん劇団の座長として巡業していたが、さんざん苦労のすえ熊本で解散、食事もろくに取らず、歩いて熊本からやっと久留米まで来た。東京の弁士というだけで初対面の春翠氏の楽屋を訪ねたのである。春翠氏もそのころは一本ずつフィルムを収集している若い時代であった。然し若い二人は話をしているうちに相通ずるものを感じ、有り金をはたいて旅費として田中氏に与え、映画館前の中華料理店で食事をともにして激励したという」

この一八年後となる一九六六年一一月の無声映画鑑賞会例会で、二人は再会し旧交を温めた（図5―11）。春翠の活動がテレビで報じられているのを見た田中が気付き、この日の再会につながったという。田中はその海坊主のような巨体を生かしてコメディアンとして活躍、初期の特撮テレビシリーズ『ウルトラQ』（一九六六）などにも出演していたようだ。

図５－11　田中淳一（右）と旧交を温める松田春翠（写真提供：マツダ映画社）

戦後間もない時期は、有名無名問わず、このような俳優の実演巡業が盛んだった。映画の製作減をしのぐためのものだったのだろうが、資金が尽きて行き倒れとなるリスクと背中合わせだった。もちろん日々綱渡りのような巡業生活を送っていた春翠も同じ不安を抱えていたことだろう。

思いがけない再会に、春翠は「人情紙より薄い今の世にわ

図５－12　大牟田中座の『魚屋剣法』広告（「朝日新聞筑豊版」1949年1月26日）

図５－13　1949年2月、福岡県大牟田市の大牟田中座映劇にて。前列左端が春翠（写真提供：マツダ映画社）

ずかなことを何十年も憶えていてくれたなんて、こちらこそ感激でした」と涙ぐんだ。上映会の翌日、田中は渋谷の高級中華料理店へ春翠を招待し、恩返ししたとのことである。

この話に出てくる久留米市にあった「太陽館」という劇場は、確かにこのころ繰り返し無声映画を上映している。「無声映画」と銘打ってはいるが、残念ながら弁士の名前はない。衰退期に活動を始めた春翠の名は、看板にできるほどではなかった。松戸誠によると、むしろ友人の浪曲師・藤原梅夫の伴奏を売りにして「浪曲入り無声映画」としてアピールしていたとのことである。

太陽館ではないが、そうした事例は他にも確認することができた。翌一九四九年一月二六日の、福岡県大牟田市にあった大牟田中座映劇の『魚屋剣法』広告である（図5―12）。確かに一

図5－14　マツダ映画社に飾られている『魚や剣法』の手描きポスター（写真提供：マツダ映画社）

番上に「見よ！浪曲入り無声映画と！浪曲名家特別出演！」とある。誠に確認してもらったところ『魚屋剣法』の方は、父が関係していた可能性が高い」との証言を得ることができた。

マツダ映画社には、この大牟田中座で春翠が公演した当時の記念写真も残されていた（図5—13）。写真には四九年二月の撮影と記されており、『魚屋剣法』上映のまさに直後に撮られたものであることが分かる。

面白いことに現在マツダ映画社には、『魚や剣法』というタイトルの映画の手描きポスター（図5—14）が飾られており、同社には『魚屋剣法』なるフィルムが収蔵されている。本来は『魚屋本多』（一九二九）というタイトルで、前出の新聞広告の帝キネ作品というのは正しいが、主演は嵐寛寿郎ではない。実川延松という、大阪歌舞伎出身俳優の主演作品である。

このフィルムはもともと、春翠の父である初代春翠のものだった。そして手描きポスターの方は、米軍の統治下で公開されたことを示す検閲番号（図5—15）が記された、非常に珍しいものである。つまり、これこそが筑豊の地で春翠が活動していた時に作られたポスターそのものなのだ。弁士の松田美知夫とは、当時春翠が名乗っていた名前である。

つまり春翠は父の集めたフィルムを筑豊に持ち込み上映し、戦後は東京に持ち帰って現在に至る、という流れが見えてくる。この時代のフィルムはどこから来てどこへ行ったのか、まったく分かっていないものばかりなので、出自とフィルムの動きがはっきりした、非常に貴重な事例ということになる。

マツダ映画社には、福岡だけでなく、長崎県、高知県、徳島県など、このフィルムで広範囲を巡業していたことを示すチラシ類が、今も残されている（図5―16）。メモ魔であった春翠は、長年にわたり詳細な日記を残しており、もしこの時代のものが発見できれば、重要な資料となる可能性がある。

春翠は、この時代の巡業活動の中で、フィ

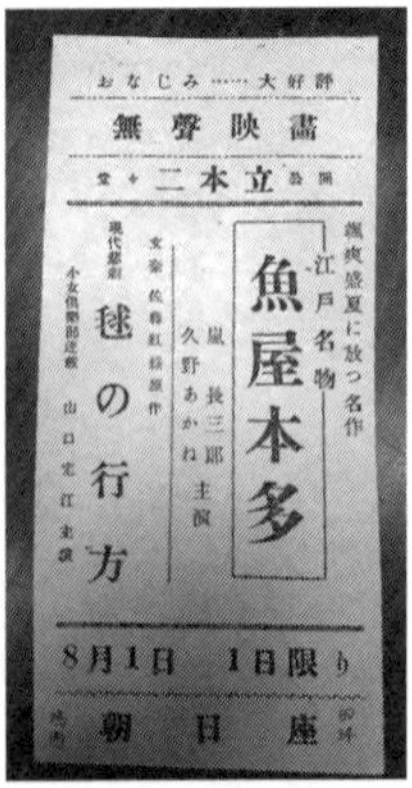

図５－16　マツダ映画社に保存されている『魚屋本多』のチラシ。1949年徳島県鳴門市での上映（写真提供：マツダ映画社）

図５－15　筑豊上映時「魚や剣法」ポスターの検閲番号（拡大）（写真提供：マツダ映画社）

ルムが傷つくたびにどんどん切られ短くなっていくことを知った。感動した名シーンが、次の上映の時に消えていることがあった。驚いて映写技師を問い詰めると、フィルムが切れた場面は、次の上映から丸ごと外すという乱暴な取扱いがされていたことが分かった。このまま放置していると、映画はどんどん消えてしまう。春翠は、保存の重要性をいち早く悟る。どれほど多くの作品が、この時期の再上映で消えたことだろうか。そんな中で春翠は、上映したフィルムを大切に持ち帰り、それらが現在まで継承されている。、

春翠が、この時代からコツコツと集め始めたフィルムが、後に「無声映画鑑賞会」へとつながっていく。そのあたりは、次章で詳しく触れたい。闇ルートのフィルムという出自のせいもあるのだろう。当時、フィルムは頻繁に売り買いされており、集めることは容易だった。春翠といえど、後に確立させる弁士付き上映のビジネスモデル構想がこのころからあったとは考えにくい。出発点は、あくまで映画ファンとしての危機感だった。もっとも、春翠のコレクションがゼロからの出発ではなく、父親のコレクションを基盤にして発展したものだとすれば、弁士がフィルムを持つ重要性については、かなり早い段階で気付いていた可能性もある。

無声映画の王国・福岡

ところで、新聞広告に掲載されていないからといって上映がなかったとはいえない。藤川治水

図５－17　若松旭座の広告（「朝日新聞北九州版」1948年3月2日）

『熊本シネマ巷談』（青潮社）は、熊本における映画受容を伝来期から克明にたどった労作で、「昭和二二年の夏、しきりに無声映画が上映された」という説明とともに、新聞記事の切り抜きが何点か紹介されている。阪妻の『取的猪之松』、市川右太衛門の『蛇の目定九郎』、片岡千恵蔵の『瞼の母』などで、桂大正、南城健策ら弁士の名も明記されているのが珍しい。阪妻は一九三四年の『人斬り猪之松』、右太衛門は三六年、千恵蔵は三一年の同題作品と思われる。問題は、それぞれの掲載日時と新聞名が明記されていないこと。もしも本当に熊本の無声映画ブームが昭和二二（一九四七）年にあったのなら、他地域よりも早く、同地がフィルム流通の起点であった可能性が出てくる。

今回の朝日新聞福岡版を主体とする調査は、大雑把ではあるが、無声映画リバイバルの全体的な傾向を示すものとなった。今後の地方紙調査などに向けて、照準を絞るためのたたき台となり得るだろう。実際、『人斬り猪之松』の上映や桂大正の公演は、一九四八年三月の福岡県でも確認できた。今後は、各地域の新聞広告を可能な限り突き合わせ、フィルムと弁士の移動経路を突き止める必要があるだろう。地味だがそうした情報の精査が、この時

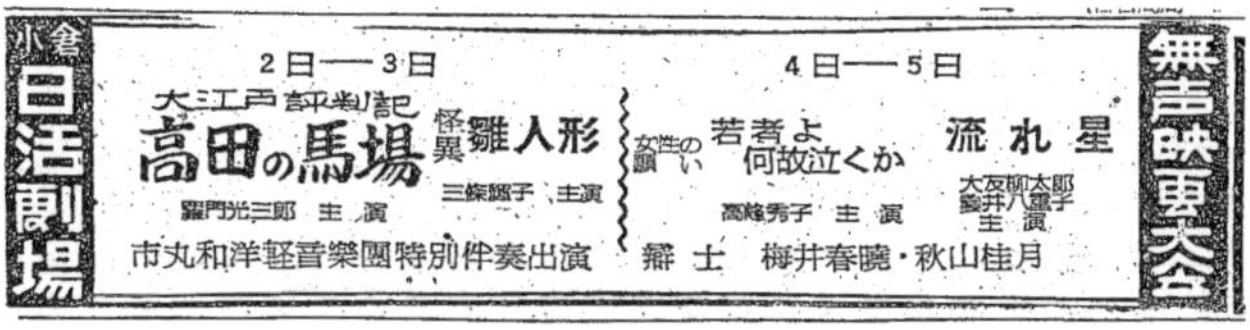

図5－18　小倉日活の『若者よなぜ泣くか』他の広告（「朝日新聞北九州版」1948年3月2日）

代の第一次無声映画リバイバルブームの具体像を、よりくっきりとしたものにしてくれるはずだ。

それでは、福岡版の新聞広告から明らかになったその他の事柄を整理して紹介していこう。

一九四八年に入って、福岡県における無声映画広告が最初に確認できるのは、三月二日掲載の北九州版と筑豊版。若松旭座の広告では、先ほど触れた阪妻の『人斬り猪之松』が告知されている（図5―17）。こちらは「無声映画の傑作編」とだけあり、ずいぶん素っ気ない。ただ、この時点で「無声」が既にセールスポイントであったことが窺《うかが》える。小倉日活劇場の広告は、市丸和洋軽音楽団の演奏で、弁士は梅井春暁、秋山桂月と明記されているのが珍しい。二～三日が『大江戸評判記』（一九三二）と『怪異雛人形』（一九四〇）、同月四～五日が『若者よなぜ泣くか』（一九三〇）と『流れ星』（一九四〇）というもので、二日刻みの極めておずおずとした日程だった。どのみち現代劇である『若者よなぜ泣くか』が取り締まりの対象となったとは思えないが（図5―18）。

おそらく最初は、GHQの出方を探って、極めて慎重なものだった。これがすぐに三日興行となり、時には四日興行もあった。だがそれ以上に増えることはなかった。あまり評判になれば、劇場に調べに来ることはあったのだろう。ひょっとすると、春翠が「検閲が厳しい」といっていたのは、このころのことだったのかもしれない。

広告が打たれるのは筑豊版管内が飛び抜けて多く、北九州版がこれに続く。県庁所在地である博多市で掲載されることは少なかった。東京ではなく、地方の中核都市の博多でもなくと、中心地を二重に外す形で広告が打たれたことは興味深い。もちろん筑豊の炭鉱景気は重要で、リスクを背負ってでも広告を打つ価値はあったということだろう。だが『オリムピア』の例を見れば分かるように、GHQの監視は都市部に集中しており、周縁部には甘かった可能性がある。福岡県の場合、博多はダメでも、筑豊地域ならば、うまく監視をかいくぐれば、かなり大胆な興行を打てたということかもしれない。

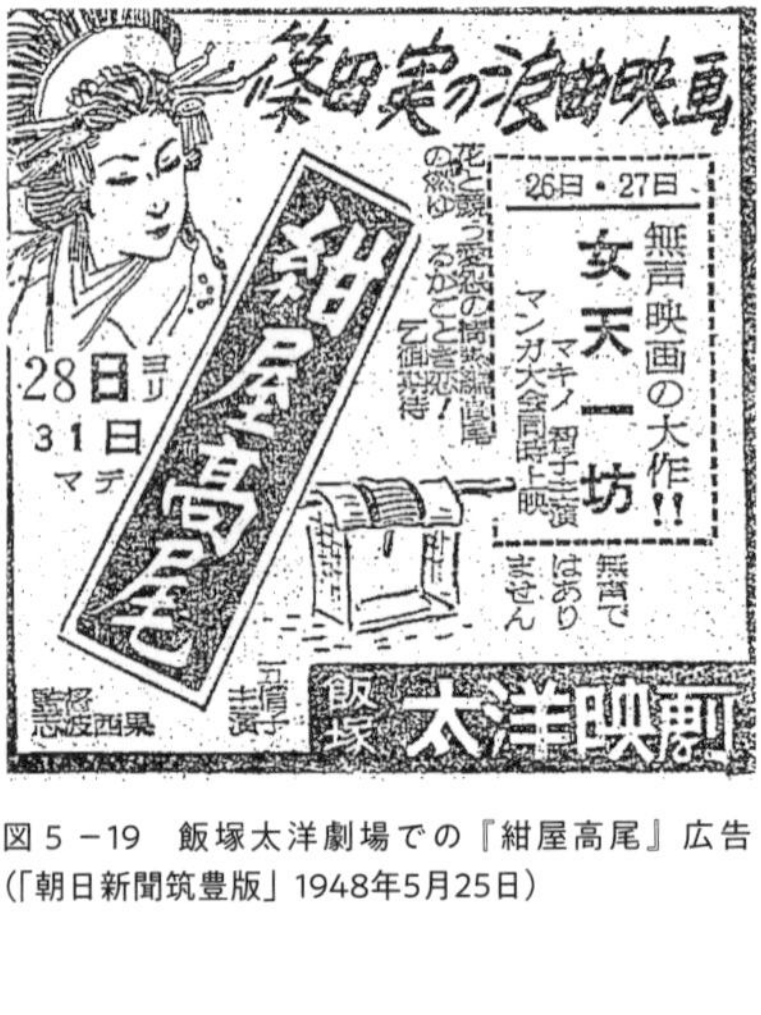

図５－19　飯塚太洋劇場での『紺屋高尾』広告（「朝日新聞筑豊版」1948年5月25日）

最初は新興・マキノ・松竹などバラエティ豊かな作品が上映されているのだが、次第に人気の結果か、大都作品が集中的に上映されるようになっていく。誰もが知る古典的名作はほとんどなく、松竹も無名のB級作品が選ばれている。そこに、福岡県における無声上映の、一つの傾向を見てとることができる。

その一方で、衣笠貞之助監督『雪之丞変化』（一九三五／松竹）など、トーキーの名作とされるものが、わざわざ音声を消して弁士付きで上映されている。これほどの著名作でもあえて弁士付きで上映されるほど、当時の福岡での弁士需要は高まっていた。一九四八年五月二五日の飯塚太洋劇場広告では、志波西果監督『紺屋高尾』（一九三五／太秦発声）に、わざわざ「無声ではありません」という断り書きが付けられた（図5—19）。それほど無声映画人気は熱狂的なものだったのだ。

そしてほぼ一年強にわたり、実に様々な映画が上映された末、翌一九四九年五月末で、ぱったりと無声映画の広告は途絶える。前出の読売新聞の記事「ベタ記事を追って」の春翠の証言によれば、九州での巡業時代は「四、五年間」ということだから、ここで興行が終わったということではないだろう。

可能性としては、あまり派手に上映するので、GHQもさすがに黙認し切れず規制が始まったため、慌《あわ》てて広告を止めたのかもしれない。それまでも、一九四八年九～一〇月に、ほとんど広告が消えた期間がある。GHQの動きを見ながら、慎重に広告が打たれていったのだろう。

むろん、映画界の復興につれて次第に新作は増えていくし、一九五二年にサンフランシスコ平和条約が発効しチャンバラ禁止令がなくなると、さすがに無声映画の巡業は難しくなっただろう。春翠が一九四七～四八年ごろに筑豊に入ったとすれば、この地での活動期間はざっと四～五年というところ。ぴったり計算が合う。

それにしても、一九四八〜四九年に広告が打たれた作品の大量さは驚くばかりだ。主だった作品（トーキー上映作品は除く）を挙げてみた（一八五〜一八八頁）。多くの作品が改題されているため、推定される初公開時のタイトルに戻してあるが、一部は元作品を特定できなかった。トーキー作品なのに「無声映画　弁士楽団付き」と銘打って上映されたものは、原版がトーキーであることを明記した。これら膨大な作品群のうち、現存が確認されているのは九本のみで、その少なさに茫然とする他ない。

こうしてまとめてみると、一つのはっきりとした傾向が見えてくる。大都映画作品の多さに驚かされるのだ。その多くが嵐寛寿郎や片岡千恵蔵作品と称して公開されているのだが、いつの間にか、しっかりファンを獲得し定着したとみられる。戦時統合で大半の作品が失われたとされた大都映画だが、戦後、これだけの作品が出回っていたのであれば、どこかに残されているかもしれない。問題は、あまりに頻繁にタイトルを変更されたため、何の作品なのかよく分からなくなって放置されている可能性が高いのではないかということだ。

今回リスト化した作品のうち、実に三分の一が元のタイトルを推定することすらできなかった。それらはすべて時代劇と思われる。逆に現代劇は『沈丁花《じんちょうげ》』（一九三三）、『消ゆるオートバイ』（一九三九）など、おおむね公開時のタイトルのままで上映されており、タイトル変更が何よりもまず、チャンバラ禁止令対策であったことが推察される。

戦後の福岡県内で弁士付き上映が行われた映画

※「音声」欄の「T」はトーキー作品、「解説」は解説版であることを示す
※本データは本書執筆時に判明しているもの（著者調べ）

タイトル	製作年	製作会社	監督	主演	音声	保存
『鮮血の手型』	1924	マキノ等持院	沼田紅緑	阪東妻三郎		
『命の掛橋』	1924	マキノ等持院	沼田紅緑	阪東妻三郎		
『酒』	1924	APPプロ	小谷ヘンリー	柳家小さん		
『怪物』	1925	東亜等持院	金森万象	高木新平		
『悪魔の正体』	1926	東亜甲陽	桜庭青蘭	上村節子		
『学生五人男』	1927	マキノ御室	マキノ正博	杉狂児		
『海賊船』	1929	月形プロ	悪麗之助	月形龍之介		
『魚屋本多』	1929	帝キネ	山下秀一	実川延松		○
『沓掛時次郎』	1929	日活太秦	辻吉郎	大河内傳次郎		
『男一匹　度胸の刃』	1930	帝キネ	森本登良夫	市川百之助		
『累ケ淵』	1930	マキノ御室	二川文太郎	沢村国太郎		
『真実の愛』	1930	松竹蒲田	清水宏	川崎弘子		
『若者よなぜ泣くか』	1930	松竹蒲田	牛原虚彦	鈴木伝明		○
『毬の行方』	1930	サワタ映画	沢田順介	佐々木美代子		○
『やくざ仁義』	1932	東活	古海卓二	羅門光三郎		
『大江戸評判記』	1932	東活	山口哲平	羅門光三郎		
『瀧の白糸』	1933	入江プロ	溝口健二	入江たか子		○
『燃える富士』	1933	阪妻プロ	宇沢義之	阪東妻三郎		
『放浪旗本仁義』	1933	大都	大伴麟三	阿部九州男		
『沈丁花』	1933	松竹蒲田	野村芳亭	田中絹代		
『春雨の唄』	1933	大都	小沢得二	松村光夫		
『時雨の長脇差』	1933	宝塚	大伴麟三	阿部九州男		
『魔刃紅蜥蜴』	1934	興国	仁科熊彦	市川寿三郎		

『人斬り猪之松』	1934	阪妻プロ	山口哲平	阪東妻三郎		
『一本刀土俵入』	1934	松竹下加茂	衣笠貞之助	林長二郎	T	
『八州股旅恋慕』	1934	大都	石山稔	阿部九州男		
『お伝地獄』	1935	新興京都	石田民三	鈴木澄子		○
『髑髏飛脚』	1935	太秦発声	志波西果	黒川弥太郎	T	
『雪之丞変化』	1935	松竹京都	衣笠貞之助	林長二郎	T	○
『新納鶴千代』	1935	新興	伊藤大輔	阪東妻三郎	T	
『平仮名恋愛帳』	1936	マキノトーキー	マキノ正博	水原蛟一郎	T	
『お茶づけ侍』	1936	太秦発声	荻原遼	高瀬実乗	T	
『旅鴉時雨街道』	1936	甲陽	勝見稚之	羅門光三郎		
『旋風街』	1936	大都	ハヤフサヒデト	ハヤフサヒデト		
『落花の舞』	1936	大都	中島宝三	松山宗三郎		
『豪快村越三十郎』	1937	甲陽	高見貞衛	羅門光三郎		○
『踊る百万両』	1937	大都	中島宝三	杉山昌三九		
『飛竜斑天狗』	1937	大都	中島宝三	杉山昌三九		
『段七千断れ雲』	1938	大都	中島宝三	阿部九州男		○
『驀走白馬隊』	1937	甲陽	下村健二	羅門光三郎		○
『風流荒大名』	1938	松竹下賀茂	冬島泰三	坂東好太郎		
『孫悟空』	1938	新興京都	寿々喜多呂九平	羅門光三郎		
『森の石松』	1938	新興京都	押本七之輔	羅門光三郎	T	○
『怪猫謎の三味線』	1938	新興京都	牛原虚彦	鈴木澄子	T	○
『化粧蜘蛛』	1939	大都	白井戦太郎	松山宗三郎		
『卍蜘蛛』	1939	大都	石山稔	阿部九州男		
『御存知東男』	1939	東宝	滝沢英輔	長谷川一夫	T	
『富士川の血煙』	1939	新興京都	押本七之輔	大谷日出夫	T	○
『消ゆるオートバイ』	1939	大都	八代毅監督	ハヤフサヒデト		

『島の船唄』	1939	大都	和田敏三	水原洋一		
『長脇差団十郎』	1939	新興京都	牛原虚彦	市川右太衛門	T	
『金比羅船』	1939	新興京都	森一生	羅門光三郎	T	
『いろはの左近捕物帳第三話名剣受難』	1940	大都	弥刀研二	杉山昌三久	T	
『涙の責任』	1940	松竹大船	蛭川伊勢夫	川崎弘子	T	
『この母にして　この子あり』	1940	大都	吉村操	橘喜久子	T	
『大岡政談　通り魔』	1940	新興京都	仁科紀彦	市川右太衛門	T	
『槍の権三』	1940	新興京都	吉田信三	大友柳太郎	T	
『流れ星』	1940	新興京都	喜多猿八	大伴柳太郎	T	
『喧嘩花笠』	1940	全勝	熊谷草弥	松本栄三郎	解説	
『金剛無双流』	1940	極東	米沢正夫	雲井龍之介	解説	
『黄金蟻地獄』	1941	大都	中島宝三	阿部九州男	T	
『阿修羅姫』	1941	新興京都	仁科紀彦	市川右太衛門	T	○
『海峡の風雲児』	1943	大映京都	仁科紀彦	嵐寛寿郎	T	
『剣雲龍虎の渦巻』	不明			羅門光三郎		
『銭形平次捕物帖　怪異の鬼』	不明			大乗寺八郎		
『剣侠足軽仁義』	不明			片岡千恵蔵		
『剣難鍔鳴街道』	不明			片岡千恵蔵		
『悲願修羅場』	不明			大乗寺八郎		
『疾風落花地獄』	不明			羅門光三郎		
『好盗緋牡丹変化』	不明			雲井龍之介		
『謎の怪盗』	不明					
『恋慕薩摩飛脚』	不明			林長次郎		
『金雲鎌倉山』	不明			光岡龍三郎		
『弥次喜多　丹下左膳の巻』	不明			中根龍太郎		
『ほりもの怪盗伝』	不明			国嶋荘一		

『まぼろし城』	不明	日活か極東		片岡千恵蔵？		
『奇縁世相』	不明			近衛十四郎		
『唄祭東海道』	不明			阪東妻三郎		
『浮世草紙』	不明			阿部九州男		
『幡随院長兵衛』	不明			羅門光三郎		
『奴浪人』	不明			綾小路絃三郎		
『悲願美女桜』	不明			阿部九州男		
『任侠海鳴街道』	不明			羅門光三郎		
『旗本任侠史』	不明			市川右太衛門		
『阿修羅の坊太郎』	不明			大谷日出夫		
『蜘蛛』	不明			大乗寺八郎		
「女天一坊」	不明			マキノ智子		
『血風浪人笠』	不明			浅香新八郎		
『銭形平次捕物帖　怪異の鬼』	不明			大乗寺八郎		
『慈愛いろは帳』	不明			水原準一		
『天保長脇差』	不明			大乗寺八郎		
『悲願修羅城』	不明					
『三十五万石の殿様』	不明			大河内傳次郎		
『復讐の血煙』	不明			沢村国太郎		
『振袖小僧』	不明			高木新平		
『奇傑剣風大名』	不明			片岡千恵蔵		
『剣雲槍合戦』	不明			林長二郎		
『地獄峠』	不明			海江田譲二		
『振袖剣法』	不明			山田五十鈴		
『遊侠の群れ』	不明			長谷川一夫		

また、阪妻の『鮮血の手型』（一九二四）などを除き、映画史に残る名作・秀作はほとんど見当たらない。九州で『忠次旅日記』が長期間にわたって公開されていた、との噂《うわさ》はあちこちで聞かれたが、結局今回の調査では見つけることができなかった。

これだけ膨大な作品が短期間に一斉に公開され、そのまま消えてしまったとは考えにくい。悪麗之助監督『海賊船』（一九二九）、清水宏監督『真実の愛』（一九三〇）など、著名監督の意外な作品もまぎれ込んでおり、九州地方でのフィルム発掘を急ぐべきだと指摘せざるを得ない。

図５－20　木田牧童来訪の広告（「西部朝日新聞」1948年12月28日）

木田牧童来たる

ともかくも、この膨大な大都映画作品の上映実績には驚かされる。しかも、現存するわずかな大都作品とは、ほとんど重なっていないのだ。これだけ大都作品ばかり繰り返し上映されたということは、粋なユーモアとキレの良いチャンバラで娯楽に徹した大都カラーが、炭鉱労働者らの好みに合い、大いに愛されたということだろう。

それだけに、田中絹代主演による松竹のメロドラマ『沈丁花』の上映が、一九四八年一二月二八日、九州全域で大々的に告知されたのは意外という他なかった（図5―20）。明らかに当時の傾向からは、浮いたプログラムだった。だが、この広告に告知されたように関西の人気弁士の一人だった木田牧童が公演するとなれば話は別である。かつて大ヒットしたSPレコード「道頓堀行進曲」の出演者、ということは、誰もが知っていたのだろう。「大阪松竹座で名調子を謳われた巨星！」と大変な持ち上げ方である。

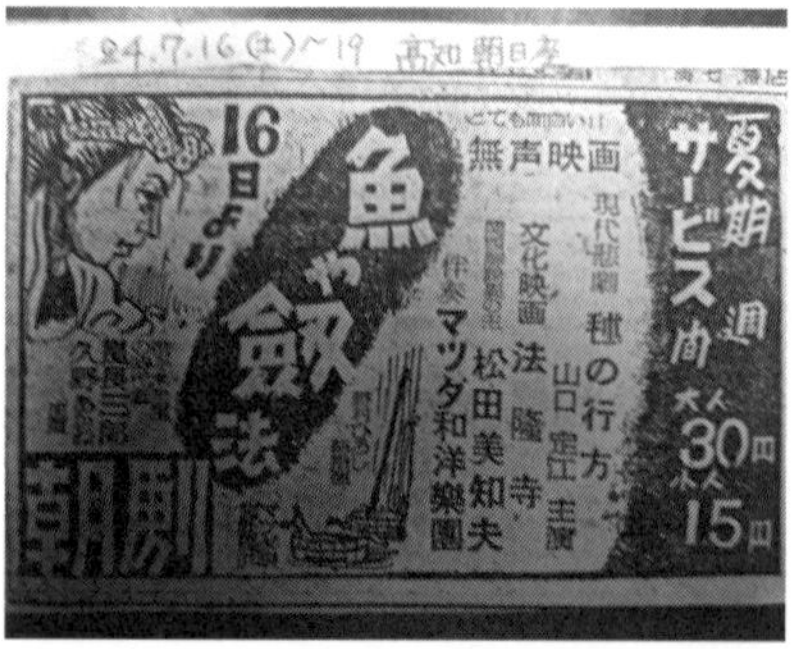

図５－21　『魚や剣法』、高知朝日座広告。「関西解説界の王」とある（写真提供：マツダ映画社）

第2章で触れた通り、木田牧童は淡々としたアナウンサー口調で、チャンバラよりはメロドラマを得意としたようである。ひょっとすると、『沈丁花』は、木田自身が持ち込んだフィルムですらあったのかもしれない。

有名弁士の語りが聞けるのであれば、作品が好みから外れるものでも、あまり気にしなかった。それほどまでに、この時期になってもなお、スター弁士へのあこがれと関心は、非常に根強いものがあったことが窺われる。

この後、木田がどういうルートで九州各地を巡ったかは分からない。ちなみに、ほぼ一カ月後の翌年一月二六日、おそらくは春翠が公演していたであろう大牟田中座映劇で、『魚屋剣法』と『沈丁花』が、一つの広告を半分に割る形で告知されていた（一七六頁／図５―12）。

この興行に春翠が関わったとすれば、露骨な扱いの差に悔しさを感じたのではないだろうか。かたや「説明界の巨星」と派手な肩書きとともに弁士名が掲げられる。ところが自分は名前すら出してもらえない。絶対に名を上げてやる。そう誓ったのではないか。後に全盛期のスター弁士たちに対抗心を燃やし、独自の道を歩んでいく原点は、こうした体験の中から培《つちか》われていったのかもしれない。マツダ映画社に残されている新聞広告のスクラップには、春翠のことを「関西解説界の王」と称したものがある（図５―21）。一九四九年七月一六日、高知・朝日座での上映に際したものだ。春翠はれっきとした東京圏の弁士だが、西日本各地を巡業してきたことを、そのように表現しているのだろうし、木田牧童への対抗心もあったのかもしれない。

実のところ、木田牧童は弁士ストでスターの座を追われて以降、ここまでの足跡はほとんど分かっていない。そして、一九四八年の九州公演以降、弁士を続けることが出来たのかどうかも分からないままだ。少なくとも第二次無声映画ブームとなる一九七〇年代以降には、活動の形跡は見当たらない。没年も不明。まさに一瞬の、はかない復活劇だった。

夢声の『酒』が！

全盛期のスター弁士にまつわる映画といえば、徳川夢声が原作・脚本を手がけた幻の映画『酒』（一九二四）（図5—22）が、なんと、一九四八年一二月一七日にたった一日だけ、筑豊の直方開月館で上映されている（図5—23）。

夢声は『夢声自伝・上』で少しだけ、渋々《しぶしぶ》触れている。どうやら初公開時にはほとんど誰も気付かないうちに、終わってしまったらしく、興行的には完全な失敗作、夢声も黒歴史扱いだ。そもそも初公開日すら現在では分からなくなってしまっている。

図5－22　徳川夢声が原作・脚本を手がけた幻の映画『酒』（写真提供：片岡一郎）

「今は何社の倉庫の中か質屋さんの倉庫かそれともコマギレになって子供の玩具にされているか知らないが、とにかくどこかにある筈だ。しかも原作は私で、題名は『酒』、監督はヘンリー小谷、柳家金語楼、大辻司郎、泉虎夫助演〈大正一一年ごろ撮影〉というスゴいものである。よほど運の悪い人は見たことがあると思う」（「柳さくらをこきまぜて」）

おそらくこの映画は、なんらかの余興で粋人の映画関係者が集まって、冗談半分に作られたものなのだろう。撮ってはみたものの、映画会社も扱いに困り、興行の隙間に押し込んで、形だけ公開

図5－23　『酒』の上映広告（「朝日新聞北九州版」1948年12月15日）

した後、お蔵入りとなった、というところだろうか。

セットなし照明なしで撮影日数六日間、製作費用一〇五〇円。もちろん当時の物価でだが、映画製作費としては破格の安値だったようだ。文化庁の日本映画情報システムで検索すると、[15]全三話のオムニバス映画だが、第一篇のタイトルが不明というありさま。それほどまでに資料がない。

しかしこれが驚くべきことに、一九二六年五月九日の東京朝日新聞「新映画評」で紹介されている。ここでは全三話のタイトルがすべて明示されており、それによると、第一篇「母とせがれ」、第二篇「どじょう」、第三篇「居候」という構成で全六巻。つまり一時間程度の中編作品だ。「他愛もなければ素っ気もなし」と突き離しつつも、「少なくとも近代的なユーモアであり、見ようによると痛快な大与太《おおよた》でもある。〈中略〉珍優の出演、珍人の関係、そしてその内容——これはこれでいいのではあるまいか」と、なかなか好意的な評価で、何やら見たくなってきてしまう。

もちろんフィルムの現存は確認されておらず、戦後の筑豊に誰がどこから持って来たのか、どうして一日だけ上映されたのか、そしてその後どこへ行き今はどこにあるのか。実に気になる。ちなみに併映は、羅門光三郎主演の『やくざ時雨《しぐれ》』なる作品。しかしそんな作品は記録にない。これに近い羅門の主演作を探すと、『旅鴉《たびからす》時雨街道』（一九三六）なる甲陽映画のB級作品が見つかる。

はたしてこの珍妙なカップリングの上映を体験した観客はどれほどいたのか、観て何を思ったのか、そして何より弁士を担当したのは誰で、どんな語り方をしたのか、夢声もきっと知りたがったのではないだろうか。

鹿児島の『抱寝の長脇差』

福岡県ほど頻繁ではないが、鹿児島県や大分県でも、時折無声映画の弁士付き上映広告が散見される。一九四八年の読売新聞の記事（前出一六三頁）に言及されていた大都映画はあまりみられず、福岡の傾向とははっきりと違っているものだった。これが鹿児島から福岡へ大都映画が流れたことを示

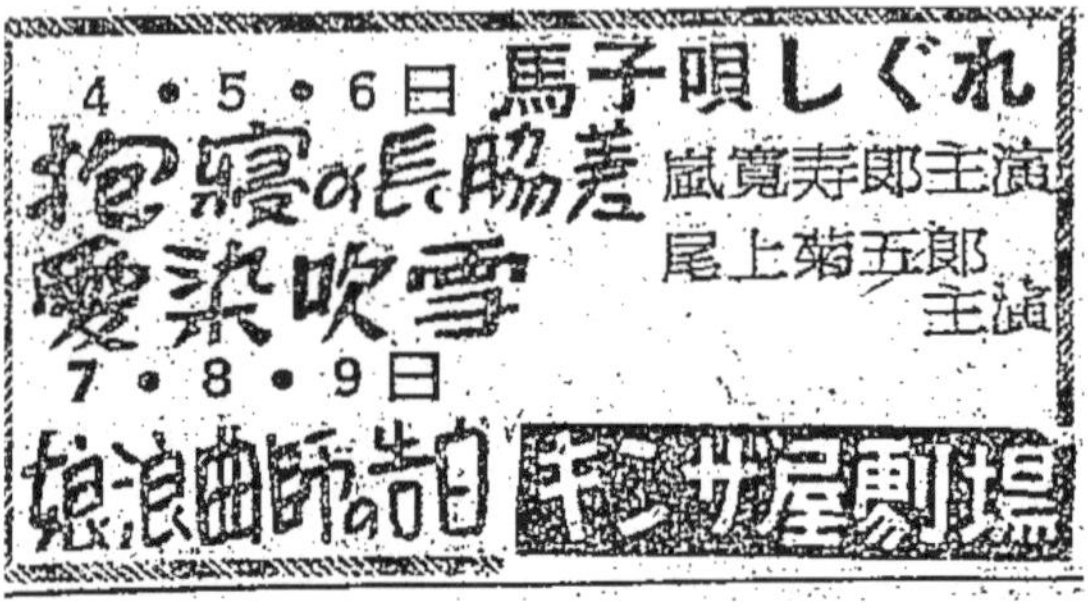

図5－24　『抱寝の長脇差』広告（「朝日新聞鹿児島版」1948年8月4日）

すのか、それとも単に記者の誤りで、ブームが起きたのは北九州だったのか。鹿児島は沖縄方面とのフィルム流通の拠点になったようだが、地域で好まれないフィルムは、上映されずにどんどん移動してしまったのかもしれない。今後も慎重な検証が必要である。

ともかくも、鹿児島県でも広告が打たれ始めるのは一九四八年六月以降で、福岡県より早かったわけではないことは、留意しておく必要がある。稲垣浩監督『男達《おとこだて》ばやり』（一九三六）、古海卓二監督『旗本退屈男』（一九三〇）、溝口健二監督『瀧の白糸』（一九三三）、池田富保監督『日本二十六聖人』（一九三一）、山内俊英監督『少年野口英世』（一九四一／大都）など、何らかの形で現在までフィルムが残っているものが多く、福岡の上映作品とはほとんど重複が見られないのが面白い。

そんな作品群の中にあって目を引くのが、山中貞雄監督の衝撃のデビュー作『磯の源太　抱寝《だきね》の長脇差《ながどす》』（一九三二）だろう（図5―24）。山中貞雄作品は、現在では『丹下左膳餘話　百萬両の壺』（一九三五）など、わずか三本しか現存が確認されていない。きらめく詩情とおおらかなユーモアに魅せられたファンたちが捜索を続けているが、わずかな断片が確認されるのみである。

『抱寝の長脇差』は、キネマ旬報ベストテンの八位に選ばれ、山中の名が伝説化される出発点となった作品だが、興行的には今一つで、零細な嵐寛寿郎プロ製作ということもあり、実際に観た人はかなり少なかったのではないかともいわれている。現在では、ほんの数分の断片が残るのみだ。

とにかく噂にはことかかない作品で、映画コレクターとして知られた杉本五郎がフィルムを持っていたのではないかとの説もある。私も前著『映画探偵』（河出書房新社）で、行方を追いかけてみ

図５－25　福山市で上映された『日輪』の広告（「朝日新聞広島版」1948年5月28日）

図５－26『日輪』

たが、途方に暮れるほど何も分からなかった。そもそも杉本の死後、コレクションは一部が盗難騒ぎに遭っており、杉本が「持っている」として自著で紹介していた作品すら、行方が分からない。

そんな幻の作品が戦後、いきなり鹿児島で上映されていたとは驚く他ない。いったいどのような経路で彼の地に至ったのか、その後どうなったのか、今後のフィルムの行方探しにつながる手がかりとなればと思い、ここに記しておく。

もう一つの王国・広島

福岡でこれほどのデータが引き出せたのであれば、他の地域でも見つかるかも、と思うのは人情だ。ところが、いくら探してもそれらしい広告は見当たらない。鹿児島のようにポツポツという形でもあればよいのにと思うのだが、それすらない。

さすがにこれはハズレか、とあきらめかけていたころ、いきなりとんでもない広告が目に飛び込んできた。一九四八年五月二八日、朝日新聞広島版。ここに『日輪』なる映画の広告がある（図5—25）。主演は市川猿之助。福山千鳥劇場での公開だった。ある程度日本映画史をかじった者なら記憶にあるはずだ。一九二五年の衣笠貞之助監督作品である。邪馬台国の女王・卑弥呼を題材にした横光利一の小説を映画化したもので、戦前としては大変に珍しい（図5—26）。古墳時代を舞台にした異色作だが、案の定、天皇制を脅かすものとして検閲でクレームがついてしまう。やむを得ず、大幅カットの末、『女性の輝き』というタイトルで二年後にひっそり公開された。つまり、タブーに触れた問題作として、名のみ高い幻の一本であった。

もちろんフィルムの現存は確認されておらず、この先発見される可能性もほぼないだろうと思っていた。歴史好きとしては、ぜひとも観てみたい一本であるが。この手の検閲に引っかかった作品が、戦時中の過酷な思想弾圧を生き延びて守られた可能性は低い。

だが、こうして堂々と戦後の映画館で上映されていたことは注目に値する。はたしてどれほどの長さが残っていたのだろうかと思うが、題材が題材だけに、そ

図５－27　尾道市で上映された『浪人街』広告
（「朝日新聞広島版」1948年9月8日）

れほど一般の関心を呼ぶとは考えにくく、一回上映されただけで、どこかにしまいこまれて忘れ去られてしまったのではないだろうか。神戸映画資料館の安井喜雄館長によると「太宰府の富士映画が持っているという噂を聞いた人が訪ねて行ったところ、無駄足だったと聞いた覚えがある」という。

広島県が、福岡県に負けない無声映画王国であった、という証言は過去に一度も聞いたことがない。しかし今回の調査の結果、さすがに福岡ほどの規模ではなかったが、名作・スター映画・B級と驚くばかりに多様であったことが分かった。何らかの形で現在まで保存されているものが多いが、時々驚くような作品が含まれている。

中でもすごいのが、マキノ正博監督『浪人街』（一九二八）だろう（図5—27）。公開年のキネマ旬報ベストワン作品だ。先にも触れた通り、マキノ・プロは、阪東妻三郎、片岡千恵蔵らスター俳優を育てたものの、彼らは残らず脱退してしまい、危機に陥る。この難局に、当時まだ二〇歳の正博は、残された無名俳優たちだけで群像劇を作り上げ、世間をあっといわせることになる。『第一話・美しき得物』は、いきなりキネマ旬報ベストテンの一位に輝く。自堕落かつ無気力に暮らす浪人たちが、横暴な旗本たちによって一人の少女の命が奪われそうになると、一致団結してこれに立ち向かう。ファシズムに突き進む荒廃した世相の中で、孤立し苦悩していた若者たちや知識人は、この映画を熱狂的に支持したという。残念ながら現在残るのはラスト八分間の断片のみ。それでもその素晴らしさの片鱗《へんりん》は感じ取ることができる。この全編が上映されたのならどんなにすばらしいだろうか。

　ちなみに『浪人街』はこの後『第二話・楽屋風呂』、『第三話・憑かれた人々』（ともに一九二九）と続くが、まとまった形で現在に残されているのは第二話のみ。残念ながらこの第二話の評価が一番低い。浪人たちのダラダラした生態を語るのみで、カタルシスがないのだ。

　もしかすると、この第二話だけが上映されていたのかもしれない。というのは、現在マツダ映画社に収蔵されているフィルムと、かつて広島で上映されていた作品のリストを突き合わせると、共通するタイトルが意外に多く、収蔵作品の中には『浪人街第二話・楽屋風呂』もあるからだ。この他、二川文太郎監督・阪東妻三郎主演の『影法師』（一九二五）、菅沼完二監督・嵐寛寿郎主演の『剣光桜吹雪』（一九四一／トーキー）、冬島泰三監督・林長二郎主演『番町皿屋敷』（一九三七／トーキー）、宮田十三一監督・阪東妻三郎主演『雪の渡り鳥』（一九三一）、牧野省三監督・嵐長三郎（寛寿郎）主演『百万両秘聞』（一九二七）が収蔵されている。

　マツダ映画社の収蔵作品が、春翠の公演していた福

図５－28　『鉄の爪』広告（「朝日新聞広島版」1948年10月28日）

岡ではなく、広島の上映フィルムとの合致度が高いのはなぜだろうか。おそらくは、東京に戻った後で収集活動を続ける中で得たもののはずだが、終戦直後に広島で上映していた業者と取引することが多かったのではないか。

その経緯をうかがわせる資料がある。

「京都方面にて高木新平主演の『鉄の爪』前後篇ネガが発掘され、松田氏が再び京都に出張した」
（「雄呂血世に出るか?」／『カツキチ』五号／一九六五年五月一〇日）

そして確かに一九四八年一〇月二八日、広島の福山・大黒座の広告で、「高木新平主演『鉄の爪』」との告知が確認できる。（図5―28）

ところが、高木新平の出演作品の中に、『鉄の爪』なるものはない。つまりこれもまた無関係な別作品の詐称で、実体は京都にあったエトナ映画社の『鉄の爪』（一九三五）なのである。後藤岱山監督、水原洋一主演の探偵活劇で、トーキー作品だった。おそらく春翠はかなりがっかりしたと思うのだが、結局購入したようである。現在の収蔵リストの中に『鉄の爪　花嫁掠奪篇・完結篇』なるタイトルを確認することができる。エトナ映画社は、マキノ映画解散後の御室撮影所で最後に撮っ

図5－29『水戸黄門漫遊記　光圀と名刀来国次』広告（「朝日新聞広島版」1948年9月1日）

たプロダクションで、一九三四〜三五年の一〇カ月間で九本を製作して解散してしまった。結局現代に残るエトナの作品はこれ一本のみで、春翠の英断を評価せねばなるまい。

さて、当時の広島県の広告は『鉄の爪』だけでなく、ずいぶんと内容を派手に膨らませた広告が多く、その点は福岡と変わらない。それにしてもこれはないだろう、と思うのが、一九四八年九月一日の福山大勝館の広告だ。『水戸黄門漫遊記　光圀と名刀来国次』なる映画が告知されているのだが、その出演者はというと、嵐寛寿郎、片岡千恵蔵・阪東妻三郎・轟夕起子と、絶対にありえない顔合わせ（図5―29）。実際に製作された映画と突き合わせると、荒井良平監督・大河内傳次郎主演『水戸黄門・来国次の巻』（一九三四）であろうと思われる。チャンバラスター三人の名が掲載されているが、そこに実際に出演している大河内は含まれていないというのが、なんとも皮肉だ。この作品もまた、マツダ映画社に収蔵されている。

この他、広島上映の特徴的な傾向としては、弁士への関心の高さがある。出演弁士の告知が多い。小笠原博、里見健、水町天声、西山天堂らの名前を確認することができる。生駒雷遊らの実演の告知（福山大黒座／一九四八年一〇月三日）もあるし、往年のスター弁士・泉詩郎（広告では詩朗と表記）の公演告知（尾道玉栄館／一九四九年一月九日）（図5―30）もある。上映される映画は吉屋信子原作・伏見信子主演『雪子の結婚』なる作品ということになっているが、またもやそんな映画は記録に見当たらない。しかし、なぜ現代劇作品のタイトルを偽る必要があったのだろうか。当時も変わらぬ人気を誇った泉詩郎ならば、上映作品がなんであれ、誰も文句はいわないはずだが……。

戦後の広島県内で弁士付き上映が行われた映画

タイトル	製作年	製作会社	監督	主演	音声	保存
『忠次信州落』	1924	東亜等持院	二川文太郎	阪東妻三郎		
『日輪』	1925	マキノ御室	衣笠貞之助	市川猿之助		
『影法師』	1925	マキノ等持院	寿々喜多呂九平	阪東妻三郎		○
『佐平次捕物帖　新釈紫頭巾』	1926	マキノ等持院	沼田紅緑	市川右太衛門		
『忠次旅日記』	1927	日活京都	伊藤大輔	大河内傳二郎		○
『里吹く嵐』	1927	松竹蒲田	蔦見丈夫	押本映治		
『百万両秘聞』	1927	マキノ御室	牧野省三	嵐長三郎		○
『浪人街』	1928	マキノ御室	マキノ正博	南光明		部分
『怪異千姫狂乱』	1929	マキノ御室	中島宝三	小金井勝		
『龍虎八天狗』	1930	東亜京都	後藤岱山	実川長三郎		○
『累ケ淵』	1930	マキノ御室	二川文太郎	沢村国太郎		
『雪の渡り鳥』	1931	阪妻プロ	宮田十三一	阪東妻三郎		○
『人斬り猪之松』	1934	阪妻プロ	山口哲平	阪東妻三郎		
『水戸黄門　来国次の巻』	1934	日活京都	荒井良平	大河内傳次郎		○
『鉄の爪』	1935	エトナ映画	後藤岱山	水原洋一	T	○
『鶯』	1938	東京発声	豊田四郎	清川虹子	T	○
『髑髏飛脚』	1935	太秦発声	志波西果	黒川弥太郎	T	
『怪奇深夜の紅独楽』	1937	甲陽	高見貞衛	羅門光三郎	T	
『番町皿屋敷』	1937	松竹京都	冬島泰三	林長二郎		○
『初草愛憎峠』	1939	全勝	姓丸浩	松本栄三郎		
『怪談千羽屋騒動』	1939	大都	石山稔	松山宗三郎		
『化粧蜘蛛』	1939	大都	白井戦太郎	松山宗三郎	T	
『新妻鏡』	1940	東宝	渡辺邦男	山田五十鈴	T	

『旗本隠密　金毛狐』	1940	新興京都	吉田信三	鈴木澄子		
『鍔鳴り若衆』	1940	大都	後藤昌信	津島慶一郎	T	
『右門捕物帖　幽霊水芸師』＊	1941	日活太秦	菅沼完二	嵐寛寿郎	T	断片
＊広告では『謎の女水芸師』主演・阿部九州男						
『剣光桜吹雪』	1941	日活京都	菅沼完二	嵐寛寿郎		○
『少年非歌』	不明					
『紫頭巾』	不明			羅門光三郎		
『男伊達喧嘩の花笠』	不明			片岡千恵蔵		
『江戸の夜祭』	不明			嵐寛寿郎		
『牢獄の花嫁』	不明	阪妻プロか日活		阪東妻三郎		
『嵐』	不明			高木新平		
『愛憎血刃録』	不明			南光明		
『雪子の結婚』	不明			伏見信子		

他にも、やや奇妙な詐称も見られたので、ここであえて記しておきたい。実際は大スターの嵐寛寿郎が主演する作品なのに、[16]大都の阿部九州男作品だと装っているとも取れる事例があったのだ（図5—31）。普通とは逆である。

広島でも何本か大都作品が上映されており、大都スターの出演をうたって告知されている正体不明の作品も多い。福岡同様、上映されているうちに、人気が高まったのだろう。ところがこの時期、大量の大都作品を抱えていたのは福岡の劇場だった。そこで広島では、苦肉の策として、嵐寛寿郎作品を大都作品と偽って告知する事態が発生した、と推測すると興味深い。

今となっては真相は不明だが、地方で大都映画への意外な熱狂があったのは確かなようだ　当時のラインナップを記しておこう（二〇二～二〇三頁）。

図５－30　泉詩郎公演告知（「朝日新聞広島版」1949年1月9日）

図５－31　嵐寛寿郎主演のはずが、阿部九州男主演と記載された『謎の女水芸師』広告（「朝日新聞広島版」1948年10月2日）

『忠次旅日記』の上映記録

広島の新聞広告が割と有望だと分かった時、一つの思いが胸をよぎった。ひょっとすると、伊藤大輔監督・大河内傳次郎主演の名品『忠次旅日記』（図5―32）の広告が見つけられるかも、と考えたのである。前出の読売新聞の記事でも「九州での上映」が言及されていたにもかかわらず、福岡県の新聞紙面から、広告はまったく見つからなかった。

だが、広島県では上映されていたかもしれない。というのは、現在国立映画アーカイブに収蔵されている『忠次旅日記』は、第二部「信州血笑篇」の一部と第三部「御用篇」の大部分をまとめたもので、広島のコレクターが長年保存していたフィルムを修復したバージョンだからだ。広島の地方アーカイブである映像文化ライブラリーに寄贈され、フィルムセンター（現国立映画アーカイブ）の調査・修復を経て、公開にこぎつけたのは一九九二年。永らく失われていた、名のみ高き幻の傑作が発掘された、日本映画史に残る大事件だった。映画の保存・修復への一般の関心が飛躍的に高まるのはこのころからである。

この発見されたフィルムが、どこでどのような形で上映されてきたものであるか、来歴はまったく分かっていない。これほど様々なフィルムが上映されていたのであれば、ひょっとして……。

淡い期待を抱きながら、紙面を繰っていった。

広島県での無声映画上映告知は、一九四八年五月二八日の『日輪』から始まり、翌年の四月まで、

図5－33 『忠治信州旅日記』の広告。「広島朝日」(「朝日新聞広島版」1949年1月22日)

図5－32 『忠次旅日記』

おおむね月に一～二回ほどのペースで続いていく。一九四九年一月二二日、尾道玉栄館の『忠治信州旅日記』なる映画の告知を見つけた時は「これでは」と胸が高鳴った(図5―33)。だが広告にある主演は阪東妻三郎。調べてみると、二川文太郎監督『忠次信州落』(一九二四)なる作品がある。どうやらこれのようだ、残念。

だが落胆するのは早かった。次に見つけた紙面は一九四九年四月五日。福山大黒座における『忠次三部曲』(図5―34)である。「伊藤・唐沢・大河内の名コンビが描く不朽感激の名大作」と、煽りも熱い。伊藤とはもちろん伊藤大輔。そして唐沢とはカメラマンの唐沢弘光。もちろん主演は大河内傳次郎。

ここまで見てきて分かる通り、広島県でも広島市内ではなく、福山市・尾道市など中心から少し離れた所で密かに上映が続けられていた。これ以降、広島における無声映画の広告は途切れる。まさに最後の輝きであった。

実は後年広島で発見されたフィルム缶に書かれていたタイトルも『忠次三部曲』だった。おそらくこの福山で上映されたのが、現存の発見フィルムとみて間違いないだろう。ただ、いくらなんでも当時のフィルムが広告にあるように「三時間半」もあったとは思えないが。

当時、解説を担当した弁士は誰だったのだろう。伴奏はどのようなものだったのだろう。そしてどの位の観客がこの上映を体験したのだろうか。興味は尽きない。

近年、古美術品がどのように売買・移転を経てきたかを示す「来歴」が、美術的価値を高める資料として重視されるようになっている。映画フィルムもこの流れに沿って、「来歴」を重視する傾向が強まっている。しかしこの時代、世に放たれたフィルムがどのように動いたのかを示す資料はとても少ない。結局多くのフィルムが今も行方知れずのままだが、その足跡をたどることで、どこでどのような人々に観られたのか、具体的な歴史を知ることができる。無声映画の場合、とうの昔に消え失せたはずの弁士がどこでどのように活躍していたかを知る手がかりともなる。

福岡と広島の事例から見出せるのは、第一次無声映画リバイバルブームが、徒花《あだばな》ではなかったということ

図5－34 『忠次三部曲』広告（「朝日新聞広島版」1949年4月5日）

図５－35　『雪の渡り鳥』

だ。観客の反応はまさに熱狂的で、トーキーを凌駕《りょうが》するものであったといえる。

この時代、無声映画の魅力を再確認したファン層は、その後も一定規模を保ち、映画が斜陽化する一九七〇年代以降に、再び存在感を見せることとなる。

池袋人生坐の「奇跡」

地方における盛り上がりの一方で、ＧＨＱの監視が最も厳しかったと思われる東京は、無声映画の復活ブームに、かなり乗り遅れることになった。福岡や広島での熱気が一段落した一九四九年九月七日、読売新聞のコラム「いずみ」に、こんな記事が掲載された。

「阪東妻三郎主演大剣戟映画〝雪の渡り鳥〟近日上映！弁士徳川夢声、国井紫香、泉天嶺、津田秀水　といってもこれは昔のポスターにあらず、九月二十日から池袋某劇場で公開される　同劇場でお客さんに上映希望を問うてみたらこの昔なつかしチャンバラ活弁映画が断然トップになったもの、映画ファンは古いのが好きとはいうもののこれはイササカ古すぎた」

と、相変わらず弁士と無声映画に対する冷笑的な姿勢がくどい。それ以前に、上映希望を問うたら『雪の渡り鳥』（図5―35）が一位だった、というのもいささか怪しい。というのは、この人生坐の館主が『雪の渡り鳥』のフィルムを持っている、というのは結構有名な話だったからだ。マツダ映画社などにあるバージョンより長尺といわれ、現在でも時折噂に上るが、人生坐のフィルムが現在はどうなっているかは不明だ。

おそらくは、福岡県の盛況を聞きつけ、東京ならばもっと客が入るはずと算盤《そろばん》をはじいたのだろう。実際、かなりの盛況だったようで、九月二五日の「いずみ」には、こんな続報が掲載された。

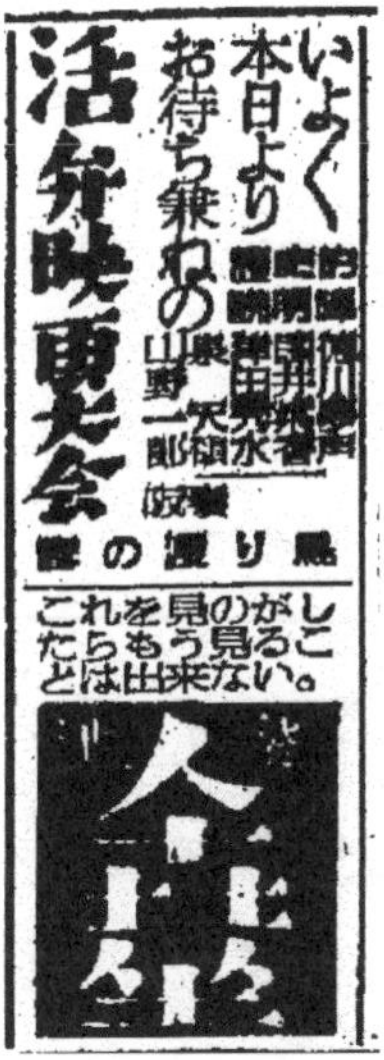

図5－36　人生坐の『雪の渡り鳥』広告（「読売新聞」1949年9月20日）

「昔懐かし活弁映画阪妻の〝雪の渡り鳥〟を上映中の池袋人生坐で二四日朝担当弁士の国井紫香氏がオホンとせき払いよろしく説明に入ったものの、カブリツキに陣どった約四十名ばかりのお客さん映画終了までうつむいたきり

これが何と雑司ヶ谷の国立盲唖学校の盲学生で、無声映画は筋が判って音

楽入りでたのしめると大喜びで帰っていった　伝え聞いた徳川夢声氏活弁芸術の偉大さに感激、往年の名画『春の調べ』を全編一人で弁じて盲唖の人々にも楽しんでもらいたいと申し入れた」

客が湧《わ》いたのはもちろんだが、それ以上に感激したのは、他ならぬ弁士たちだった。もはや自分たちは忘れられた過去の存在となった、と腐っていたのに、全盛期を思い出すような、熱烈な声援を浴びることになったからだ。何事も斜めに見がちな徳川夢声が、これほど感激したというのも珍しい。

この日登場したのは、まさに東京を代表する往年のスター弁士たちばかり。たった一本の映画のために、これだけ豪華な顔ぶれがずらりと揃うことなど、全盛期にはほとんどなかった。東京の映画人こそが、誰よりも強く「弁士は終わった存在」と思い込んでいたのだろう。人生坐の広告は「これを見のがしたらもう見ることは出来ない」と、希少さを強調していた（図5—36）。おそらく弁士たちも半信半疑で、一度限りの「お遊び」としてやるつもりだったのかもしれない。

それではすまないことは、舞台に立った瞬間、気付いたはずである。だが突然の無声映画ブームの中で、自分たちが時代の先端どころか、かなり周回遅れの位置にいたことに、気付いていたのだろうか。

「獅子吠大会」東京で復活

無声映画の黄金時代だった昭和初期、「獅子吼《ししく》大会」なる催しが流行したことがある。当代の人気弁士がずらりと顔を揃え、一本の作品をリレー形式でつないでいくというものだった。まさに全盛期ならではの豪華なイベントであったといえよう。

もう一度、あの満場の声援を取り戻せるかもしれぬ。無声映画ブームの到来に、かつてのスター弁士たちは色めきたったはずである。そこで話題作りのアイデアとして、持ち出されたのが「獅子吼大会」というわけだ。その復活を試みることができたのも、知名度の高い顔ぶれが揃う東京弁士界ならではであった。

図５－37 「獅子吼大会」の広告（「読売新聞」1955年8月6日）

一九四九年一二月三一日の東京読売新聞夕刊には、「熱弁火を吐く一流弁士出演」と銘打《めいう》ち「活弁大会」の告知を行った。翌元旦から、浅草東京倶楽部にて、興行は一週間。山野一郎、國井紫香、泉天嶺、松井美明、浅田秀水と、豪華な顔ぶれが次々と登場する。いわばミニ獅子吼大会といったところだ。だが上映されたのは、羅門光三郎主演の甲陽映画『豪快村越三十郎』（一九三七）のみ。多少は高めの料金設定だっ

図５－38　人生坐の『春の調べ』広告（「読売新聞」1949年9月27日）

たかもしれないが、上がりを五人で分けると、雀の涙ほどになってしまったのではないだろうか。

続く一九五〇年一月一四～一六日にも、三田ボクシングホールにて、「名活弁熱演大会」が開かれた。泉天嶺、津田秀水、國井紫香、静田錦波の出演で、ジャック・フエデー監督のフランス映画『雪崩』（一九二三）、後藤岱山監督・阪東妻三郎主演の東亜映画『大利根の殺陣』（一九二九）が二本立て上映された。こうした上映会は定期的に行われ、熱心なファンの輪を作っていったことだろう。

そして一九五五年八月六日東京読売新聞夕刊には、ついに「活弁大獅子吼大会」開催の広告が打たれる（図5―37）。八月二〇日から三一日まで、第一生命ホールにて、毎日三回もの興行を行う大規模なものだった。一六人もの著名弁士がずらりと並んだプログラムはまさに圧巻だ。本書で紹介している多彩な顔ぶれの多くが参加している。染井三郎がいる、生駒雷遊がいる、谷天朗がいる。もちろん徳川夢声も末尾に名を見せている。

しかしながら、夢声はどこか白けた様子で、自伝にもこの戦後の晴れ舞台のことを一行も記していないし、上映会にもそれほど熱心ではなかったようだ。しかし、先に触れたチェコ映画『春の調べ』（一九三四）上映の時は違った。何しろ、珍しく自ら率先して、「やる」といったものなのだ。公約通り、一九四九年九月二七日から、人生坐にて公演を果たしている。「徳川夢声生涯最後のフロイド的説明」と、何だかよく分からない宣伝文句が付けられている（図5－38）。実際には、弟子の山野一郎の助演を得ることになったが、夢声自身が「全編一人で演じる」といったことに注目したい。夢声はそうでなければ弁士付き上映の魅力は伝わらないと考えていたのではないか。

もしも、東京の弁士たちが、獅子吼形式ではなく、それぞれ自分一人で一本の映画を演じ切るスタイルを取り、あちこちの映画館で技を競い合っていたらどうだったろうか。もっと早い段階から、無声映画ブームは浸透し、トーキーとは違う文化として定着していたのではないか。だが老いた彼らはそうせず、よりこじんまりとした世界に安住してしまった。

このころ、日本は少しずつ貧困から脱し、新たな市民層が生まれつつあった。その一方でテレビ放映が始まり、映画は娯楽の王者の座から徐々に滑り落ち始めていた。まだまだ変化はわずかで、気付かない者も多かった。しかし、無声映画と弁士の世界にも、新たな時代が到来しつつあったのである。

●14 『化粧蜘蛛』　実は、同じ一九四八年五月五日には、筑豊の太洋映劇で『卍蜘蛛』なるタイトルの大都映画作品が公開されている。これも同じ作品かと思いきや、さにあらず。同じ一九三九年製作だが、こちらは石山稔監督・阿部九州男主演のまったくの別物。『化粧』が四月、『卍』が八月の公開と、接近しているが、続編というわけではないらしい。これほど複雑怪奇なありさまでは、GHQもさぞ手を焼いたことだろう。

●15　全三話のオムニバス映画『酒』の構成については、日本映画情報システムでは第一話「不詳」、第二話「酔っ払い」、第三話「後生うなぎ」となっており、まったく異なる。当時の映画は、マスコミ向けのプレスリリースと公開作品の内容などが食い違うことがよくあった。残念ながら後世に残りやすいのはフィルムではなくプレスリリースなので、こうした事態が起きる。実際に映画を観て書いたはずの映画評の方が正解だろう。

●16　大都の阿部九州男作品だと装っている　阿部九州男の『謎の女水芸師』なる作品は、国立映画アーカイブに断片が保存されている『右門捕物帳　幽霊水芸師』（一九四一）のことと考えるのが自然だが、阿部九州男のフィルモグラフィーにある『謎の道化師』（一九三三）であった可能性も残る。

第6章

ホールを巡る弁士たち

――「懐かしの」自主上映　二つの選択肢

弁友会発足と弁士塚の完成

一九五二年、サンフランシスコ平和条約の発効とともに、日本は主権を取り戻した。占領軍は去り、ようやく自由に映画を撮ることができる環境が整う。日本映画界は第二次黄金時代というべき活況に沸《わ》いた。一九五一年に二一六本だった新作日本映画の公開本数は、五二年には二八七本、五三年には三〇一本、五四年には三九一本と、加速度的に上昇していく。黒澤明、溝口健二、稲垣浩ら日本の監督たちが次々と国際映画祭で賞を獲得し、質・量ともに充実した時代が訪れることとなった。

こうなると、映画館には、もはや無声映画と弁士が活躍する余地はない。とはいえ、昨日までのファンが残らず無声映画と弁士の存在にそっぽを向いたわけではなかった。

ここで、弁士たちの判断が分かれていく。黄金時代の弁士たちは、今度こそ終わったと考え、一部のファン層にちやほやしてもらえればいいと割り切った。いわば華やかな時代を懐かしむ、老人たちの同窓会だ。だが、ここで終わらせぬと踏みとどまり、若者層への浸透を試みる者も出た。

五年ほどにわたる無声映画の復活劇は、確かに一部のファンに弁士への愛着を呼び覚ました。だが新作トーキーが次々に上映されて客を集める映画館には、もはや弁士が入り込む余地がなくなっていた。ではどうするか。ちょうどこのころ、都市部を中心に市民ホールの整備が始まっていた。

戦後スタートした地方自治において、市民ホールは文化振興の拠点となり、次第に地方の中核都市にも広がっていった。もちろん都市部では、企業ホールがもともと多数存在した。

音響設備も整ったホールは、比較的安価で借り受けることが可能で、弁士たちの新たな拠点になっていく。地方でも、その地域の無声映画ファンたちが出資してホールを確保し、弁士を呼んで上映会を行うという巡業スタイルが確立していった。

かくして「懐かしの無声映画」を掲げた上映会は、それなりの盛況が続いた。問題は、それをどう評価するかである。観客層の高齢化は進み、先細りは否《いな》めない。満員御礼とはいっても、黄金時代の栄華には比べるべくもない規模だ。懐古趣味に徹するか、それともインディーズとなっても新たなファン層を開拓するか。

一九五三年四月一六日の東京読売新聞夕刊「黒板」のコラムでは、そうしたホール時代初期の公演の一端をみることができる。

「『浅草の会』十八回例会は十八日四時から浅草伝法院大書院で、活弁の草わけ染井三郎を囲んでその足跡をねぎらう。当日は国井紫香、井口静波、大蔵貢、生駒雷遊、西村楽天らも参会して思い出を語り、染井は故沢田正二郎主演映画『国定忠次』の説明をする」

ホールではなく寺を借りているあたりが浅草らしいが、ここで既に定期的な公演が行われていたことが分かる。まだ新東宝社長に就任する前だが、複数の映画館を経営し、実業家として多忙な日々を送っていたはずの大蔵貢も出演していたことに驚く。よほど居心地の良い空間だったのだろう。だが、弁士として公演するのは最古参の染井のみで、錚々《そうそう》たる面々が、思い出語りしかしなかったことが、気にかかるところだ。

やがて、往年のスター弁士たちが集う、互助団体が設立される。一九五五年五月二日の読売新聞夕刊には、『弁友会』を設立／徳川夢声を顧問に」なる記事が確認できる。

「わが国に映画が輸入されて六十年間のうちには無声映画を説明する『活弁』という珍職業があって、現在の映画俳優をしのぐ人気スターも出たが、トーキー出現後は漫談家に、軽演劇俳優にとそれぞれの道を歩いている。最近この畑が生んだ異彩徳川夢声を顧問に『弁友会』なるものを設立、月に一回各人が講談、漫談、活弁ドラマなどを公演している」

弁友会の設立を報じる記事だというのに、発足の時期が「最近」で済まされているいい加減さだが、定期公演が月一回ペースだったらしいことが分かる。ここでも引っかかるのは、せっかく弁士たちが結集しているというのに、映画を上映しようとしていないということだ。そして、業界の頂点であったはずの徳川夢声はここでも距離を置いており、「会長」ではなく「顧問」としての就任であった。何やらもやもやとした空気が漂う。

この記事ではそれに続いて「生駒雷遊、山野一郎、津田秀水らが発起人となって浅草観音の境内、弁天山鐘楼の傍《かたわ》らに『活弁塚』なるものを建設し、日本映画史に華やかな足跡を残した『活弁』をしのぶ悲願をたて」たと報じている。これはやがて「弁士塚」として完成し、今でも浅草寺の境内で見ることができる。

一九五九年三月一九日、東京読売新聞のコラム「いずみ」にて、完成時の模様が紹介されている。

「無声映画時代の花形〝カツベン〟の思い出を永遠にと『弁士ヅカ』がわが国最初の映画館ができた東京浅草六区の一角にでき上がり、十八日午後その除幕式が行われた。〈中略〉弁士出身の徳川夢声老は『このツカはいま流行のワイドスクリーンをかたどったものだが、私たちが弁士時代にこんな映画ができようとはユメにも思わなかった』とあいさつ、招かれた元弁士たちも移り変る六区の姿にジンタの昔をなつかしんでいた」（図6―1）

スクリーンをかたどったものだが、私たちが弁士時代にこんな映画ができようとはユメにも思わなかった」とあいさつ、招かれた元弁士たちも移り変る六区の姿にジンタの昔をなつかしんでいた。

【写真は「映画弁士ツカ」の除幕式であいさつする徳川夢声】

図６－１　弁士塚完成を報じる「読売新聞」（部分／1959年3月19日）

ジンタとは、第3章でも少し触れた通り、無声映画の代名詞というべき、哀感に満ちた音楽。楽士が奏でるこの調べに乗って、活動弁士は映画を語ったという。

本書を執筆するにあたって一度は見ておかなければならないと思い、外国人観光客でごったがえす、春先の浅草に出かけた。朝早かったにもかかわらず、境内はラッシュアワーのような状態で、仲見世は賑やかな雰囲気に包まれていた。しかし、ずっと奥の植え込みに囲まれた弁士塚に気付く人は誰もおらず、そこだけががらんとした、忘れられた空間になり果てていた。（図6―2）

「明治の中葉わが国に初めて映画が渡来するやこれ

図６－２　2019年撮影の弁士塚

を説明する弁士誕生　幾多の名人天才相次いで現れその人気は映画スターを凌ぎわが国文化の発展に光彩を添えたが　昭和初頭トーキー出現のため姿を消すに至った　茲《ここ》に往年の名弁士の名を連ねこれを記念する」

とあるのだが、本当にこんなものを建てる意味はあったのだろうかと疑問に駆られる。

完成を報じる紙面の写真を見ると、前に立つ夢声の倍近い高さがあり、実際に見るとその巨大さに圧倒される。にもかかわらず、境内での存在感はほとんどゼロで、誰も足を止める人はいない。

弁士は終わった、と一番思い込んでいたのは、当の弁士たちだったのかもしれない。過ぎ去りし過去、偉大な日々をしばし懐かしむことができればよいと。そんな思いからの弁士塚建立だったのだろう。だが、こうしたモニュメントこそは、建てた本人が消えてしまえば、それでおしまいである。石に刻めば永遠に残るというのは、ただの思い込みにすぎない。

そんな中、弁士塚に父・初代春翠の名前が刻まれているにもかかわらず、冗談じゃない、終わらせてたまるかと思っていた弁士が一人いた。それが、他ならぬ二代目松田春翠である。

無声映画鑑賞会の発足

松田春翠が無声映画の定期上映会たる「無声映画鑑賞会」を発足させたのは、弁士塚建立から間もない、一九五九年六月一四日。とはいえ、弁士塚に対して含むところがあったわけではなく、この日取りはたまたまであったようだ。

再び、息子である松戸誠の話を聞こう。

「最初からそこまで大規模なものを考えていたわけではなく、こういうものがあるんだけど観たいね、というところからのスタートだったんです」

春翠は、福岡を離れた後、一九五二年にマツダ映画社を設立し、集めたフィルムを手に、各地を巡業する活動を始めた。会社組織を整備し、プロ弁士として生きてゆくための環境をいち早く整えた目聡《めざと》さは、抜きん出ていた。とはいえ、弁士興行のあがりを新たなフィルム購入に注ぎ込んでしまうので、それだけで食べていくのは困難だった。地方巡業はフィルム探しの意味もあったのである

読売新聞東京版一九七六年一月二三日の「無声映画活弁〝五〇年〟わが命」という記事の中で、当時のことが語られている。

「とにかく、地方の好事家《こうずか》が土蔵にしまって忘れていたものが見つかったというケースが多く、フ

ィルム探しに日本全国歩き回りました。とても食えないんで、女房がマージャン屋を経営、その収入もフィルム探しとその修理につぎ込む生活でした」

そうやって集めた映画は一〇〇〇作品、六〇〇〇巻に及ぶ。よく家族の理解が得られたと思うが、このフィルムが結果的にものをいうことになり、春翠はトーキー全盛となった戦後の映画界でも、専業弁士として活動していくことが可能となるのである。

このころは、まだそこまで計算していたわけではなかった。失われる映画を守らねば、という思いの方が強い。だが「そんな珍しい映画があるのなら観てみたい」という映画ファンの声が寄せられるようになり、ならば、と上映が試みられることになった。

先述の『活狂たちの半世紀』にも、いきさつが詳しく紹介されている。まずは同好の士による同人会としてスタート。しかも試演と称する慎重さだった。春翠の行動が、当初から抜け目ない先見の明に基づくものではなかったことを示すものだろう。無声映画を守りたいという情熱はあったが、具体的なプランを用意していたわけではなかった。

「会場はマツダ映画社、といっても立派な映写室がある訳ではなく、小さな木造の仕舞《しも》た屋。二階の二間をぶち抜いたところが会場で、参加者は同人が七名、ゲストとして映画評論家の田中純一郎と古参映画監督の吉野二郎が招かれ、小さな告知記事も載ったのでそれを見たのか一般参加者が一六名あり、その中には映画評論家の佐藤忠男夫妻もいた。『瀧の白糸』や短編時代劇、洋画喜劇を上映し、映画談議に花を咲かせ、参加者は一様に満足し、帰途《きと》についたようである」

現在の大規模な上映会からとはまったく違う、実にこぢんまりとしたアットホームな雰囲気に驚かされる。それでいて、ゲストは映画史を彩る大物たち。このころの無声映画鑑賞会の雰囲気を懐かしむ古参参加者もいるようだが、分かる気がする。

正式の第一回となったのは七月五日。阪東妻三郎の『影法師』や沢田正二郎の『国定忠次』などが上映され、やはり盛況だった。ただ、この規模ではまったく採算が取れず、同人会員として登録しているメンバーは毎回の会費以外にも出費を強いられた。会は早くも危機に瀕してしまう。

だが、第五回、トーキー作品の[17]『ハワイ・マレー沖海戦』（一九四二）を公開してみたところ、御徒町の山口ホールに六〇〇名を集める大盛況となり、赤字を一気に解消した。円谷英二らが特撮を駆使して真珠湾攻撃を再現したこの作品は、占領下では持っているだけで危険といわれ、GHQの手で処分されてしまったと当時は思われていた。春翠は「こうしたフィルムこそ守らねば」と考え、密かに買い取り隠し持っていたため、この日の上映会が実現したわけだ。実は製作会社の東宝も密かにフィルムを埋めて秘匿《ひとく》しており、後にリバイバルにこぎつけることになるのだが、この時は知る由《よし》もないことである。

図6－3　交通博物館時代、第30回公演時（写真提供：マツダ映画社）

図6－4　第50回記念公演での様子。前で話しているのは、泉天嶺と思われる。司会役は御園京平、後ろに並んでいる弁士は左から松田春翠・梅村紫声・福地悟朗・西村小楽天・牧野周一・本田耕一郎・金子緑村（写真提供：マツダ映画社）

トーキーによって無声映画が救われる皮肉な事態となったが、六回目以降はまたしても赤字。そこで翌一九六〇年三月、組織改革が行われる。運営を小規模なシネクラブ同人から、春翠のマツダ映画社に移す。当時神田にあった交通博物館ホールを主会場に、二〇〇人程度のホールでの定期上映形式としたのである。一見無謀に思えるが、きちんとしたホールを拠点とすることで、初めて無声映画を観る若いファンも参加しやすくなった（図6―3）。

かくして会は安定軌道に乗り、現在に至る道筋が作られる。こうして春翠は、戦後における無声映画上映のビジネスモデルを確立することに成功した（図6―4・5）。そのことが様々な反発とやっかみを呼ぶことにもなるのだが、春翠の行動が計算づくではなかったことは、今回の調査でよく分かった。採算度外視で早い時期から動いていたために、様々な幸運な巡り合わせを逃さず掴むことができたのだ。

そこにあったのは打算ではなく、無邪気なまでの無声映画愛だったのである。

もちろん違法コピーのフィルムを興行に用いるなど、現在のモラルからみれば問題となる要素は

図6－5　第50回記念の客席の様子。驚くほどの盛況ぶりが分かる（写真提供：マツダ映画社）

あった。ただ、世界各地のアーカイブがコレクションを築いていく中で、この問題はたびたび指摘されてきた。違法コピーされたことで、権利者が保存を怠った作品が残ったという側面もあり、映画保存の宿題として、今後もフラットな場で解決策を議論していくべきなのだろう。

弁友会VS無声映画鑑賞会

実のところ春翠は、全盛期のスター弁士が揃った弁友会とは、相性が良くなかった。無声映画の全盛期を知らない若造に、活動弁士ができるのか、という陰口は残念ながら絶えることがなかった。それなのに一人だけあんなに稼いで、というわけだ。

もはや無声映画は金にならないとあきらめていた弁友会の面々にすれば、春翠の行動は「その手があったか！」と地団太《じだんだ》を踏ませるものだったに違いない。まだある程度のフィルムは市場に残っていたはずだが、すでに老い

辯友
会報
第一号
大蔵映画株式会社

図6－6　『辯友』第一号

た弁士たちには、リスクを冒《おか》してフィルムを集める勇気も情熱もなかった。それだけに余計に悔しかったのだろう。

一九六三年、弁友会の会報『辯友』が刊行された（図6―6）。以後年二回ペースで一九七四年まで二一号にわたって発行されるのだが、資料性が低い思い出話と物故者連絡に終始する、内容に乏しいものだった。その第一号では「最近松田春翠と称する男が、元弁士であると云って、無声映画を各所に公開して、弁友会の人達の名を出して居るとの事ですが、全々右の名の者は弁友会には何の関係もなく」と、無署名の中傷記事まで出る始末。春翠は、徳川夢声・西村小楽天ら一部の弁友会系弁士と仲が良く、たびたび彼らをゲストに招いてはいたが、自分が弁友会員だと称していたわけではない。苛立《いらだ》ちのあまり、何がいいたいのかよく分からない記事になり果てていた。

ここまで見てきたように、弁友会には、無声映画を守ろう、再び盛り立てようとする意思はまったくなかった。会報には、無声映画上映会の事前告知や事後報告は、ほとんど掲載されていない。文部省主催の「映画の歴史を見る会」（後述）など、ごく一部の上映会情報が申し訳程度に紹介されていたにすぎず、そこで公演する弁士の顔ぶれすら明記されていなかった。

弁友会はあくまで戦後の無声映画ブームの果実を公平に分け合い、居心地の良い空間で往時の栄光を懐かしみながら、老後の楽しみとしようという互助会でしかなかった。弁士文化は自分らで終わり、このまま墓まで持っていく、というのが一つの美学だったのだろう。
だが、本当にそれで良かったのだろうか。

「映画が昔、無声であったころ、わが国の《活動常設館》では、それぞれに専属の弁士や和洋合奏団がいて、いわば手作りの楽しい上映をしていたのです。トーキー化とともに失われてしまった、そんな映画のいろいろな楽しみ……活弁という話芸や、西洋楽器と和楽器のアンサンブルというなんとも前衛的であった試み等々は、大先輩の映画ファン達が、活動写真への限りない愛情をこめて育てあげた、実にこれは、世界にも類のない、映画を楽しむための演出であったのです」（『活狂たちの半世紀』）

松田春翠は、熱っぽい調子で無声映画への愛を語り、支える仲間になってほしいと若者たちに呼びかけ続けた。春翠がこのように考えたのはやはり、無声映画の全盛期を知らず、遠くからあこがれ仰《あお》ぎ見ることしかできなかったからではないか。どんなに素晴らしいものでも、身近に当たり前に存在しているならば、なかなか価値あるものだとは気付きにくい。いつでも必ず、同時代体験が強みになるとは限らないのである。

我々戦後の映画ファンも、映画に音が付いているのが当たり前であるという環境からスタートしているからこそ、無声映画に驚いてしまう。同じ映画が上映のたびごとに、演者によって、公演スタイルによって、ガラリと印象を変える衝撃はとても大きなものである。

しかし、弁士が当たり前の世界に生きていた世代のファンにしてみれば、トーキーが出てくれば必要のない、古い時代の遺物でしかないのかもしれない。それでいて、自分たちの青春の思い出としての、活動写真には強いこだわりがあるようだ。だからこそ、新しい世代に「お前らに何が分かる」といいたくなるのかもしれない。

結局、無声映画研究・再上映が大きく進んだのは、無声映画世代がほとんどいなくなった二〇〇〇年以降のことである。

ナマイキ弁士松田春翠

結局のところ、春翠の無声映画鑑賞会と、弁友会は何が違ったのだろうか。

「一人だけすごく若かったですからね。父はナマイキだったんだと思いますよ」

息子の立場からずっとその行動を見ていた誠は、今にしてそう思うのだという。若造だ、少年弁士上がりだとバカにされるからこそ、なにくそと奮起する。それが春翠の原動力だった（図6―7）。

そして、これは私が一映画ファンとして思うことだが、春翠の芸風はとてもモダンだった。時に「下町派だ」と評されて憤慨《ふんがい》することもある春翠だったが、実に不思議な語り口で、似たような芸風のスター弁士が思い浮かばない。

春翠のスタイルは、夢声のスタイルを土台にした、アナウンサー文化の系譜にある語り口だが、夢声ほど無色ではなく、モダニズムの朗《ほが》らかな情緒が感じられるのだ。だが、モダニズムを謳歌《おうか》し

図６－７　松田春翠、1975～1980年ごろ（写真提供：マツダ映画社）

た黄金期の弁士たちの多くはもっとキンキン声で、いかにもキザな紳士然とした春翠の語り口は、かつてはまったくなかったものなのである。いわば戦後の視点から昭和初期を見返したような独特のテイストで、戦後の視点で戦前日本映画を語ろうとするときに、ぴたりとはまる。これこそが、長い年月を費やして築き上げた、春翠イズムというべきものだった。

　戦前の黄金時代の弁士たちの語りを聞く時に、私たち戦後世代の映画ファンが「違う」と思ってしまうのは、弁士の語りとして、春翠風がいかに定着しているかということでもある。直接の弟子である澤登翠《みどり》はもちろんのこと、教えを受けていないはずの片岡一郎や坂本頼光《らいこう》にすら、その影響を感じる。

　ただ、春翠は「自分の芸だけを見てこれが活動弁士だとは思わないでほしい」と常々いっていたそうである。そこはとても謙虚で、自分のスタイルを口伝えで弟子に継承させるようなこともなかった。師匠の芸を参考にしつつも弟子は独自のスタイルを作るべき、というのが信念だった。だから本来「春翠流」は一代限りで、本人の死とともに途絶えているはずなのだが、ＤＮＡはしっかりと受け継がれているのが興味深い。

春翠の系譜を受け継ぐ澤登翠ら現代弁士には、黄金時代弁士のような、口調の一部を取り出すだけではっきりと示すことのできる「型」がない。それでいて、映画にどうアプローチするかという方法を通して、それぞれの強烈な個性を確立することに成功している。弁士である前に熱烈な映画ファンであることで、自らのスタイルを作り上げた春翠の方法論は、現在になお生きているのである。

春翠は、語り方や芸風については何もいわなかったが、芸人としての心構えについてはうるさく指導していたという。まだ入門から日が浅い澤登翠を連れて北海道の網走刑務所に慰問に行った時のこと。故障で緞帳《どんちょう》が上がらなくなってしまったことがあったという。春翠は澤登に「しばらく何か話でつなぎなさい」と求めたが、居並ぶ受刑者たちを前にして澤登はとても耐えられず、数分で引っ込んでしまった。その時春翠は、「弁士たるもの、何があるか分からないのだから、常に話題を用意しておかないとダメだ」と厳しく叱《しか》ったという。

その一方で、後世にも、芸に触れられるようにという思いから、レコードや弁士解説版のビデオ制作に積極的に関わっている。もちろんマツダ映画社を維持するためのビジネス的な必要性は意識しつつも、一方で「芸を残す」ことに関してのこだわりからの活動であった。

ここまで触れた通り、原則として、弁士はライブで聞くからこそ楽しめるものであるはずだ。しかし、弁士の語りを録音したバージョンは、上演という限られた機会に参加できない映画ファンにも、広く弁士の存在を知らしめることができるという点で大きな効果がある。だが、録音版を聞いただけで弁士のなんたるかを判ったような気になられてしまうのも困る。

実際、私自身、「もっとどんどん弁士解説版が発売されればいいのに」と映画ファンの友人にいわれて困ってしまったことがある。興味を持ってもらえるのは嬉しいのだが、弁士は本来ライブで観るからこそ、魅力が感じ取れるものであるはずである。つまり、解説版を体験して弁士に興味を持った層を、いかに実際の公演へ引っ張り出すかが、問われているということなのだろう。

春翠がマツダ映画社を運営するにあたって、手さぐりの中で確立していったビジネススタイルとは、資産を再生産可能なソフトとしてどう運用するかということだった。だからこそビデオパッケージ化にも熱心で、気軽に弁士に触れられる機会を作った。それでいて収蔵フィルムは積極的に貸し出し、弁士公演にも意欲的だった。

ビデオを発売すると、誰も映画を観なくなる、という危惧《きぐ》は、当時の映画人に強かった。だが春翠はより柔軟で、ビデオが無声映画と弁士の魅力をファンに知らしめる武器になり得ることに気付いていた。

現在のマツダ映画社の公式HPを見て感心してしまうのは、弁士付き上映をしてみたいと思った層へのサポートが、実にきめ細やかだということだ。日本映画・洋画の人気作品をベスト一六まで挙げていたり、学校公演や初心者向けの企画パックプランも用意している。三万円から一二万円まで、一六ミリフィルムのレンタル料も示して明朗会計である。

現在も存続するライブの場である無声映画鑑賞会は、会員制度で観上手な常連客を育て、会費と

図6－8 『瞼の母』

いう安定収入を確保するシステムとなっている。現在の若手弁士たちが口を揃えているのは、無声映画鑑賞会の観客が、いかに目が肥えていて、遠慮なく意見してくれるかということだった。扱い方や演じ方に迷っている作品があれば、まずは無声映画鑑賞会にかけて、反応を見る。これでだいたい道が拓《ひら》けるのだという。親子二代・三代と続く熱心なファンが多いのは、それだけ最先端の芸が楽しめる場だからだろう。

　春翠は、映画の発掘・修復に関しても先駆者だった。この点で大きな影響を与えたのが、無声映画鑑賞会の顧問を務めていた稲垣浩である。春翠が行った『瞼《まぶた》の母』（一九三一）（図6―8）の修復に関しては、監督の稲垣の意見を聞きつつ、稲垣が持っていた絵コンテなども参考にして、かき集めてきた六本ほどのフィルムを組み合わせて、初公開時に近い形のフィルム修復に成功した。

　フィルムをじっくり検証していくと字幕の中に「二鳥一石」という奇妙ないい回しが見つかった。これは意図的なものなのか。春翠がおそるおそる聞いてみたところ、稲垣は「そんなはずはない」と否定した。ではこの字幕はどこから生まれたのか。稲垣が手元にあった字幕と突き合わせてみたところ、気付かないうちに誤記していたことが数十年ぶりで判明した、という笑い話のようなエピソードもあった。もちろん手書きの字幕なので今さら直せない。というわけで、今もそのままだということである。

一方、春翠の修復は時代が早かったこともあって、時に粗悪なコピーをしてマスターを捨ててしまったりするという問題もあった。だがそれは各地のアーカイブで起きていたことであり、春翠だけを責めることはできない。関係者の協力と複数の資料を参考に、完全版の修復を試みるスタイルとしては、むしろ先駆的ですらあっただろう。

春翠にとって稲垣は、父であり師でもあるような大きな存在だった。それだけに一九八〇年に稲垣が死去した時の動揺は大きく、無声映画鑑賞会の檀上で思わず「もう会は止める」といい出し、周囲が必死で止めにかかる騒ぎとなった。まさかその七年後に自らも他界することになるとは思ってもいなかったことだろう。一九八四年にはドイツとフランスで初の海外公演もこなした。まさに充実した晩年で、死の前日まで舞台に立っていたという。

春翠の個人商店のようにいわれることもあった無声映画鑑賞会だが、澤登翠という後継者を育成できたこともあって、着実にその後も活動を続けてゆくことになる。澤登については、次章で詳しく触れることにしたい。

春翠は「若い人に無声映画を観せたい」といい続け、無声映画鑑賞会も、決してオールドファンだけのための閉じた場とはしなかった。

無声映画鑑賞会は、二〇一九年には、とうとう六〇周年を迎えた。春翠の努力が実り、若い映画ファンも途切れず、熱心に詰めかけるという。すべての世代に開かれた場として、今なお健在だ。

鳥羽幸信と「映画の歴史を見る会」

東京圏の無声映画上映拠点には、往年のスター弁士たちによる「弁友会」、松田春翠による「無声映画鑑賞会」、そしてもう一つ、文部省職員だった鳥羽幸信が中心になって開催した「映画の歴史を見る会」（図6―9）があった。

現在では、存在自体がほぼ忘れ去られているので、改めてその活動を振り返ってみたい。一九五四年に始まり、七二年まで続いた上映会は、文部省の芸術祭関連行事の一環として毎年実施された。当時観客に配布されたプログラムによれば、「映画の誕生から無声末期までの明治、大正、昭和にいたる映画文化の足跡をしのぶことを目的として企画されたものであります」とある。

上映される作品の大半は洋画で、第一次世界大戦前のヨーロッパの作品が非常に充実していた。これは、著名なコレクターでもあった鳥羽のコレクションで、そこには本国にも残されていない貴重なフィルムがいくつも収蔵されていた。もちろんそれだけで二〇年近い上映を続けて行くのは不可能で、途中から早稲田大学演劇博物館などにも協力を仰いだ。ドイツ映画では、ハンス・ノイマン監督『闇の力』（一九二四）、ループ・ピック監督『野鴨』（一九二六）、フランス映画では、ジャック・フェデー監督『女郎蜘蛛』（一九二一）など、現在では上映される機会がほとんどない作品が多

図６－９　「映画の歴史を見る会」パンフレット（写真提供：片岡一郎）

数含まれていたのは、注目に値する。

上映にあたっては、弁友会が全面協力、生駒雷遊、山野一郎、谷天朗ら著名弁士がずらりと並ぶ豪華な公演が実現した。ただし、無声映画の多様性を紹介することを第一としたため、当初はフィルム一巻分だけを抜粋して見せる形式で、ずいぶんと慌《あわ》ただしいものだった。豪華な弁士陣の魅力もあって、毎回超満員で入場を断らなければならないほどの盛況だった。しかし、ファンの中には、文句をいう者もあったのだろう。一九五七年の「アメリカ映画史の回顧」特集あたりから、数本の作品に絞って全編を見せる形式に移行していく。

上映作品の中に日本映画がほとんどなかったのが気にかかるが、一つにはきちんとした状態で映写できるフィルムが乏《とぼ》しかったという事情もあるだろう。フィルム保存で先行した欧米作品の実例を見せることで、映画ファンの啓発を促《うなが》す意味もあったようだ。一九六〇年第七回における開催趣旨には、「映画文化保存の重要性と、フィルム・ライブラリー設立への関心を深めることを目的として企画されたものであります」とある。

やがて、東京国立近代美術館フィルムセンター（現国立映画アーカイブ）が一九七〇年にようやく設立されると、間もなく活動を終えている。鳥羽はフィルムセンターで長らく主幹を務め、映画保存の足場作りに尽力した。その業績を受け継ぎ、フィルムセンター（当時）では、二〇一八年の修復プログラム「発掘された映画たち」にて、「復元された弁士解説版」なる上映を行っている。鳥羽の「映画の歴史を見る会」において、弁士解説付き上映の音声を録音した六ミリテープが残されていたため、現存するフィルムと組み合わせて、新たに弁士解説版を作ろうとするものだった。大御所の弁士たちは全員他界しているため、当時の公演の様子を知ることができるこうした試みは、本当にありがたいという他ない。

この解説版は、『日露戦争記録』（一九〇四）國井紫香、『旧劇 太功記十段目 尼ヶ崎の段』（一九〇八）大蔵貢、『ジゴマ』（一九一二）山野一郎、『小羊』（一九二三）梅村紫声という、実に豪華な顔ぶれ。だが、観た人の話では、なかなかきれいに語りと映像のタイミングが合わなかったようで、そのあたりはさらなる技術革新を待つ他ないのかもしれない。

ともかくも、記録さえ残しておけば、後の世代が何らかの形で活用する足がかりにはなる。鳥羽の、そのあたりの周到《しゅうとう》さはさすがである。現代の研究者と違って、鳥羽が異色だったのは、徹底した趣味人の顔を持っていたことだろう。自らも「羽鳥天来」を名乗り弁士として活動していた。「映画の歴史を見る会」でも、大御所たちに交じって公演していたようで、なかなかの強心臓である。しかも「映画の歴史を見る会」だけでは満足できなかったようで、一九五六年一二月一三日、虎ノ門共済会館講堂にて、泉天嶺らと「無声映画を楽しむ会」なる弁士付き上映会を実施、出演も果たしている。上映作品は『バビロンの女王』（一九〇六）、『女郎蜘蛛』（一九二二）など。「映画の歴史を見る会」のパンフレットに、ちゃっかり上映会の告知を掲載しているのが面白い。

さらに時代は過ぎ、鳥羽がフィルムセンターを退官した後の一九八〇年七月一〇日、東京都江戸川区小岩図書館で「名作無声映画を見る会」（図6―10）がスタートする。映画ファンで元商社マンの横溝良夫が、鳥羽に持ちかけて鳥羽コレクションを上映する場として発足した。横溝が作品の字幕を翻訳し、鳥羽が弁士を務める。毎月第三土曜日の定番として上映は続き、鳥場が没した一九九二年以降も継続されたが、弁士の確保が難しくなったことから、一九九三年三月、一五三回目で活動を終えている。最初は地域住民のための小さな催しとして始まったが、後には全国から観客が詰めかけるほどの評判を呼ぶこととなった。五〇回目に米映画『つばさ』（一九二七）を上映した際は、三〇〇人も集まったという。

図6－10　第97回「名作無声映画を見る会」パンフレット（写真提供：片岡一郎）

直接の関連は不明だが、私の手元には「第三回名作無声映画を見る会」なる催しのチラシがある。会場は名古屋市芸術創造センターで、開催日は一九八七年六月四日。ドイツのアニメ映画『アクメッド王子の冒険』（一九二六）、米映画『ラ・ボエーム』（一九二六）が上映された。もちろん弁士は鳥羽自身で、小岩図書館の評判を聞いて依頼が寄せられたのだろう。これ以外にも、並行して東京都港区のみなと図書館にて、「名作無声映画鑑賞会」を定期的に開催していたようだ。大阪の関西無声映画愛好会の招きで、一九八一年二月二〇日に、大阪アメリカン・センターにて米映画『殴られる彼奴』(一九二四)などを公演した記録が確認できる。鳥場は、おそらくこうした依頼を活発にこなし、全国を巡っていたはずである。

プロ弁士の系譜とは別に、アマチュアとして膨大な公演をこなす、こうしたスタイルがあり得たことも、戦後弁士の活動として興味深い。鳥羽は弟子もおらず、簡単に聞ける録音も残っていないことから、今となってはその公演がどのようなものだったかを知るのは難しい。かつて鳥羽の公演を聞いたことのある人に尋ねてみたところ、「学芸員の解説のようなスタイル」「字幕をただ読み上げるだけ」といった味気ない回答が目立った。本当だろうか。

国立映画アーカイブに問い合わせてみたところ、鳥羽自身による「映画の歴史を見る会」での公演音声が録音保存されているという。多くはオープンリールテープのため再生が難しいが、ジェームズ・クルーズ監督による米映画『幌馬車』(一九二三)だけはデジタル化されており、閲覧することができた。

実際に聴いてみると、塩辛声《しおからごえ》でベランメエ調。予想外に強烈な個性に驚かされた。

「そもそもアメリカインディアンの血統は、デラウェアで一歩も引かぬアルゴンキンに属し種族を分かつこと三百有余。ロッキー西方に属するのはテブロ、ナバホ、シャイアン衆、コマンチ、アパッチ、ホーニー、ブラックフッドと数ある中で、分けて狂猛《きょうもう》をもってうたわれるのが、このクーロー族でござりまする」

といった具合で、調子よく言葉を並べ、蘊蓄《うんちく》を披露するところは夢声風だ。その一方でセリフでは「キューッと腹に染みわたらあ」「ちょっと上がらしておくんなさいよ、よござんすか」といった、ミスマッチな江戸弁が使われ、生駒雷遊風である。

弁友会弁士らのパトロンであるかのような立ち位置にいたのは、研究者としてほめられたことではなかった。だが、その弁士としての腕前は、道楽の旦那芸と切り捨てるには惜しい、非常に味のあるものだった。そうでなければ退官後に一二年も続けられたはずはない。活動弁士としての鳥羽幸信＝羽鳥天来は、十分に再評価に値する技能を備えていたと指摘しておく。

無声映画を守る会

さて、ここまで東京圏を中心に見てきたが、もう一つの弁士の拠点、関西ではどうだったのだろうか。名だたる弁士が多数いたのだから、上映会は活発に行われていたはずである。

熱心なファンはおり、需要はあった。問題は、関西には東京のマツダ映画社のような、豊富なフィルムコレクションを持つ団体がなかったことだった。個人コレクターは何人もいたが、外部への貸し出しには消極的で、すぐ目詰まりを起こしてしまう。やはり弁士が活動を続けるためには、映画の発掘・収集が欠かせない。

時代劇の拠点であった京都府は映画産業の振興に熱心で、かなり早い時期にフィルム収集に乗り出すが、外部への貸し出しは行われず、弁士付き上映の促進には限界があった。事態が動き出すのは、二〇〇七年。弁士ではない上映運動家・安井喜雄のフィルムコレクションが、神戸映画資料館で定期的に公開され始め、待望の若手弁士・大森くみこ（第8章で詳述）の誕生につながった。少し先走ってしまったが、時代を追って経緯を振り返っていこう。

関西において、弁士付き上映の老舗といえば、第4章でも少し触れた「田中映画社」だろう。創立はなんと一九一〇年というから、すでに一〇〇年以上の歴史を誇る。創業者の田中義人は破天荒な人物だったようで、海外に密航して蔣介石に会ったり、大物政治家・犬養毅の応援弁士をしたり、川上音二郎とオッペケペー節を歌ったりと様々な活動をした。また、マキノ省三に映画作りを学び、自ら弁士としても活動。尾崎紅葉率いる硯友社の巖谷小波とともに、目で見て耳で聴く視聴覚教育の必要性から全国を回る。関西で映画の製作・配給を手がけるようになり、映画が不良文化のように白眼視されていた時代に教育映画を製作、座り込みをして訴え中之島公会堂や学校での上映を勝ち取り、視聴覚教育の元祖と呼ばれるようになったという。その一方で弁士を多数抱え、地方巡業による自主上映も手がけていた。全盛期には大阪・萩之茶屋に巨大な屋敷を構え、五〇人の弁士・楽団を住み込みで世話していたほどだった。トーキー到来以降、規模は少しずつ縮小していったものの、娘の田中一子と孫の松岡優により、現在も弁士付き上映のプロデュース活動は続けられている。

全盛期を知る弁士のうち、もっとも近年まで活動していた浜星波（図6―11）もまた、田中映画社の下で活動した弁士の一人だった。浜は「活弁一代」（「朝日新聞大阪版」一九八八年六月一日～六月二四日）なる、全二〇回にわたる新聞連載の聞き書きを残している。

浜が戦後、当時紙芝居をしていた三露一郎に誘われて旧作フィルムの上映を始めたのは一九四九年というから、やや遅い。

「一回の巡業は二十日間前後。弁士三人と五～六人の楽士が一組になり、近畿の地方都市を一日か二日ずつ興行していくんです。播州、泉州、大和と方向を変え、写真〈映画〉を取り換え、また回ります。〈中略〉普通の映画や百人ぐらいしか入らない劇場が、我々の一行が行くと五、六百人入るんです。映画会社が脅威に感じて、フィルムの貸し出しを断るほどでした」（第一二回「再出発」）

図6－11　浜星波（写真提供：神戸映画資料館）

このブームは一九五四年ごろに下火になり、その後は「四国や中国、九州に足を延ばすことにしたんです。一回の巡業は一カ月ほど」（第一五回「じんた」）と、さらに地方巡業を続けた。浜によると、第二次ブームが起きたのは一九六六年ごろ。三露とともに各地のホールを巡ったという。

浜はもっぱら時代劇を専門としたが、むろん洋画を好んだ層もいた。先ほど触れた関西[18]無声映画愛好会という団体は、残されたチラシから洋画を中心に活動していたことが分かっている（図6—12）。手元にあるもっとも古い時代のチラシは一九七一年九月九日のもので、八一年に一〇周年を祝うチラシも別にある。ということは、七一年の初めに発足したということだ。もともと大正時代から鑑賞映画記録をつけていた、洋画ファンの永見克也と笠谷晃太郎が名乗っていたグループらしい。弁士は鳥羽以外には、今泉伍郎が確認できるのみだ。犬養一郎の解説はテープで、その後は録音音楽のみでお茶を濁していたという、少々さびしい会だったようだ。

「無声映画の名作を、まだ一度も見て居られぬ方達に、出来得る限り往時の上映の姿で見ていただいて、現在の無味乾燥のつまらない映画に対して、警鐘を鳴らし、新しい映画の進歩に資する様にしたいと思っています」

このようにパンフレットにはある。実に志は高く、帝キネの往年の名カメラマン柴田勝（大森勝）が寄稿するなど、パンフレットは資料性も高いのに、もったいないことだった。もともと洋画ファンは少数派で、広がりに欠けたのかもしれない。

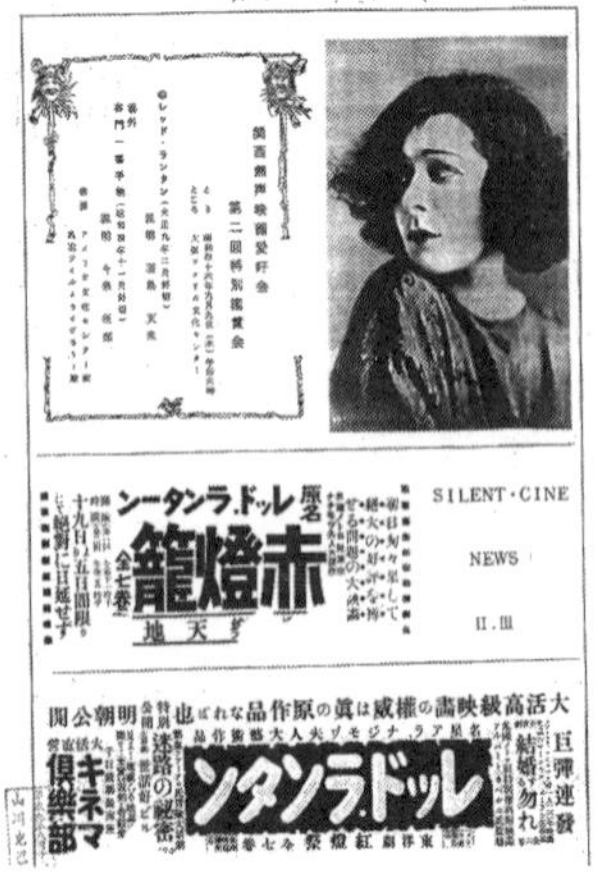

図6－12 「関西無声映画愛好会」パンフレット（写真提供：片岡一郎）

現在の関西の映画ファン文化は、神戸映画資料館館長を務める安井喜雄ら一九六〇～七〇年代の名画座・上映運動で活躍した世代によって継承されている。従って、安井と交流が少なかったグループの資料はほとんど残っていない。関西の黄金時代弁士たちも、安井とはほとんど交流しておらず、そのまま消えてしまっている。本当に惜しいことだ。

これに対して、安井ら若手と積極的に交流したことで、記録が現代に残ったのが「無声映画を守る会」だった（図6―13）。浜星波は、こちらに深く関わり、弁士を担当していた。このあたりは、次章で詳しく語ることになるだろう。

今回の調査にあたっては既に物故者が多く、残っている関係者も高齢で、話がかなり不鮮明になりかけていたのだが、幸い紙資料を発掘できたため、一気に事実が明らかになった。一九八二年二月二八日の無声映画を守る会第一〇回記念鑑賞会で配布されたパンフレットに、発足当時の話が記されていた。

発端を語っているのは、副会長の大村圭助だ。

「国鉄片町線鴫野《しぎの》駅近くにあったシギノ大劇で阪妻の『血煙高田の馬場』その他で第一回無声映画祭として開催されたのは、去る〈昭和〉四十九〈一九七四〉年十二月一日、奇しくもそれは『映画の日』であった。湯原支配人の創意企画によるこの催しは大変な大当たりであったが、毎月一回と回を重ねるたびに限定された古典フィルムの供給困難や客足の低下は、経営者たる株式会社ササキにとってはアタマの痛いこととなり、ついに第六回で最終回を迎えることとなったのである」（「『無声映画を守る会』発足当時の思い出」）

上映会が行われた当時は、テレビの台頭により、映画の地位がじわじわと低下していたころだ。その時に思い切った企画で当たったわけだが、それだけでは長続きしないという厳しい現実を突きつけられた。

当時の映画に詳しい方は既に気付いているだろうが、「阪妻の『血煙高田の馬場』」はそもそも無声映画ではない。無声映画的な演出を取り入れてはいるが、トーキー作品であり、音声を消して弁士が語っただけのことだった。『血煙高田の馬場』の弁士付き上映は現在もなお頻繁に行われている定番ではあるが、これを第一回に持ってこざるを得なかったところに、当時の関西における弁士付き上映の苦しさがあった。

当時、一九七四年には、もう大半の上映可能な無声フィルムは、収まるべきところに収まるか、コレクターに死蔵されるか、どこかの倉庫で忘れ去られるかという有様になっており、戦後間もないころのように、

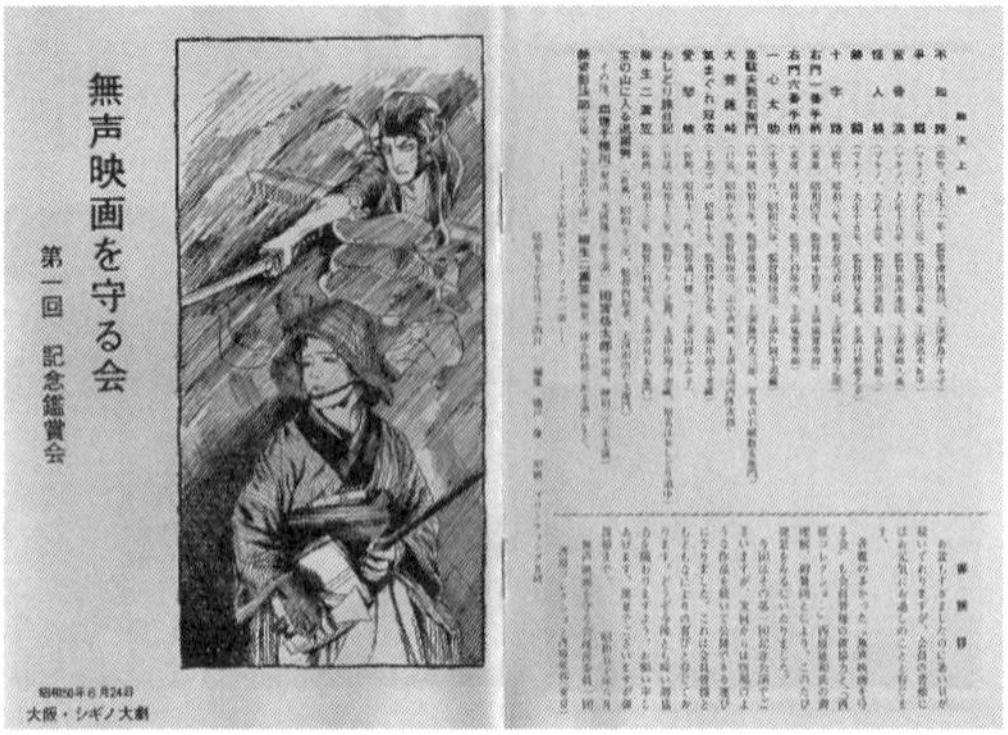

図６－13　「無声映画を守る会」第1回パンフレット（写真提供：神戸映画資料館）

いくらでも集められたわけではなくなっていた。無声映画への需要はあったが、上映に耐える新たな作品を見つけ出すのは至難の業で、潤沢なフィルムを持っていたマツダ映画社を羨望《せんぼう》とともに睨みつける羽目になるというわけだ。

だが今さら気付いてももう遅い。興行師たちは、金にならなければ手を引くだけだが、映画ファンはそれで諦《あきら》められるわけがない。かくして、自分たち自身で上映をやろうと腹をくくることになるのである。こうなったら、ファン同士の伝手で、フィルムを借り受けるしかない。「無声映画を守る会」は、そういう背景のもとに発足したものだった。

一九七五年六月、ファン有志が大阪・京橋の喫茶店に集い、会長に活動弁士の美露一郎[19]（図6―14）、副会長に高畑陽太郎、大村圭助、事務局長に湯原信男が選出された。

ここで湯原と交流があった東京のコレクター・西原延和からフィルムを借り受ける方針が決まり、役員は一路東京へ。『御誂次郎吉格子』（一九三一）、『修羅八荒』（一九二六）、『無筆の復讐』（一九四〇）を借り受けることが決まった。いずれも現代まで保存されている作品だが、全勝キネマの『無筆の復讐』は、ほとんど上映される機会がなく非常に珍しい。まさに第一回にふさわしい、非常に豪華なラインナップなのだが、宣伝不足もあってか一九七五年八月二四日の興行は惨敗。それでも「次こそは」と意欲を燃やすのが、ファンの執念なのだろう。

第一回のパンフレットを見ると、最終頁に西原のコレクションがずらりと並び、ここから以降の上映作品を選んでいくことが予告されていた。だが実際にはリスト内の西原のフィルムはあまり使

図６－14　美露一郎（写真提供：大阪映画教育）

われていない。いろいろあったのだろう。結局、苦労してやりくりを続けていくことになる。

第三回には、初期トーキー作品の傑作として知られる衣笠貞之助版『忠臣蔵』（一九三二）の音声を消して弁士付きで上映する苦肉の決断を下す。それは、オリジナル版を別作品で補った再編集版の珍品だったためである。『神崎東下り』（一九四二）、『天野屋利兵衛』（一九四〇）、『四八人目』（一九三六）、『仮名手本忠臣蔵』（一九二七）と、いずれも無関係な外伝作品が挿入され、要領よく水増しされていたという。現在国立映画アーカイブに保存されている『忠臣蔵』のフィルムは、また別の『赤垣源蔵』（一九三八）が挿入されたバージョンで、そうした再編集を誘う傾向がある作品なのかもしれない。この「守る会」バージョンのフィルムも見てみたいものだが、今はどこにあるのだろうか。

初期の担当弁士は不明だが、おそらく代表の美露一郎だったのだろう。だが美露は一九七六年に死去。第六回から浜星波の解説と大野正夫らの伴奏が明記されるようになった。上映会は何度かの中断を挟みつつも、一九九一年第二一回まで続いたことが確認できる。この年、浜は没しているので、おそらくここで終わったのだろう。一六年間で二一回とはスローペースにも程があるが、だからこそ、ここまで続いたのかもしれない。

第四回には、可燃染色版『からくり蝶』を上映するなど、かなり大胆な試みもしている。今では上映が難しくなってしまったが、実は可燃性フィルムがそれほど簡単には発火しないことが分かり、欧米ではむしろ入念に安全管理を整えた上で、あえて上映するイベントも実施されているという。可燃性フィルムによる上映は、それはそれは美しいものだそうだ。一度観てみたいものである。

趣味こそ教育

こうした「無声映画を守る会」の悪戦苦闘を逐一《ちくいち》リポートしていたのが、大阪の月刊紙「大阪映画教育」（図6―15）だった。それはなんなのか、と不審に思われる方も多いだろう。視聴覚担当の教職員らで作る大阪映画教育協議会が発行していた、毎月二〜四頁程度（一九七七年から八頁）のささやかな機関紙なのだが、その尋常ではない映画愛によって、驚くべき情報量と専門誌も青ざめるほどの資料性を獲得していた。前章の冒頭で触れた大正区映画連盟の「映画月報」は、この前身に当たる。編集・発行人は、このころから、小学校教諭（後に校長）を務めていた大山英之亮だった。

戦後間もない時期から、無声映画と弁士付き上映および戦前映画の再評価にこだわった編集方針を貫き、まさに第一級の資料を蓄積してきた。それが教職員の映画教育指導にどれほど役立ったかはよく分からないのだが、戦前の日本映画が戦後の関西でどのように上映され、どのように受容されてきたのかを知ることができるのは、本紙があればこそである。無声映画研究者にとっては、足を向けて寝られない、実にありがたい存在といえるだろう。

ここにあるのは、戦後社会を生きた教職員らの信念である。戦前の抑圧的な皇民化教育に協力してしまった反省から、一見無駄なものや役に立たないものに情熱を傾けることこそが、多様な視点を生み、豊かな人間性を築くと考えたのだろう。映画評論家には顧《かえり》みられることがなかった「三流映画」もいち早く再評価し、実際に観た人々の証言を掲載している。

当時から映画ファンの評価は高く、著名な研究者の投稿も多かった。そうした層の要望に応えて、一九四九年の創刊時から一九八八年まで、四冊の「縮刷版」も刊行されている。「縮刷版」は、現在も古書価がかなり高いが、それだけ価値が高いということだろう。

大阪映画教育
スター・ウォーズ
帝国の逆襲
復活の日
VIRUS
6月28日

図6－15 「大阪映画教育」

一番内容が充実していたと思われるのが一九六〇〜七〇年代の時期で、テレビの台頭に伴う映画の没落期に当たる一方、無声映画の全盛期を知る世代はまだ健在だった。そして時代は高度成長期、手に入れた豊かさを好きな映画のために使いたいという層は多かった。かくして、自主上映の花盛りとなり、弁士は引っ張りだこになる。

問題は、上映できるフィルムが非常に少なく、気難しいコレクターが秘匿しているため、トラブルが起こりやすいということだった。なかなかフィルムを貸さない、見せないコレクターは多かった。その最たるものとして、当時東大阪にいたコレクター・安部善重のことが何度も紙面で糾弾《きゅうだん》されているのは興味深い。韓国映画『アリラン』をはじめ、幻の映画を大量に持っていると公言していた安部だったが、没後に調査が入ってみれば、めぼしい映画はほとんどなく、映画ファンは嘆息《たんそく》したものだった。

安部は、映画ファンの淡い期待を巧みに利用し、「持っているが見せない」という曖昧《あいまい》な態度を押し通すことで、自分への注目を集めた。まだまだ日本映画の調査・研究は発展途上で、様々な不透明な領域が残されていた時期である。調査・研究に進展がみられるようになったのは、無声映画を知る世代がほとんどいなくなった二〇〇〇年以降。研究者よりも詳しい映画ファンが消えたことで、「分かっていること」と「分かっていないこと」が区別されるようになったのだ。それまでは、安部のように、研究者が知らないものや分からないものを「持っている」「分かっている」といい張るファンがいた場合、そこに踏み入ることはできなかった。

意図的に情報を隠していないとしても、人物にインタビューを行うのは難しいが、その人物によって書かれた文章は、その人の心の赴《おもむ》くままに綴《つづ》られ、絶対に聞き書きでは引き出せない思いがけない情報を含んでいることがある。

「大阪映画教育」では、多数の一般観客の思い出が掲載されているが、評論家とはまた違う市井《しせい》のファンの目線というのは、こうした形でなければ、なかなか具体的な形でつかみ出すことは難しい。存命中にインタビューしたとしても「面白かった」「阪妻が好きだった」といった、ありがちなやり取りで終わってしまいがちだからだ。当事者本人が、じっくりと時間をかけて書いたものは、断然情報量が違う。

一九七八年一一月一日の二八九―一号に掲載されている、宇治雅一「なつかしの岸和田・吉野倶楽部のころ」では、大都・極東・全勝と三流映画専門で人気を集めた大阪南部の映画館の思い出が、詳細に綴られている。

「今でも活躍の林正夫氏は、この吉野倶楽部専属で、あのチャンバラの最中のかけ声は、子ども心にどんなに嬉しかったかわからない」

林は往年の楽士で、後に大野正夫の楽団に入り、浜星波とともに、戦後長く活動した。

「昭和二十三・四年ごろから無声ブーム到来で、吉野倶楽部では殆ど二、三日限りの期間で上映され、他の館でも亦《また》上映があり、あちこち見に行くのが忙しかった。遂に見逃したのは『傘張り剣法』に右太さんの鳴門秘帖があるが、その後絶えてこの映画の上映はない。三露一郎氏、桂美郎氏共、吉野倶楽部・山陽座、春陽館と南海沿線の劇場を東奔西走、この二十五、六年は両氏とも油ののりきった絶頂期で、時代劇ファンの万雷の拍手を浴びたものだ」

当時、岸和田でも無声映画上映はあったようだ。このように少し中心から少し離れた街で、ひなびた二番館を使ってこっそりと数日限りの上映が行われていたとみられる。福岡や広島での調査結果とほぼ合致するものであり、大変興味深い。

福岡での春翠同様、岸和田市の弁士も劇場を転々としながら、ＧＨＱの追跡を逃れていたようだ。それにしても驚かされるのが、傾向映画の傑作とされ、現存が確認されていない辻吉郎監督の『傘張り剣法』(一九二九)が戦後にも上映されていたということだ。やはりどこかにはあるのではないかという期待が高まってしまう。

それにしても、これだけピンポイントの世界を突いてくると、「大阪」とも「教育」とも関係なく、全国から購読者が集まるものであるらしい。一九八三年五月二二日には、「大阪映協全国読者大会」が開かれ、遠くは千葉や鹿児島から、三四人もの無声映画ファンが集ったというから驚きだ。滋賀県大津市の「さざなみ荘」で合宿が開かれ、秘蔵フィルムの上映会や一流・三流映画に分かれての愛好家談義に花が咲いたという。八三年七月一日の三四五号では、一面全部を使って、大会の模様が詳細に報じられた。

驚かされるのは、この時上映された、断片のコレクションをつないで作られた『忠臣蔵』の一六ミリフィルムに、池田富保監督・尾上松之助主演『忠臣蔵』(一九二六)の追加撮影場面が加えられていたことだ。

松之助晩年の『忠臣蔵』は、近年、京都のおもちゃ映画ミュージアムが発掘し、松之助の再評価につながるものとして、大きな話題を呼んだ。この時、実際には登場しなかった、「錣屋宗伴　大河内傳次郎」のクレジットがあったことが、謎として残った。その後の調査で、松之助の死後に追加撮影した増補版(一九二七)があり、当時売り出し中だった大河内が出演した場面が加えられていたことが判明する。発見されたフィルムは増補版を土台としたものであるようだが、残念ながら大河内の場面は残されていなかった。

それが、この時の上映会では、この場面のフィルムを持ち込んだ参加者がいたというのである。その場で鑑定したコレクターの御園京平（『活辯時代』の著者でもある）は、「これは何よりの大会の白眉《はくび》だよ」と感嘆した。同じく参加者として同席した浜星波がこれに「江戸の空は白一色の銀世界、恨みに積もる暮れの雪」とドスの利いた迫力で畳み掛け、「一同ヤンヤの喝采《かっさい》であった」という。誠にもって、「大阪映画教育」は宝の山である。

安井喜雄が見た関西の無声映画上映

ここまで見てきた通り、映画ファンの情熱という点では、東京よりむしろ関西の方が勝っていたかもしれない。弁士付き上映の灯は、ファンたちの手で守られてきたのだ。だが、肝心のフィルムがなければ、その情熱を生かす場も持てない。神戸市長田区の神戸映画資料館で館長を務める安井喜雄は、関西における映画フィルムの発掘と上映運動の草分けというべき存在だ。先輩ファン層の苦闘を見てきたからこそ、安井は映画コレクションへの道を選ぶことになる。

一九七四年以降、東京の国立映画アーカイブに比肩《ひけん》する巨大なフィルムコレクションを独力で築き、その収蔵本数は一万七〇〇〇本を超え、今なお増加中である。

偏屈なコレクターたちとは違い、学生時代の上映運動からスタートしている安井は、コレクションを公開し、劇場への貸し出しも受け付けている。多くの研究者が安井のコレクションを土台に調査を進め、羽ばたいていった。

御園京平亡き後、安井はもっとも無声映画に詳しい存在の一人とされ、広く慕われている。ところが意外なことに、子どものころに無声映画を見たことはないという。地元の関西弁士を最初に見たのは、一九七五年八月一六〜一七日に大阪の堺大劇で開催された「無声映画祭」だった。当時安井は大学生だったが、そのチラシが今もきちんと保存されているのには驚かされる（図6—16）。コレクター気質は生来《しょうらい》のものなのだろう。

この日上映された三本はすべてトーキーで、『赤垣源蔵』、『血煙高田の馬場』そして戦後作品の『天狗の安』（一九五二）の音声を消して弁士が語っただけのものだった。このときの弁士の中に、当時まだ存命だった今泉伍朗が含まれていたのは驚きだ。関西弁士の代表格の一人といって良いだろう。この時代に弁士たちの中心だったのは三露一郎で、没後は浜星波が引き継ぎ、大野政夫の楽団とともに全国を巡っていた。

その興行を仕切っていたのが、明星映画社の森田留次という人物だった。「大阪映画教育」の一九七八年七月一日二八五—二号にも「三越映画祭レポート／頑張る森田留次さん」として、安井自身の寄稿が掲載されているので引用してみよう。

「現役映画人としては、おそらく大阪最古の人である。帝キネ小坂撮影所の現像部、撮影部などを経て、戦前、奥商会と勢力を二分した教育映画会の老舗（現在では日本最古の映画会社）田中映画社の顧問客として活躍、無声映画の上映も、新世界公楽座、シギノ大劇の上映会でマスコミの脚光を浴

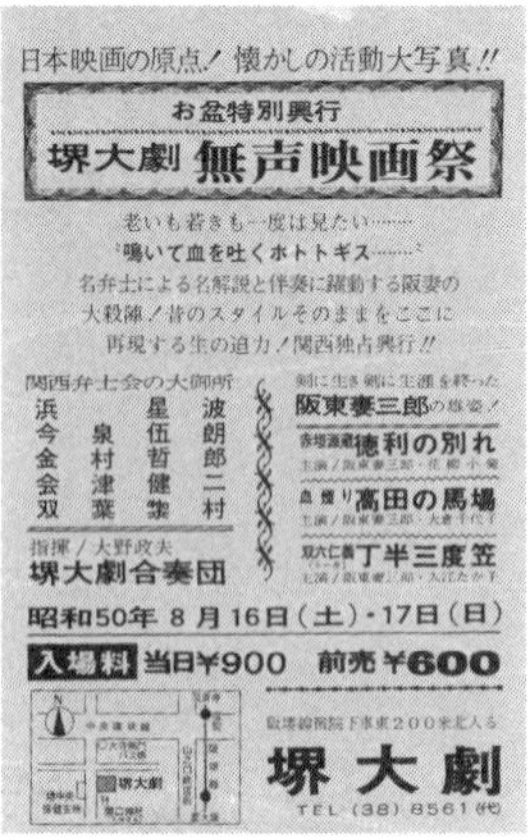

図６−16　安井が最初に観た関西弁士上映のチラシ（写真提供：神戸映画資料館）

びて以来、コンスタントに続けている」

いわば、ここまでに登場した関西での無声弁士付き上映の仕掛け人のような存在だった。この時の上映で無声映画と弁士に関心を持った安井は、森田と接触し、そこから交流が始まる。森田は映画フィルムを発掘しては上映に役立てる形式を取っており、安井が映画発掘のノウハウを学ぶにあたって、森田から得たものは大きい。ここで安井が森田から最初に購入したのが、阪東妻三郎主演の『影法師』（一九二五）だった。森田は上映用のプリントを作ればオリジナルフィルムは不要になってしまうので、安井に安く譲ってくれた。こうして、安井はフィルムを集めるコツを身に付けていった。

驚くべきは、その時のやり取りの書簡を、安井がすべて保存していることだろう。ここから、森田の活動が非常に具体的な形で明らかになった。上映からしばらく経った一九七五年一〇月五日の書簡を見てみよう。森田は、返信が遅れたことを詫《わ》びつつ、多忙な仕事ぶりを紹介している。熊本、島根・松江、鳥取・米子と市民会館での上映に次ぎ、当時大阪の北浜にあった三越劇場での『金色夜叉』上映、天王寺都ホテルで四日間の宴席上映と続くスケジュールを八〜九月でこなしたのだという。この後も、三越での東区役所主催の催し、『血煙高田の馬場』のみで弁士・楽団付き上映、三越で大阪ゆかりの映画三日間特集上映のうち二日分を担当、京都府主催の上映会に弁士と楽団を派遣、というスケジュールが控えていた。

この時代、無声映画上映会が、どの程度のペースで、全国で開催されていたかは、よく分からない。『ぴあ』のような情報誌があったわけではないからだ。そもそも対応窓口が多かったわけではなく、その一方で懐かしの無声映画を再び体験したいという中高年層は多かった。そして彼らの中には富裕層もいた。となると、安定的に弁士付き上映を供給できる窓口に集中することになるだろう。それにしてもホテルでの宴席上映とは……。実は沖縄海洋博で八月に一〇日間無声映画上映をとの依頼もあったそうだが、これはさすがに断ったのだという。

安定的な受注確保のためには、マンネリにならぬよう、新作の供給が欠かせない。つまり埋もれたフィルムの発掘である。この時、森田が入手したのは、マキノ省三の『実録忠臣蔵』（一九二八）と阪東妻三郎主演の『影法師』。マキノの『忠臣蔵』はマキノ旧友会の後援を得て三越劇場にて、一二月一四・一五日に大々的に公開された。松田春翠は、『実録忠臣蔵』を手に入れるにあたっては「千葉にあった自宅を抵当に入れた。結局、借金を返せずに、自宅は人の手に渡った」（「ベタ記事を追って」／「読売新聞」）とあるのだが、このフィルムとの関連はよく分からない。おそらく、人気の高いフィルムは、プリントされてあちこちに散らばっていたということなのだろう。

その一方で『影法師』は脱落が激しく、上映用プリントには筋を説明する字幕を適時挿入して、しのがなければならなかった。「アトの一本すなわち原画は其のままに保存して有り、これなら売ってもよろしいが」字幕はどうするか、と安井に尋ねている。この場合の原版とはネガフィルムではなく、森田が発掘したオリジナルフィルムのこと。原版に鋏《はさみ》を入れることには、「良心的に自責の念に駆られる」のだという。どんどん原版を改変するいい加減な業者が多かった中にあって、それが森田の矜持《きょうじ》だったのだろう。安井が購入したのはもちろん原版のみ。今も収蔵庫に保管されている。皮肉なことに、今となっては原版を持っている方が強い。まさに安井のアーカイブ作りの原点となった一本である。

「大阪の無声映画の最大の功労者」と、森田に対する安井の評価は高い。森田の死後は、フィルムの供給元の一つであった関西の老舗・田中映画社が弁士付き上映事業を引き継いで、現在に至っている。

これに先立ち、安井が目をつけたのが東京の松田春翠だった。春翠は関西での上映会にも時折来ていたため、安井は二度にわたり直接交渉。貧乏な学生が主催するのなら、と格安でフィルムを貸してくれたという。一九七〇年に交わされた当時の契約書が残されているのだが、『瀧の白糸』と『浪華悲歌』を借りたら『折鶴お千』と『東京行進曲』が無料になった。なかなか太っ腹である。ただし会員になること、というのが条件だった。契約書にはしっかり「会員割引」の印が押されていた。このあたりの駆け引きの巧みさは、さすが春翠である。

ただし、春翠を東京から弁士として招く費用は捻出《ねんしゅつ》できなかったため、あえて無音で上映することとなった。先にも触れた通り、当時の若手映画ファンの中には、無音のまま観た方が監督の意図がよく分かると主張し、弁士を嫌う者もいた。蕎麦は汁をつけずにそのまま食べるのが粋《いき》、という主張に近い。正論かもしれないが、やや「やりすぎ」感も漂う。ここまで見てきたように、無声映画全盛期には、無音の上映は決してなかったのだから。

安井も、無音で観るべきかと最初は思っていたが、弁士付き上映を観てみて、「これも面白いな」と考えを改めたという。ただ、自分ではとても弁士を雇えなかった。「無声映画を守る会」で、映写の手伝いをしていた程度だった。つまり弁士のギャラは高かったのである。

戦前の弁士たちが、お互いにとても仲が悪く、付き合うのが難しかったことも、自らの主催による弁士付き上映を避けた理由の一つだ。今泉伍郎、三露一朗、浜星波、勝見宏郎らは「関西弁友会」を結成していたそうだが、東京圏の弁友会よりもはるかに影が薄いまま消滅してしまったのは、本当に残念なことである。

ただ、彼らは仲が悪くてもプロだった。ビデオなどない時代、試写で一回見ただけで、弁士も楽団も息ぴったりに合わせることができたのだという。「これがほんとうに不思議なんや」安井は、しみじみとそう思い返していた。

現在は、神戸映画資料館でも、時折弁士付き上映が行われる。その中でも二〇一二年、大森くみこにデビューの場を与えた功績は大きい。映画のコレクションが開かれた拠点で公開されることで、師となる弁士がいなくても、新たな弁士は生まれ得ることを示した好例といえるだろう。その後の大森の活躍については、章を改めて語ることにしたい。

奇跡の新作無声映画

こうして映画産業の没落期に大きく盛り上がった自主上映であったが、真に無声映画が表現として復活するためには、旧作上映だけでは限界がある。やはり、新作が撮られなければならない。その思いは、この時期に活躍した弁士たる松田春翠にも強かった。

春翠は、無声映画鑑賞会の二〇周年を記念し、新作無声映画『地獄の蟲』(一九七九)(図6-17)を製作する。稲垣浩監督が阪東妻三郎主演で一九三八年に撮った同題作品のリメイクで、検閲に切られズタズタになった無念を晴らす意味もあった。監督は山田達雄。阪妻の遺児・田村高廣が主演し、原典を強く意識した意欲作だった。

だがオリジナル版を公開時に観て、記憶していたファンも健在だった時期である。「元の作品と違う」という不満からか、期待されたほどヒットしないままに終わってしまった。無声映画を作るタイミングとしては、少し早すぎたようである。映画は時代とともに変化していくものだ。だが皮肉なことに、オールドファンの「昔のものと違う」という不満が足を引っ張ることとなってしまった。

春翠の情熱が実を結ぶことになるのは、その七年後。一九八六年に製作された、林海象監督のデビュー作『夢みるように眠りたい』(図6-18)によってだった。このころの林は、大学を中退しバ

図6－17 『地獄の蟲』（写真提供：マツダ映画社）

イト生活を繰り返しながら、「映画監督になりたい」と情熱を燃やす無名の青年にすぎなかった。それが尽きぬ情熱と多くの幸運に恵まれ、今なお繰り返し上映される傑作を完成させるまでのストーリーは、それ自体がよく出来た映画のようですらある。

そもそも林は「映画監督になりたい」とはいっても、映画スタジオで訓練を受けたわけでもなければ、芸術系の大学に在籍していたわけでもない。本当にただ情熱だけ。個人的に借金を重ねて五〇〇万円を調達したが、何か目立つ工夫をしなければ注目は集められない。そこで考案したのが、自身の作品に映画史をなぞらせるコンセプトだった。[20]一作目はモノクロ・サイレント。二作目はモノクロ・トーキー、三作目はカラー・トーキーとなる、というものである。

こうして着手された『夢みる』は、その大胆なアイデアに惹かれた著名映画人を多数スタッフに迎えることとなった。美術に大御所・木村威夫、撮影に長田勇一、衣

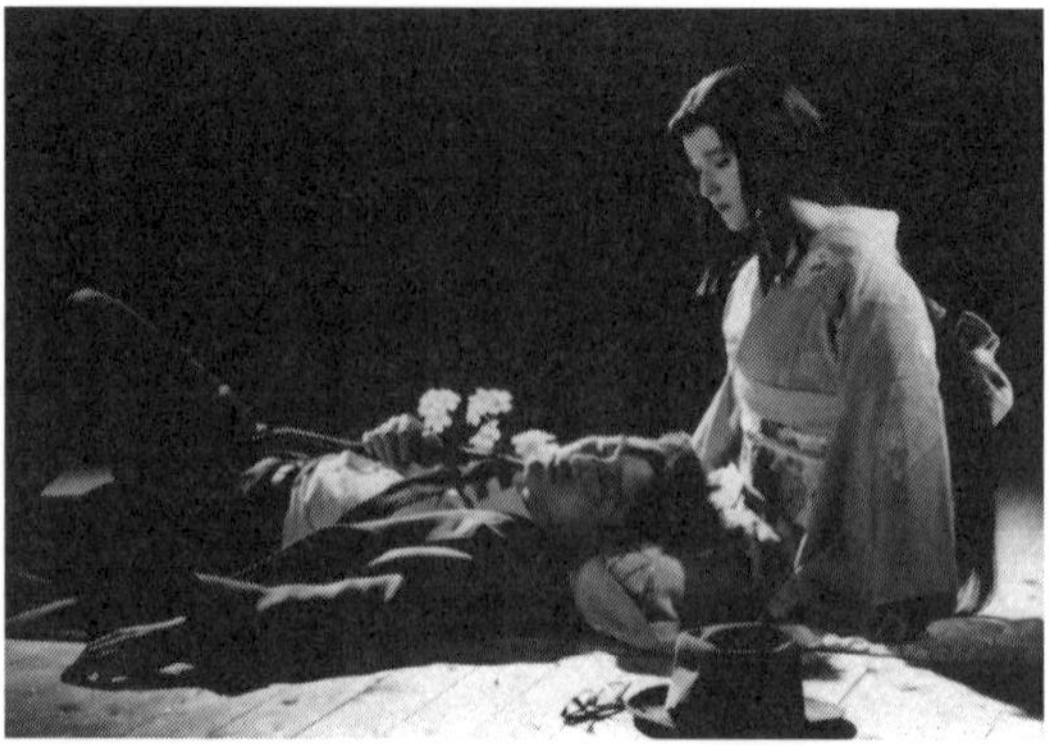

図6－18 『夢みるように眠りたい』（写真提供：林海象）

装にグラフィックデザイナーの長澤均、音楽にあがた森魚といった具合である。

　出演者も錚々たるもので、これが佐野史郎の映画デビュー作となったことはよく知られている。敵役・Mパテー商会を率いるのは大泉滉、依頼主たる大富豪を演じるのは往年のスター・深水藤子、老執事は名悪役として愛された吉田義夫。櫛屋を演じた草島競子は、戦前から活躍していた名脇役で、溝口健二『歌麿を巡る五人の女』（一九四六）では、おまん役を演じている。他にも遠藤賢司や十貫寺梅軒など、実に個性的な顔ぶれが揃っていた。

　だが無声映画なので、この豪華キャストの声を聞くことはできない。全編にわたって声が響くのは、活動弁士・赤柿独楽天役を務めた松田春翠ただ一人だったのである。ただし音楽はあり、扉が閉まる音・物が壊れる音など効果音は施されていた。セリフだけがなく、挿入字幕によって処理される。まさにトーキー時代から振り返った、「ニューサイレント」の名にふさわしい、無声映画の不思議さ、禁欲的な美学をよく表すものといえた。

林は当時を振り返りながら、こう語ってくれた。

「昔のようにまったくの『無声映画』にはしたくはありませんでした。それは弁士あっての無声映画ですから、完全無声の場合は常に弁士が必要となります。その頃も弁士はたくさんは存在していませんでした。そこで弁士はいないが弁士がいる映画を思いつきました」

一九七六年上京した林は、所属していた劇団をすぐに辞めてしまい、身寄りもなく極貧と深い孤独にあえいでいた。その絶望の中で、ただ一つの「希望の光」となったのが、映画であったという。当時公開される映画はほとんど見ていたが、それ以外の映画を観る手段は少なかった。数少ない例外が春翠主催の「無声映画鑑賞会」で、次第にその魅力に没頭していく。映画本で無声映画の存在を知っていたものの、実際の公演を観ることができたのは、大きかった。もともと無声映画のスタイルにあこがれていた林は、次第に自分が最初に撮るべき映画の構想を固めていく。

物語の舞台は、昭和三〇年代の東京。私立探偵の魚塚は、謎めいた富豪・月島桔梗から、誘拐された娘・桜を取り戻してほしいとの依頼を受ける。Mパテー商会を名乗る犯人グループの足取りを追う魚塚は、失われた幻の映画『永遠の謎』との深いかかわりを知ることとなる。

Mパテー商会とは、実際に映画創成期に活躍した製作会社の名称から取られた。全編にわたって、こうした映画史へのさりげない言及がいくつも含まれており、メタフィクション的な表現、つまり「映画に関する映画」としても興味は尽きない。製作を通じて知り合った先人たちから教えを受け、それを映画に取り込むうちに、物語はより豊かになり、着地点に向けてすべてがあるべき姿に収まっていった。優れた映画ができる時というのは、案外そうしたものなのかもしれない。

「無声映画鑑賞会で無声映画について多くのことを実践的に学びました。と同時に図書館に通い無声映画の歴史を調べました。そこで無謀にも松田先生に出演をお願いしましたら快諾頂きました」

若者への継承を重んじていた春翠は、林の情熱に、希望の光を見たのかもしれない。今となっては、その慧眼に驚かされるばかりだ（図6―19）。

『夢みる』の中には、近年の映画保存研究の中で、ようやく私たちが共有しつつある事柄が、すべて揃っている。フィルムの命がはかなく失われやすいこと、無声映画は無音で観るのが正解というわけではないこと、弁士は映画の敵ではないこと。

「驚くことに『夢みるように眠りたい』のシナリオを春翠先生に読んでもらった時に、先生から『まったくこの通りだ』といわれました。あの映画で話している春翠先生のセリフは私が全部書いたものをそのまま話されています」

やがて西武系シネセゾンの邦画配給第一弾としてスタートした上映は、思いがけない大ヒットとなり、結局七〇〇万円かかった製作費は、わずか一週間で回収できたという。

林は「今でもこの映画に対してはすごく感謝をしてる。この作品のお陰で〝映画監督〟になれた訳だからね」（「シアター芸術概論綱要 Vol.01　映画監督 林海象」／Mastered）と回想している。

多くの映画が上映後ほどなく忘れ去られてしまう中にあって、今も繰り返し上映され、坂本頼光ら現代の活動弁士が、音声を消して自分の語りで見せる「弁士付き上映」も試みているのも興味深い。

完成時、既に春翠は体調を崩していたが、なんとか一度観る機会を持つことができた。息子の誠の記憶によれば、春翠は満足げにただ一言、「いい映画だ」と語ったということである。

一九八七年六月、無声映画鑑賞会でも、『夢みるように眠りたい』を上映。それを見届けるようにして、八月八日、春翠は他界する。

無声映画の灯を消さない、次世代へ受け継ぐことを誓った春翠にとって、まさに人生の締めくくりにふさわしい「白鳥の歌」だったといえよう。それは、無声映画と活動弁士への限りない愛に満ちた物語であり、映画がもたらす奇跡を描いた物語だった。無声映画は過去の遺物ではなく、現代に生きる表現であることを示し得た功績は極めて大きい。

そのころ、時代はバブル景気の真っただ中。映画のビデオパッケージ化が進み、街はミニシアター文化が花盛り。弁士と映画の関係性は、新たな時代へと、いやおうなく進んでいくことになる。

図6－19　最晩年の松田春翠、1985年第一回東京都文化賞受賞時（写真提供：マツダ映画社）

●17 『ハワイ・マレー沖海戦』 息子の誠の話では、春翠が福岡時代に最初に購入したのがこの作品であるらしい。「誰も買い手がいなかった」とのことである。当時、旧作のフィルムは普通に売り買いされていて、現地で購入してそのまま公演に使ったものも多かったようだ。
●18 関西無声映画愛好会 神戸映画資料館館長の安井喜雄の証言に基づく。
●19 美露一郎 「守る会」の配布パンフレットに基づく表記。先述の浜の証言では「三露一郎」となっている。他の資料でも「三露」としている表記は多いが、時に「美露」としているものもあり、単なる誤記かそれとも使い分けていたかは不明。以降、参照する資料の記載に従い表記揺れが生じるが、同じ人物を指す。
●20 一作目はモノクロ・サイレント～ 林海象の映画史三部作は、一作目の『夢みるように眠りたい』に続くモノクロ・トーキー作品『二十世紀少年読本』（一九八九）は実際に製作されたが、カラー・トーキー作品『笑の王国』は、実現せず現在に至っている。

第7章

東西の継承者

——澤登翠と井上陽一

ビデオ時代と弁士

これまでも映像メディアの変遷とともに、大きく姿を変えながら存在感を刻み続けてきた弁士たちだが、ビデオ時代の到来が、東西で弁士の世代交代と重なったことは、大きな意味を持つこととなる。東京の松田春翠、一九八七年没。関西の浜星波一九九一年没。

これで戦前から活動している弁士がすべて消えたかというと、実はそうでもないのだが、極端に活動の規模が小さかったり、後継者を育てる気が一切なかったりで、ほとんどここで語るには値しない。ビデオ時代以降は、画質にこだわらなければ、粗悪な海賊版ビデオを手にして各地を廻り、ほぼ無予算で上映が続けられるようになった。だが、そういったモラル的に問題のある活動は、取り上げるつもりはない。

テレビでの弁士付き無声映画の放映は、早くも一九五〇年代から始まっていた。ただ、作品を強引に二〇分程度に切り詰めてしまったり、弁士ではなくタレントに弁士役をやらせたりと、物議を醸すことが多く、一般観客層への浸透という点では、多数の問題が残されていた。

テレビは、各家庭に映画館が設けられたようなもので、交通費も入場料もいらないテレビが映画を圧倒するのは当然のことだった。テレビは、先行する映像メディアだった映画を、空いた時間を埋める素材と考え、気ままに切り刻んだ。

だがビデオ時代の到来により、個々の作品はパッケージ化されて取引されるようになる。テレビモニターは放送受像機専用ではなくなり、借りてきたビデオを見たり、ゲームをやったりと、多様な使い方が広まっていった。つまりビデオはテレビ局にとっても重大な脅威となっていくのだが、この段階で危機感を持った放送人はほとんどいなかった。

その一方で、テレビに頂点を追われた経験を持つ映画人たちは、既に問題を理解していた。家庭内で、いつでも自由な時間に、好きなだけ映画を見られるようになる。ならば映画はどのようにして差別化をはかるべきか。

メジャーなスタジオは、巨大スクリーンに映《は》える超大作を目指す。だがそうした風潮は、似たような映画の氾濫《はんらん》につながりやすい。そこでミニシアターという、多品種少量生産でもペイするシステムが開発され、徐々に広がっていった。アジアやアラブ・アフリカなど第三世界の映画が発掘されたのはこのころだし、前衛的なカルト映画も次々と紹介されるようになっていった。

アナログ時代のビデオの画質基準であった[21]水平解像度で話をすると、ビデオの主流だったＶＨＳはたった二五〇本。つまり走査線が肉眼ではっきりと分かるギザギザの画面を見ていたわけで、映画ファンにとって、ビデオだけでは「映画を観た」ことにはならなかった。他にどうしようもない時に、とりあえず内容を確認するための手段として用いられたが、面白い映画ほど「劇場で観たい」という欲求は高まった。

ミニシアター文化に育てられた、大学生を中心とする若い映画ファンたちは、レンタルビデオなども駆使しながら貪欲に、より知られざる面白い映画を探しまわるようになる。無声映画にたどり着くのは、時間の問題だった。

だが、無声映画のフィルムを借り出しても、サイレント時代を知らないファンたちは、そもそも弁士を雇うなどという発想に至らない。仕方なく無音で上映されるフィルムを眠い目をこすりつつ凝視し、これが正解だと思い込もうとした。映画館に弁士が帰還するまでには、まだかなり長い時間がかかる。弁士だけならともかく、楽器を劇場に持ち込むことが難しかったからだ。

ビデオ時代の到来はまた、弁士たちにとって大きな岐路《きろ》となった。一つには、レンタルビデオでもテレビ放映でも、どんどんコピーして海賊版を作り、小ぢんまりとした上映で稼いでいく道。まだオールドファンはいたので、そうしたファンの情報網に乗せてこっそり客を集めたり、地域のイベントに入り込んだりと方法はあったようだ。映像の画質は粗悪そのものなので、映画ファン的には、上映会に気付いても論外だったろう。

もう一つは、今まで通りフィルム映写によるホール上映を続けていく道。つまり、劇場のスクリーンでライブ上映することにより、若いファンにも開かれた形で、弁士が語る魅力をアピールするスタイルである。

後者を選んだのが、東京では澤登翠であり、関西では井上陽一だった。まだインターネットもない時代であったが、映画館にも積極的にチラシを置き、情報誌で告知すれば、映画ファンを導きいれる通路を作ることは可能だった。かくして二人は、映画ファンに存在を知られる、東西唯一の弁士となる。

その方法論は対照的で、それぞれが独自の道をたどり大家となっていった。本章では、いかにしてこの二人が育ち、生き延び、弁士文化の継承者となったかをたどっていきたい。興味深いことに、育った過程も、その後積み重ねた研鑽も、活動弁士に対する考え方も、まったくの正反対。

この二人がいなかったら、弁士文化はここで途絶えていた。片方がいなくなるだけでもダメージは非常に大きかった。この二系統が守られたからこそ、私たちは、活動弁士の多様なスタイルを今も体験することができる。

実のところ、活動弁士にとって最大のピンチは、トーキー到来時でも第二次大戦中でもなく、一九八〇～九〇年代のビデオ文化勃興期だったのではないだろうか。彼らがいたからこそ、その活動を観た若手世代が、二〇〇〇年以降に一斉に芽吹いてくることになるのである。

春翠と若手育成

実際のところ、松田春翠の最大の業績は、澤登翠という後継者を育てたことだろう。一〇〇〇作品ものフィルムを収集したのはもちろん重要だが、国立映画アーカイブ（当時はフィルムセンター）や神戸映画資料館の安井喜雄など、公開手段を備えつつフィルム保存・収集をする動きは他にもあった。しかし弁士にしか絶対できないのは、弁士の育成である。

春翠はどこまで若手育成に本気だったのだろうか。息子の誠によれば「そこまで強い使命感に満ちたものではなかった」とのことである。一九七〇年代の第二次無声映画ブームの中で、黄金期を知らない若き映画ファンたちが、次々と弟子入りを申し入れてくる。若者への浸透を重視した、世話好きの春翠としては、断りきれなかったというのが実際のところだろう。

「無声映画―ヤングに人気／「高い技術驚いた」冷やかし層も感動／弁士に弟子入りも」（「東京朝日新聞」一九七四年五月七日）

この記事において、澤登翠は既に弟子の一人として紹介されている。

「戦後生まれの現代っ子で、二年前に早大〈ママ、澤登注：実際は法大〉を卒業したばかり。一度無声映画を見たのが『病みつき』になり、松田さんに弟子入り。『戦後初の女性弁士』といわれるほどになり、この夜も『珍カルメン』で客席をわかせた」

『活狂たちの半世紀』によれば、澤登のデビューは一九七三年一月の無声映画鑑賞会例会。「女性新人覆面弁士」として告知されていたという。前年一一月の例会で春翠の『瀧の白糸』を観たことが入門のきっかけだったというのだから、大変なスピードデビューだ。

「マスコミが宣伝して騒いでくれるのは嬉しいが、キワ物的な珍しさで扱われるのは可哀想だし、人気と並んで芸が伸びないと消えてしまう。それが心配だ。筋もいい、素質もある、あとは本人の努力次第。プロとアマの本質的な違いを、よく知ることだろう」（「澤登翠のデビュー」／『活狂たちの半世紀』）

春翠は、このように絶賛しつつも、プロ弁士の心構えという、なかなか難しいことを求めている。つまりデビュー間もないこの段階で、すでにプロ＝後継者として期待をかけていたということだろう。ここまで繰り返している通り、春翠の育成方法は、口伝ではなく、基本「やりたいようにやれ」であった。ある意味非常に冷たく、客にウケなければそれまでだ。

実のところ、入門希望者はかなり多かったようで、一九七五年八月六日の読売新聞「新新宿往来／『活弁こそ芸術なんだわ』」では、弁士を夢見る入門者の一人の女性がクローズアップされている。大学卒業後、春翠に再三弟子入りを申し込み、研究会入りを許されたという。

「新劇の研究生、大工さん、お巡りさん……。二十人余りの会員の中で、山口さんは一番、年が若い。みんな活弁が好きで好きでたまらない連中ばかり」

だがここで練習するのは弁士としての説明ではなく、紙芝居を使った基礎的な発声訓練。現在のマツダ映画社関係者で、この女性のことを覚えている者はおらず、残念ながら舞台に立つ前に消えてしまったようだ。スピードデビューを果たした澤登がいかに高く評価されていたかということでもある。

さらにもう一人、テレビ局ディレクターでありながら、澤登に少し遅れて一九七三年春にデビューした伊達春風なる男性もいた。一九七六年一月二三日の東京読売新聞「活弁〝五〇年〟無声映画わが命」にて、紹介されている。番組製作時に知り合い、コントのシーンでの演技が目に留まり入門が決まったというから、こちらは逆に春翠から声をかけたのだろう。「活弁のレコーディングが初仕事」になったというのだから、春翠の入れ込みぶりが分かる。実際に聴いてみると、素人っぽさが残る声なのだが、最初からこれだけこなすのは立派なものだ。しかし本人は「弁士を本業にする気はさらさらない」と冷めたもので、結局その後、活動は途絶えてしまった。

つまり春翠も後継者のことは意識していたものの、本人の意欲と持てる才能が一致する逸材は、澤登しかいなかったということだ。

澤登翠のこだわり

二〇一九年八月、長く続いた梅雨がようやく明け、一気にうだるような暑さに襲われる中、マツダ映画社にて、澤登翠（図7―1）の話を聞いた。長く第一人者を務めてきただけあって、澤登へのインタビューは非常に多いのだが、資料として見た時にもどかしいところが多く、不満に思っていた。

先にも触れた通り、澤登の語りに「型」はない。これは、師匠の春翠がそうだったのだから当然のことだ。全盛期の弁士のように積極的に前に出ず、なるべく存在を消して観客の理解を影から支えようとする独特のスタイルで、幅広い支持を集めることに成功した。ある意味で、一九八〇～九〇年代の、「映画がすべて」なライフスタイルを送る映画ファンとミニシアター文化に、しっくりとくるものだったといえるだろう。だが、それはどのようにして完成したものなのだろうか。

今回じっくり時間をかけて話を聞いてみて感じたのは、本人の中でも、なかなか言葉にならないままここまで来てしまった、四五年余りにわたる弁士としての日々の複雑さだ。これを解きほぐし、少しずつ言語化していく。澤登はあまり認めたくなさそうだが、振り返ってみたときに、その道がいかに過酷なものだったか、気付かざるを得ない。

澤登は大学卒業後、ＯＬをしながら春翠の事務所で開かれていた同好会「蛙の会」に出入りしていたが、一九七二年に春翠の弁士公演を初めて体験し、正式な弟子入りを決意する。弟子入り志望者はそれなりにいたが、そこまで春翠を本気にさせる存在は現れなかった。だが澤登は入門を許され、翌年一月には、はやデビューを果たす。

図７－１　澤登翠（写真提供：マツダ映画社）

当時の若々しい声は、一九七六年発売のレコード「おお活動大写真」（キングレコード）における『豪勇ロイド』（一九二二）の掛け合い音声で聴くことができる。メリー役の澤登の声の華やかさは、まさにスターというにふさわしく、デビュー後まもなく大人気となったのも頷ける。熱心なファンが同人誌を刊行してしまうほどだった。

だが当時、現役で活動していた女性弁士はおらず、女性弁士によるＳＰレコードなどの音声も残されていなかった。女性弁士はどのようにあるべきか、いきなり難しい手さぐりを迫られたのである。

春翠は具体的な指導を好まないので、自分でスタイルを見つけだしていくしかない。最初に与えられたのは、チャップリンの短編喜劇だった。最初の三年間に許されたのはチャップリンだけで「これを自分のものにしなさい」と求められた。チャップリンは作品としての完成度が高く、初心者が手がけても、まとまりやすい。まだビデオが発達していない時代である。一六ミリフィルムで一度上映してもらい、自宅に戻って記憶だけで台本を書いた。なかなか最初はタイミングに合ったセリフが作れず、苦労したという。

弁士は語る台本を自分で書かなければならない、と教えられた。だが春翠は、澤登の書いた台本に目を通すことはなかったし、朱を入れることもなかった。春翠は具体的にダメ出しをする人ではなかったのである。デビュー時の公演でも、「ごくろうさん」とはいってくれたが、その表情から、満足できるものではなかったんだなと悟ったという。新人には過酷な修行であった。よほど本人に向上心がなければ、伸びていくのは難しい。こうした非言語的な指導方法が、澤登の技芸を言語化しにくい方向へ向かわせたのかもしれない。

とにかく場数を踏ませて自分のスタイルを見つけさせること。それが春翠流の指導法の主軸だった。春翠の満足度はともかく、初舞台の反響は上々で、澤登は観客のあたたかさに感激した。「それで、ああ弁士って楽しい。ずっと続けていこうって決意したんです」

声を鍛《きた》えるべく、小唄・義太夫を学び、アナウンス学院にも通った。「間の取り方や発声方法については大いに勉強になった」という。だがそれも、ほんの数年のことであり、澤登の語りのスキルの中で占める要素としては、土台のごく一部にすぎないだろう。インタビューの間、澤登が何度も断りを入れたのは「ああしようこうしようと論理的にやってきたわけではない」ということだ。つまり春翠がやったのは、泳げない人間をいきなり海に放り込み、自分なりの泳法を会得させるという、究極のスパルタだったのだ。

澤登が幸運だったのは、春翠以外にも西村小楽天、犬養一郎など全盛期を知る弁士の語りを間近で聞けたことだろう。弁士のそれぞれの語り方はまったく違い、それによって映画の印象はガラリと変わる。だからこそ弁士の芸は一代限りで、自分で自分のスタイルを見つけ出さねばならないのだと澤登は気付いていく。

ならば自分には何があるのか。澤登は、弁士への道を選んだ出発点に、映画ファンとしてのこだわりがあったことを思い出す。よりじっくりと楽しむために、映画の細部に分け入り、登場人物の性格を検証していく。これならばできそうだ。

「大河内傳次郎の次郎吉と『雄呂血』の阪妻では性格表現が全然違う。この人はどういう人なんだろうと考える、ならばこの場面ではこういう風に語るだろうというのが見えてくる。感情表現で場面場面の語り方を割り出していくんです」

澤登は、これだけ弁士として長く活動しつつも、趣味はあくまで映画。常に最新の映画のチェックは欠かさない。小学校のころ、夜の校庭で見た映画やテレビ名画座で見たマルセル・カルネ監督『悪魔が夜来る』（一九四二）やジュリアン・デュヴィヴィエ監督『舞踏会の手帖』（一九三七）などフランス映画へのあこがれは今も忘れられない。それらはトーキーだったが、没入感は強烈だった。映画を観る時に自分が感じる、登場人物の傍《かたわ》らにいるような感覚——それを無声映画でも再現できないだろうか。かくして、「お客様が弁士のことを忘れ、映画の中に溶け込んでしまうような感覚」を、目指すようになっていった。

まったく活動弁士を知らない観客でも、映画ファンならば呼応し得る、シネフィル魂というべきものを見つけ出した。オールドファンとミニシアター世代をつなぐ、まさに絶妙のスタイル。

澤登の公演を観る時、独特の魅力として気付くのは、男性キャラの作りこまれた完成度だろう。『御誂次郎吉格子』（一九三一）における次郎吉のハードボイルドなカッコよさは、実に粋である。いろいろな映画を観ているうちに、その登場人物に合った声が見えてくるのだという。まさに永遠の映画ファンならではの回答なのだが、問題は、どうしてそんなことが出来るようになったか、である。

一人になった後

結局のところ、澤登翠が澤登翠になったのは、一九八七年、春翠が急逝《きゅうせい》した後のことである。デビューから一四年、まだほとんど中短編しか出来ない状態で、一人で放り出されてしまった。確かにそれまでの春翠のトレーニングも、いきなり海に投げ込むような厳しいものだったが、すぐそばに救命艇がいる安心感はあったはずだ。

だが気付けば、荒波の中ただ一人。その心細さはいかばかりだったろうか。しかし、無声映画上映会の需要はあり、上映は止められない。本来は春翠がやるはずだった公演を、すべて澤登がやらなければならなくなる。

「『幌馬車』に『十誡』、『国民の創生』とどんどん長編の依頼が降ってきたんです」

本来ならば、ベテランの春翠が務めるはずだった超大作の作品群であり、自分が手がけるのは、もっと後のことであるはずだった。だがそんなことはいっていられない。無声映画の灯を消すことはできず、自分が出来ることは、ただしゃべることのみ。

「とにかく必死でした。一つずつ、目の前の仕事をこなしていくしかありません。美好千曲先生、池俊行先生がまだご存命だったことは、本当にありがたかったです」

二人とも黄金時代を知るベテラン弁士だが、この時期は、既に高齢で、頼れる期間はごくわずかだった。だが一人になったから、自分が無声映画を支えなければ、と考えたことはないという。それはそうかもしれない。まともに考えたら最後、重圧に押しつぶされても不思議ではない。澤登はただひたすら、次の作品、次の作品とこなしながら、少しずつ進んでいくしかなかった。

その時、心の支えになってくれたのは、映画ファンとしての自分自身の情熱だった。

『幌馬車のこと、南北戦争のこと、とにかく調べて台本を書くのは本当に楽しくて。だって映画が好きで好きでしょうがないから。ある意味、仕事が私を救ってくれたんです。語ることでストレスを発散できるし、人とつながれるし、学べるし」

晩年の春翠の後を受けて、海外公演にも積極的に乗り出した。それは日本にはこんな素敵な文化があるんです、と知ってほしいという思いに衝《つ》き動かされたものだった。映写トラブルで上映が止まった時には、片言の英語で、冷や汗を流しながら場をつないだ。「どんな時にも弁士は黙ってはいけない」という春翠の教えを守ったのである。

失われた映画を、残されたスチールから復元する「ロスト・フィルム・プロジェクト」にも、ピアニスト柳下美恵（第10章で詳述）と共同で取り組んでいる。かなり実験的な企画であるが、これも澤登の映画愛から生まれたものといっていいだろう。伊藤大輔監督『新版大岡政談』（一九二八）、溝口健二の『血と霊』（一九二三）の残されたスチールを、ストーリーの進行に沿ってスライド上映しながら弁士が語ることで、映画を再現しようという試みだ。どちらも残念ながらフィルムの現存が確認されていない。しかし、ぜひとも語ってみたい。伊藤大輔の大ファンで、溝口健二の大ファン。チャンバラに前衛映画と対極な存在に見える二本だが、どちらも澤登には興味が尽きない。

「実は嫌いなジャンルの映画というのがないんです」

『血と霊』を二〇〇七年初演、『新版大岡政談』を二〇〇八年初演。それでいったんは途切れているが、次は溝口健二の『八一三』（一九二三）（図7―2）あたりに挑んでみたいという。デビュー間もない時期の溝口が撮った、アルセーヌ・ルパン翻案ものの珍品。確かにそれは観てみたい。

「映画が時間と空間の編集という概念を生み出したことは画期的だったと思うんです。伊藤大輔の『斬人斬馬剣』（一九二九）でいえば、馬の横移動と十字架が立てられる縦移動が交互にパッパッと出てくる。横、縦、横、縦、このつなぎから生み出される、血が騒ぐような緊迫感というのはもう、完全に異次元なんですよ」

スマホ時代になり、誰でも手元で手軽に映像が見られるようになった。だからこそ、無声映画全盛期の観客が劇場の闇の中で感じたであろう特別な驚きを、今に再現したいのだという。

第4章で触れたサウンドトラックなしの『薩摩飛脚』（一九三八）も、国立映画アーカイブによる澤登の弁士付き上映が実現した。トーキー版の台本は残されていないが、澤登は原作小説などを参考に類推して、オリジナル台本を書き上げた。ずいぶん苦労したという。

図7－2『813』

台本の書き方は春翠も教えてくれなかったので、あくまで自己流である。尺にぴったりと合う語りの分量を見切るのはなかなか難しい。音を消したトーキー作品ならばなおさらのことだ。台本というものはどうやって作るのだろう。

「長く続けていると、これぐらいで大丈夫かな、というのが見えてくるんです。たとえば風景のシーンがあると、そこまで語りを控えめにしていたら、ここで次につながるような語りをしっかり入れたいなとか考えるわけです。一六ミリ映写機しかなく、そんなに頻繁に映像をチェックできない環境にいたことが、緊張感を持って分量感覚を磨く役に立ったのかもしれません」

デジタル時代になって、語りの分量をあらかじめ微調整することすら可能になった。だがそれでは磨けない技量というものもあるようだ。

弟子・片岡一郎

澤登がほぼ一人で活動弁士の灯を守り続けたのは二〇〇〇年までの一三年間。この一三年をつないでくれたからこそ、今の活況があるのでは、と問うた時、澤登は「私はつなぎじゃないです」と色をなして怒った。時に自信なさげで困惑の表情も見せる澤登だが、トップランナーとしての自負はきちんと持っているということだ。だが「自負はあるが自信を持てない」というのが澤登の悩みだった。自分の後に後継を育てなければならない。意外にも澤登は人見知りだ。人を育てるなどということが自分に出来るのか。どうすればいいのか、と思っていた所に現れたのが片岡一郎だ。経歴は後ほど詳しく述べる。

片岡は、「私は自分の芸も未熟で人に教えられない」と逃げ回る澤登を追いかけて鞄持ちを繰り返し、弟子の地位を勝ち取った。いつの時代の芸道ものかと思わせる古風な行動で、根負けさせる形で弟子入りを認めさせたのである。ただ澤登は、師匠として稽古をつけることは一度もしたことがない。師匠と弟子という関係性を認めただけである。自分の力で学ぶべし、という春翠の哲学は、ある意味で継承されている。

片岡は、映画史研究者としての顔も持ち、澤登の後を継いで海外公演にも精力的に乗り出している。職業弁士が専業で食べられるような道を探り、営業にも積極的。

「片岡くんぐらい熱心なら、やっていけるだろうと思いました」

だが弟子は、生真面目な師匠と正反対で、弁士の地位向上を熱く訴え、とことん押しまくる情熱家だ。「先生」と呼ばれることも嫌う澤登に対し「もっと師匠らしくしてください」と苦言を呈することもある。片岡のこだわりは分からないではないのだが、澤登はなかなか自分に自信が持てないようだ。

「私の中に、同時に正反対の矛盾した感情があります。それはなかなか、ああだこうだとはっきりした言葉にならないんです」

これまでのインタビューが、どこかすっきりしないものに感じられていた。誰にも文句のつけようもない、業界の第一人者が、どうしてこんなに思い悩み続けるのか。そこで今回は、あえてきわどい言葉も投げかけながら、澤登の反応を見て、自分がなぜそのように考えるのかについて、繰り返し問いかけていった。その結果分かってきたのは、一人で活動してきた一三年が、かなり大変な日々であったようだということだ。

「今も絶えず、自分はこれでいいんだろうかと考える日々です。自分に対して強固な自信がある人が、ある意味でうらやましいです」

少しずつ、澤登の苦悩が見えてきた。あるいは、こんな風に表現してもいいかもしれない。深い霧の中、険しい断崖の上にある、細くもろい道をたった一人、手探りで進む。気が付けばそんな絶体絶命の状態で、どこまで道が続いているのかも分からない。もしそんな窮地に置かれたら、あなたならどうするだろう。崖はなるべく見ずに、足許の道を慎重に一歩一歩すり足で進むしかあるまい。

そして無限とも感じるほどの長い苦闘の末に、ようやく広く安全な道にたどり着いた後で、「どうしてあんなことができたんですか?」と尋ねられたとしても、さほど気の利いた答えはできないだろう。「一歩ずつ着実に歩いてきただけ」というしかない。断崖を意識したら最後、まっさかさまに転落していただろうから。

そんな体験を、「よくつないでくれました」とねぎらわれたら、あの大変な日々を「つなぐ」などという軽い言葉で表現してほしくないと苛立ちもするだろう。とはいえ、崖の高さから目を背けたことで、自分が成し遂げたことがどれほどのものか実感しづらく、自信が持てない。

だからこそ片岡はしつこく「師匠らしさ」を求めるのだろう。

弁士のこれから

今や澤登一門も人数を増やし、一門会が打たれるまでになった。何より女性弁士の比率の高さは、頂点に立つ存在が女性弁士であるということが大きいだろう。若手弁士の存在は澤登にも大きな刺激となり、さらに新しいことに挑戦してみたいという意欲をかきたててくれるという。

無声映画鑑賞会では、「掛け合い」にも初挑戦してみた。やってみると、なるほど難しい。しかし「我々味をしめてしまったんで、またやると思います」といい、一定の手ごたえは得られたようだ。少しずつ自分なりの「師匠らしい形」を見つけつつあるのかもしれない。

こうした掛け合い型の公演が行われていた全盛期のフィルムとしては日活向島制作・立花貞二郎主演の『うき世』（一九一六）が残されているが、当時の公演スタイルで再現上映されたことはない。資料が乏しくやりにくいと、二の足を踏む弁士が多いためだが、「やりようはあると思いますよ。だって弁士の独壇場じゃないですか」と澤登は意欲的だ。

夢は無声映画常設館を作ること、自分自身の手で新作無声映画を撮ること。そして、後は、地方への拡散だという。

「せっかく人数が増えてきたんだから、みんなで手分けして全国各地のいろんな街へ行って、弁士付き上映をやるといいと思うんです」

国立映画アーカイブに保存されている無声映画のうち、誰も語ったことのない作品は、まだまだ山のようにある。そうした作品にチャレンジしてみたいし、現代の監督が撮った新作無声映画にも声をつけてみたい。アキ・カウリスマキ監督の『白い花びら』(一九九八)の公開時には、本人の前で公演する栄誉に浴した。

「カウリスマキ監督って、すっごいヘビースモーカーで、ワサビが大好きなんです。とにかくすごい量のワサビワサビワサビワサビ」

と、巨匠の生態を興奮気味に語る。

無声映画に限らず、映画と映画に関することならなんでも好きで、日々の体験への素直な感動を忘れない。「劇場で完成する映画があっていい」とも語る。尽きぬ好奇心が、新たなる冒険へと突き進む源泉となり続けているに違いない。

関西弁士をつないだ男

春翠の無声映画鑑賞会と往年の弁士らが集う弁友会が競い合った東京は、戦後もそれなりに活況を見せたわけだが、活動した弁士が少なかった関西は、はるかに深刻な危機に見舞われていた。師・浜星波が没し、本当に誰一人いなくなってしまった後、懸命に関西弁士の芸風を守り続けてきたのが井上陽一である(図7―3)。

こちらは愚直なまでに「型」の継承にこだわり、弁士の持つもう一つの可能性を今に伝えた。ア

図７－３　井上陽一（撮影：鵜久森典妙）

ナウンサー文化以前の大衆芸能としての「話芸」の語り口を、今も現役で楽しむことができるのは、井上がいるからこそである。

春翠がいう通り、弁士のスタイルは春翠のものだけではない。ただ、それを「毎回リセットしてゼロから構築すべきもの」と考えると、多くのものを取り逃がしてしまう。活動弁士は、映画という近代文化に依存する芸能だが、その基盤には土俗的な大道芸の息づかいを継承している一面もあるからである。

特に関西弁士は、そうした「濃さ」を受け継いでいる部分がある。その味わいは、アナウンサー文化をいったん忘れ、師から弟子への口伝にこだわることで初めて、ようやく守り伝えることができる。そんな時代錯誤ともいえる研鑽《けんさん》に挑み、成し遂げたのが井上だった。

二〇一九年には「四〇周年」を記念した公演も開かれている。八一歳を迎え、なお現役として活発に活動を続ける原動力はどこにあるのだろう。井上の下《もと》を訪れ、話を聞いた。

時に「七五調」と形容されてきた関西弁士の世界であるが、ここまで見てきた通り、それだけがすべてではない。むしろ、時にリアリズムを犠牲にしてでも、唄うような調子で情感を盛り上げるのが、関西流である。「ふだん使わないような言葉をあえて取り入れるのが活弁の味となる」と井上は語る。

「ああ、雨になるか、嵐になるか、血なまぐさい荒神山」

といった具合で、言葉をどんどん投げ込んでいって独特のリズムとテンポを作り出す、関西弁士の美学がきちんと継承されているのが分かる。

澤登翠が得意とする『御誂次郎吉格子』（一九三一）は、井上にとっても十八番であるが、それぞれの語り口がまったく違うのが興味深い。先にも触れた通り、澤登の語りは、大層男臭い。ドライでカラリとした次郎吉の美学をハードボイルドに描き出す。これに対して、井上の語り口は、色気と抒情に満ちている。次郎吉を取り合う二人の女の情念が濃厚に浮かび上がる。

そんな井上が、自身の看板として、特に力を入れてきたのが、トーキー作品の弁士付き上映である。これまで何度も指摘してきた通り、トーキーの弁士付き上映は、本来は「仕方なく」行われていたものだった。まだトーキーが十分に普及していないころは、音響設備のない地方の映画館で上映するための手段として。そして戦後は、上映できる適当な無声映画がないときに、それでも弁士付き上映を見せるための苦肉の策として。

現在では、無声映画を借り受けられる窓口は多数あり、競争相手もいないのだから、そんなことはしなくて良いように思うだろう。だが井上はあえて、トーキー作品を積極的に取り上げている。澤登の項でも触れたが、弁士は演目の台本を自分で書きおろす。決してあらかじめ決められたセリフを朗読しているわけではないのだ。トーキーだからといって、阪妻が実際にしゃべっている言葉をそのまま使うわけではない。『高田の馬場』ならこういうセリフ、『忠臣蔵』ならこういうセリフというのは既に頭に入っているので、映像のテンポを見ながら、一番妥当と思われる言葉を一つひとつひねり出していく。時には戦後の別のリメイク作品も参考にする。トーキー作品ならではのテンポとセリフまわしが、台本作りにあたって大いに参考になるのだという。

そこで生まれる情緒とリズムが、井上節というべき独自の味わいになっていく。つまり、観客がトーキー版を既に観ていたとしても、まったく別の作品として味わえるはずだという自信が、このようなスタイルにつながっているわけである。

そこにあてはめられる言葉は、師匠の浜星波から受け継いだものもあるが、自分で考えだしたものもある。浜の下についていたころも、浜が演じるのを聞きながらリズムを身体に叩き込んでいった。その上で「あぁここ違うのに、こういう風に言うた方がええのにと思ったことが大分《だいぶ》あるわ」とのことである。関西弁士が「受け継ぎつつ自分の型を作る」というのは、そういうことなのだ。松田春翠のやり方とは相当に違うことがよく分かる。

語り方以外にも、師匠から学んだことは多い。浜は実のところ「ごまかすのがとてもうまかった」という。以前にも説明した通り、かつての無声映画は一秒間一六コマが標準だった。これに対してトーキー導入以降は映写機のスピードは電動で一秒間二四コマに固定された。近年は映写速度を落とすこともできる映写機が開発されているが、井上が浜と一緒に活動していた一九七〇～八〇年代に、そんな便利な製品は手元になかった。従って一・五倍の速度で慌ただしく動く画面を見ながら、要領よく言葉を押し込んでいかなければならない。字幕が出てからしゃべり始めても、全部読み終わる前に消えてしまう。トーキー時代ならではの辛《つら》さで、「ベテランほどごまかすのがうまかった」のだという。

井上が最近、フィルムではなくＤＶＤを使った上映を増やしているのは、特殊な映写機がなくてもサイレントスピードに調整できることが大きいという。いろいろなことが死んでしまう二四コマ映写機の辛さを我慢せずに済む。それよりはＤＶＤの方が本来の味を楽しんでもらえるのだ。それほどまでに、関西弁士の芸は、「間」と「テンポ」で出来ているということなのである。

浜星波の〝弟子〟

もともと井上は二〇代のころ、兵庫県高砂市の映画館の映写技師だった。ところがある日、大阪の三越劇場で開かれる「無声映画鑑賞会」の告知を『キネマ旬報』で読み、「面白そうや」と行ってみた。それが人生を変える転機になってしまう。

すっかり無声映画に魅せられた井上は、浜星波の「追っかけ」となり、観客として繰り返し浜の公演を観続けるうちに、いつしか押しかけ弟子のような立場になっていた。本職の映画館を放り出して、何度も上映会に付き合い、各地を巡るうちに、浜の語り口を少しずつ真似ながら覚えてしまった。これまで浜星波の弟子とされてきた井上であるが、実は、きちんと稽古をつけてもらっていたわけではなかったのである。「芸を盗んだんやね」井上の告白は実に衝撃的だった。

そのうち高齢の浜は、だんだん声が出にくくなってくる。浜とコンビを組んで楽団を率いていた大野政夫は、井上がしゃべれることを知り、「一緒にやらへんか」と持ちかけた。こうして、師匠に内緒で、大野とともに各地を巡るようになっていく。

もちろんそれはやがて浜の知るところとなったのだが、浜はただ「ちょっとやってみい」と目の前で演じることを求めた。しばらく聞いていた浜は、井上を叱責《しっせき》することもせず、以降の公演で自分が苦手とする場面で、交代して演じさせるようになった。『忠臣蔵』の大評定《だいひょうじょう》の場面など、大勢の人間が議論する場面が、浜は苦手だったそうだ。もちろん、討ち入りの見せ場になると、戻ってきて再び自分がやったというのだから、ちゃっかりしたものである。

「この状態がだいぶん長いこと続いた。大変やったけど面白い時代やった」

とのことである。この経験が、井上が後に一本立ちする時に役立つこととなる。

先にも触れた通り、関西の弁士付き上映は、戦後、森田留次によって運営されていたが、森田の死後、老舗の田中映画社に引き継がれた。つまり浜の興行はその後、田中映画社が担っていたのだ。

そして一九九一年、浜が没した時、大野が「高砂にええのがおる」と井上を田中映画社に推薦してくれたため、後継者としてスムーズに認められることになった。弁士を始めたころ、まだ三〇代だった井上は、娘の色っぽい声が得意で、大野がそれをいたく気に入ったようである。

だが、浜は井上を弟子として認めていたのだろうか。

「認めてくれていたかどうかは、分からん。『井上、お前もしゃべったらええ』とはいっとったけど、いざ本番になったら、自分が一番苦手なところだけしゃべらせるわけ」

それは、弟子が使い物になるか試そうとしたのかもしれないし、もはやライバルとして脅威にすら感じていたのかもしれない。

井上は次第に大野と組むことが増えていき、たびたび巡業への同行を求められた。今度は奈良だ、次は和歌山だと、どんどん移動距離も伸びる。こうなると、映写技師と兼業ではやっていけなくなった。思い切って本業の映写技師の仕事を辞め、弁士一本でやっていくことを決意した。

そうなると、自分が語るためのフィルムを揃えなくてはならない。天王寺の業者と付き合ったが、違法コピーが多くて手を焼いたそうである。やはり弁士が自立してやっていくためには、フィルム収集が欠かせない。その大前提はここにもあった。ただ、井上はもともと映写技師だったため、フィルムの扱いには苦労せずに済んだようである。

先にも触れた通り、近年はデジタル技術が進歩したこともあり、マスターのフィルムは、安井喜雄の神戸映画資料館に委《ゆだ》ねている。その関係もあって、神戸映画資料館では時折井上の弁士公演が開かれる。同館の田中範子支配人は「井上さんが語ってくださると、映画館の場が締まる気がします」と、語る。

大野が没した後、一九九三〜九四年ごろ以降は、楽団を使わず、弁士席に置いたカセットテープレコーダーを細かく操作して、楽団伴奏の音声を流しながら語るという曲芸めいた技を見せるようになった。バブル崩壊後、大規模な生演奏楽団が難しくなる中にあって、苦肉の策で編み出されたスタイルだが、今や全国でも井上にしかできない、必見の名人芸となった。

ともかくも険しい道のりだったが、かくして継承された関西弁士の芸を、我々は今も見ることができるわけである。

地域に映画アーカイブがあることで、弁士が守り伝えてきたフィルムが後世に残り、弁士が語る場も確保される。そんな思いがけない関係の大切さを知ることができる。

弁士人生最高の舞台

気が付くと、ベッドの上だった。おかしいな、最前まで『血煙り高田の馬場』をしゃべっていたはずなのに。二〇一六年一月、姫路の老舗映画館シネ・パレス山陽座の閉館に伴う最終上映での出来事である。

医者の話では、貧血を起こして倒れたのだという。腕には点滴、鼻には酸素マスクを付けられていた。時計をみると、ちょうど一時間ほど経っている。えらいこっちゃ、お客さんを放って来てしもた。井上は点滴を引き抜いてやおら起き上がる。驚いたのは医者と看護婦である。「そんなことしたら、あんた死ぬで」という医者を振り切り、井上は「離してくだされ、お客が待っているのじゃ」と、いざ山陽座めがけて韋駄天《いだてん》走り……。

というとウソのようだが、本当にそんなドラマチックな展開があったらしい。少々無茶だが、井上には、そうした古風な職人肌の芸人めいた一面がある。この日、立ち会った観客の一人がブログに残している。

「入場時、時間が遅れるとか万が一、弁士が出ない時はお金を返すとか映画館の係員がいっていたのは身体が悪かったからだ。四〇分くらい遅れて挨拶した井上さんは、体調不良で遅れたことを詫び、また大勢の人が見に来てくれたことへの感謝を述べた。医者の注射のおかげと謙遜《けんそん》したが、せっかく自分の活弁を見に来られたお客様がいる以上、是が非でも活弁をする気持ちで参りましたと話した。活弁をしながら倒れ死ぬなら本望だとも。昔の職人気質に触れた思いがして胸が熱くなった」(ブログ「味は横綱、値は十両」二〇一六年一月二四日)

満場の観客は誰一人帰っていなかった。駆けつけた井上を、観客は拍手で出迎え、井上は万感の思いで、『瞼の母』を演じ切った。

「今度倒れたら堪忍して」

とはいったものの、なんとかエンドマークが出るまで語り終えることができた。終演後、総立ちで熱演を讃える観客の拍手はいつまでも鳴りやむことがなかった。

今となっては映画史に残る美談だが、実際に当日その場にいた劇場関係者としては、これほどの胃の痛い場面はなかったことだろう。現在も姫路で後継のシネコンを運営するアースシネマズ社長・吉岡一博は、あの日、祈るような気持ちで、井上の容態を見守っていたという。井上が倒れたのは前半の『血煙り高田の馬場』が終わる五分ほど前。ひとまず伴奏だけで映画は終えたが、まったく先の見えない状態に変わりはない。最終上映ということで報道各社も詰めかけており、難しい判断を迫られることとなった。だが、もともと二回の興行の間に、二時間程度の休憩時間を確保していたことが幸いした。

もしも井上が戻ってこられない場合は、返金する旨を観客に告知したが、応じる客はなんとゼロだった。井上の健康を気遣う声ばかりで「一時間でも二時間でも待ちます」との、熱い声援に、吉岡は懸命に涙をこらえていたという。

シネ・パレス山陽座は、吉岡の会社が三代にわたって姫路で映画興行を続けてきた老舗の系列館の一つ。それほど地域に愛されているということだ。祖父の時代は芝居興行から始めており、吉岡自身も生の演芸に思い入れがあったため、最後は弁士付き上映でと決めていたという。上映当日、実は映写技師時代に井上が同社系列館の従業員だったと知り、巡りあわせの不思議さに驚かされたという。

「弁士付き上映という、ライブを生で味わう凄さと怖さを感じた長い長い一日でした。大変でしたけど、原点に立ち戻って、今後もライブの魅力を発信していけたらと思います」

何があるか分からない。だからこそ熱い。それが弁士付き上映というものである。これほど深く観客の魂に刻まれる公演はそうそうないだろう。上演後、取り壊される前の劇場の壁に、観客に思い出を書いてもらったところ、内容の大半は当日の井上の公演のことになってしまった。

「まさに『一巻の終わり』になりかけたけど、生涯最高の舞台というたら、まさしくあれやね」と井上も、しみじみと語るのだった。

もちろん、病院に戻った後で、医者に大目玉をくらったことはいうまでもない。実のところ、危ういところだったのだ。倒れた時には「浜星波さんや勝見宏郎さんが川の向こうからおいでおいでと手招きしている映像が見えた」という。

「それで三途の河を渡ろうと思って、千円札を出したんやけど、『六文銭やないとダメです、取りに帰っとくんなはれ』といわれてしもうてな、ああしまったと思った瞬間、目が覚めたら病院やったんや」

そんなオチのついた臨死体験はない。いやはや、やられた。井上は、まだまだ健在なようである。

継ぐのは誰か

二〇一九年三月三〇日、大阪市淀川区のシアターセブンにて、井上陽一活動弁士四〇周年記念

「活弁ライブフェスティバル」（図7―4）が華やかに開催された。ここは、近年における井上の定席だ。この会が特に注目されたのは、東京の坂本頼光、関西の大森くみこという、若手弁士をゲストに迎え、共演を試みたことだろう。

まだまだ健在にも見える井上だが、「ワシも歳とって若い娘の声が出んようになってきたからね」と苦笑いする。今回のメインとなる演目は溝口健二の『瀧の白糸』。ここで井上は、ヒロインをはじめ、娘役の担当を大森くみこに委ね、掛け合いで語る決断を下した。

大森については、後に詳しく触れることになるが、長らく井上ただ一人だった関西弁士の世界に、久々に現れた新人である。井上の弟子ではなく、ほぼ独学で技量を身に付け、急速に存在感を増している。

図7－4　「井上陽一活動弁士40周年記念活弁ライブフェスティバル」チラシ（写真提供：シアターセブン）

確かに直接の弟子ではないのだが、大森は先輩弁士としての井上を深く尊敬し、井上の公演を追いかけ、芸の神髄《しんずい》を見つめてきた。ここで培《つちか》われた信頼感が、今回の掛け合い公演に結実したようである。

「あの子はワシの口調をよう知っとる。せやから『ここはこうや、ここはこうや』ということだけいうた」

かくも短く簡潔な指導。それで分かり合える関係性が築かれていることに、感動を覚えてしまう。

大森の話も聞いてみよう。

「まず台本をお借りしてセリフを頭に入れた上で、一番掛け合いの多い場面を二回ほど稽古しました」

という。最初は台本だけを朗読する。いわば、演劇における素読みのようなスタイルだ。ただ、全編を通すのではなく、一番複雑な部分を切り取ってタイミングと間合いを示す。井上の体力的に、通し稽古は難しいためだが、それで大森がきちんと飲み込めるのは、長く井上の語りに触れてきたからこそである。そして二回目は、実際に映像を流しながら、セリフを当てていく。

無声映画初期には盛んに行われた掛け合いだが、現在ではほとんど演じられる機会がない。いざ実際に声を合わせてみると、「自分でセリフのペースを決められないので、なかなか大変」という過酷なものだった。井上も「自分でやった方が楽やな」と漏《も》らしていたという。うまくいかない部分があっても映画はどんどん進んでいくので、その場でなんとかしなくてはならない。

そこで二回目の稽古では、井上から細かな指示が飛んだ。「そのままでは情がない」「セリフのペースをもう少しゆっくりで」「もっと大衆演劇みたいにやらんとお客さんしらけてまうから」といった、非常に具体的なものである。

春翠とは対極の、「型」にこだわった口伝が実際に行われたことは、実に興味深い。東京弁士の世界ではもはやありえない、弁士のもう一つの可能性——それが継承される瞬間がこの日、目撃されたということだ。

「井上さんの語り口に馴染《なじ》むしゃべり方が難しかったです。でも、本番は井上さんの世界観に一緒にいられる感覚を体験でき、大変勉強になりました」

大森は、何かを掴んだようである。井上も満足だったようで「よう分かってて、上手にやってくれた」と思い返していた。

この日、もう一人の若手弁士として同席していた坂本頼光は、井上との稽古を経た後、大森演じる瀧の白糸が「実に徒《あだ》っぽい年増《としま》になっていたのに驚いた」という。

井上は、もはや東京圏には存在しない、古いタイプの芸能の系譜を引く弁士である。プロ野球・阪神タイガースの熱烈なファンで、若いころにこっそりラジオで野球中継を聞きながら弁士を務め、チャンバラ映画のさなかに「打った、大きい大きい」と叫んでしまったこともあったという。そうした古い芸人ならではの愉快な「武勇伝」を持つ弁士は、井上が最後かもしれない。

こうした「武勇伝」の継承は無理だが、関西スタイルの技芸は、大森によって着々と受け継がれつつある。共演を重ね、毎回綿密な稽古を繰り返す。今の所大森は、井上の弟子ではない。ただ、井上が大森に稽古を付けるスタイルには、既視感がある。大森が長く自分の語りを聞き、タイミングを頭に入れていたこと、それを知ったうえで、自分の苦手とする部分をあえて託したこと。

「来る者は拒まず。追っかけてくれる限りは、持ってるものは伝えたい」

井上はそう語り、日々成長を遂げる大森の姿に目を細める。

きっと大丈夫だ。関西の語りは未来へと引き継がれるはずである。

◉21　水平解像度　現在のデジタル方式によるフルハイビジョンを水平解像度で換算すると、一九二〇本になる。

第8章 ミレニアムの転機
――集う若手弁士たち

若手弁士続々

一九八〇〜九〇年代、東京は澤登翠、関西は井上陽一によって、継承されてきた活動弁士の世界が、二〇〇〇年を超えるころから、大きな変化を迎える。

若手のデビューが相次ぎ、にわかな活況を呈すのである。無声映画の黄金期はもちろんのこと、戦後のブームすら知らない、二〇〜三〇代の新鋭たちである。まさに「ミレニアム弁士」と呼びたくなるフレッシュな顔ぶれが、無声映画の世界を大きく前へと動かす。

これまで熱心な支持層によってホールなどで灯が守られてきたが、その一方で弁士の存在自体を知らない映画ファンも多かった。

長らく、弁士は映画館と縁遠い存在だったのである。だが二〇〇〇年以降、映画館で当たり前のように弁士付き上映会が行われるようになっていく。無音で上映されるのが当たり前だった無声映画は、逆に弁士付きが当たり前になり始める。久々に「市場の拡大」が起きたのである。

東京では、片岡一郎、坂本頼光という好対照の二人が激しい鍔迫《つばぜ》り合《あ》いを繰り広げ、山崎バニラ、[22]桜井麻美、斎藤裕子（現在は縁寿に改名）、佐々木亜希子といった、個性豊かな女性弁士たちも競い合った。

関西では、長らく井上陽一しかいなかったが、彗星《すいせい》のように現れた若手の大森くみこによって、急激に活動弁士への関心が高まりつつあった。一人若手が現れるだけでこんなにも変わるのか、と驚かざるを得ない。残念ながら東京には大きく遅れを取っているが、これから何かが動き出しそうである。

東京の若手がこれだけ急増した背景には、「東京キネマ倶楽部」の誕生と瓦解《がかい》という大きな事件があるのだが、そのまま若手たちも一瞬で消える、とはならず、見事に生き残ったことは賞賛されるべきだろう。逆境を踏ん張り、新たな市場をそれぞれが思い思いに開拓したことで、無声映画と活動弁士の世界は、新たなステージへと向かう。本章では、そうしたゼロ年代以降の流れを見ていきたい。

若手弁士の活躍に大きな味方となったのが、上映環境のハイテク化である。デジタル映像の発展により、ほとんどコストをかけずに大画面への投射上映が出来るようになった。オーディオ・スピーカー・楽器類の小型化も進み、ミニシアターでも、伴奏・弁士付き上映を行うことが不可能ではなくなった。

忘れられていた作品や埋もれていた作品がデジタル修復によって上映可能になるなど、演目も飛躍的に増えている。もちろん、版権処理は必要だが、市販されているＤＶＤをそのままスクリーンに投影しても、十分に上映に耐える時代である。これまで名のみ高く観ることが叶わなかった海外の大作・幻の傑作を弁士付きで上映することも可能となった。弁士たち自身の手で、ネットオークションから発掘され、失われていた幻の作品が修復・再上映に至るケースすら珍しくなっている。

弁士はようやく、映画ファンに再認知されつつある。まだ道の途上ではあるが、週末に観る映画をどれにするか、という時に、「ロードショー」を見るか「名画座」へ行くかそれとも「弁士付き映画」を見るか、といった具合に、観客の選択肢に入りつつあるのは、本当に久しぶりのことである。

もはや弁士付き映画を観るのは、数年に一度の酔狂なイベントではなくなった。特に東京圏ならば、月に数回ペースで、常に誰かが公演しているという状況が維持されている。詳しくは、NPO法人映画保存協会による情報サイト「無声映画上映カレンダー」を観てほしい。そこでは、全国各地でどれほど頻繁に上映が行われているかが分かる。澤登・井上の大御所だけではない。片岡一郎がいる、坂本頼光がいる、山崎バニラがいる。そして関西では大森くみこが定期上映会で奮闘して、関西の公演情報も、鳥飼りょうによる「無声映画振興会」サイトで知ることが出来るようになった。

「今日は○○弁士の映画でも見に行くか」という選択肢が、復活しつつあるのである。「○○弁士か△△弁士か」といったファン同士での張り合いが、ようやく成立するようになってきた。

むろんまだまだ公演数は少ないし、弁士の数も足りない。しかし、何かが起こりそうだという期待感は既に生まれているのである。

紙芝居と蛙の会

この活況の伏線は、すでに松田春翠によって準備されていた。どこまで後継者育成に本気だったかは分からない。だが、勝手に押しかけた若者たちが競い合う場はあった。それが「蛙の会」である。いつの時代も弁士希望者が途切れることはなかったが、新たなマーケットの開拓はまた別物で、澤登翠に続く存在はなかなか生まれなかった。

再び、春翠の息子である松戸誠の話を聞こう。そもそも「蛙の会」はどのようにして生まれたのだろうか。

「父は少年のころに紙芝居屋をしていたこともあるのですが、昭和二〇年代の終わりごろには、結核を患《わずら》ってあまり働けず、紙芝居の貸元の編集長をしていたんですよ」

そのころ、東京都主催の紙芝居コンクールがあり、春翠が出場して、優勝してしまう。弁士だった強みである。紙芝居屋は子供に人気があったが、教育上・衛生上よくないとしきりに叩かれていた。心を痛めた春翠は、コンクールで入賞した人たちを集めて、紙芝居屋の技術向上や幼稚園・保育園への慰問を目的とした会を立ち上げる。これが「蛙の会」で、一九五九年の無声映画鑑賞会発足よりも少し前のことになる。

その後、弁士としての仕事が軌道に乗り、紙芝居が下火となったため、「蛙の会」は休止状態になっていた。だが一九六〇年代後半、紙芝居が再び注目を集め、マツダ映画社にあった古い紙芝居コレクションが貸し出されるようになる。紙芝居屋が集まり始め、その中には弁士に興味を持つ者もいた。そこで、春翠が中心になり「蛙の会」は、話芸勉強会として再スタートを切る。それがなんと現在まで続いているというのだから驚かされる。

とはいえ、それほど真剣なものだったわけではなく「春翠を囲んでラーメンを食べながら話を聞く、ファンクラブめいた空間になった時期もあった」ようだ。

中には真剣に技術を磨く人もいて、無声映画鑑賞会に出演するまでにたどり着いたケースもあるという。とはいえ、それで食べるのは難しく、結局またゆるいファンクラブに逆戻りと、かなり激しい振幅を繰り返している。新人弁士の育成団体として常にきちんと機能していたわけではない。結局そこに属するメンバーの考え方・覚悟の持ち方次第で、大きく性格を変えてきた。一九九〇年代後半、片岡一郎・坂本頼光もここからスタートしている。

「この時、彼ら若い子たちが入ってきたことで、改めて、きちんとやろうという方向に進むことになった」

「蛙の会」では、弁士と紙芝居の二本立てで話芸を学び、弁士としての一本立ちを目指す。だがこのころ、無声映画の弁士付き上映は、澤登翠一人で十分廻していけるレベルの需要しかない。そこに強引に割り込めるほど飛び抜けた技量を身に付けるのは、なかなか難しいことだった。

しかし時代は、彼ら若き才能に味方する。突如、無声映画の常設拠点「東京キネマ倶楽部」構想が起《た》ち上がるのである。

図8－1　東京キネマ倶楽部チラシ（写真提供：片岡一郎）

東京キネマ倶楽部の誕生と瓦解

無声映画上映レストラン「東京キネマ倶楽部」（図8―1）は、まさに早すぎた、大胆すぎる冒険だった。二〇〇〇年一二月、大正期のダンスホールを模した豪華な内装の下、弁士付きの無声映画と食事を楽しめる場所として、鳴り物入りでオープン。少し遅れたバブルめいた印象すらあった。この店舗は、鶯谷駅前の「ワールド会館」五〜七階にあったキャバレーを転用したもので、一九五〇年代の内装が残りレトロ調であったため、そのまま使ってしまえ、というやや安易な発想の産物であったようだ。つまり没落期に入った日本で、かつての栄華の跡が切り売りされる中で出てきた処理案件の一つにすぎない。三層吹き抜けの回廊式ホールは、一見豪華だが、古びたままで、華やかさからはほど遠かった。どうやら、当時勢いがあった商工ローンの資金を背景に立ち上げられた企画らしいと聞き、うなずく他なかった。

マツダ映画社に「東京キネマ倶楽部」の話が持ち込まれたのは、かなり計画が進んでからのようで、松戸誠はいろいろと助言はしたようだが「基本的に人の話をあまり聞かない人たちだった」という。資金は豊富だが、結果をすぐ求める。息の長い活動が求められる無声映画上映とは水と油で、開始後間もない翌年二月には、最初の支配人がクビになった。そんな有様だから、マツダ側からいろいろアイデアを出しても何も反映されず、ストレスだけがたまっていくことになる。

それでも専門劇場を立ち上げるのであれば、澤登だけで廻せるはずもなく、弁士を速成することが必要になる。かくして、実に六〇年あまりの時を経て、久しぶりに新人弁士が公募された。この時デビューを果たしたメンバーが、坂本頼光、山崎バニラ、斎藤裕子、佐々木亜希子、桜井麻美らである。「蛙の会」でじっくり時間をかけて育てた若手が台頭して来るのを待っている余裕はない。なんとか日々のプログラムを埋められるだけの弁士を揃えなければならない。

だが、黄金時代ならいざ知らず、マツダ映画社にも、もはや速成のノウハウはない。ひとまず、弁士ならこれぐらいは知っていてほしい、という基礎知識を筆記問題として出してみた。『『尾上松之助』の読み方を書きなさい」といった、無声映画ファンならまず間違えないようなものなのだが、当時の彼らはほとんど答えることができなかった。回答率は二〜三割という惨状である。山崎バニラに至っては「自己PR以外白紙で提出した」と告白している。それほどまでに、誰もが素人同然だった。だが具体的な指導はなされず、各々が自分の力で伸びていくことが求められた。これでは客が来るはずもない。

坂本頼光の回想を聞いてみよう。

「四〇〇人入るんですよ、そこ。でも二人とか三人とかねお客さんが。二人は困りますよね（笑）例えばカップルで来たらね『今宵はあなた方二人の貸切りでございます』とかいってごまかせるけど、ボサッとしたオジさんが二人バラバラで来て、すごい離れたところに西と東で座ったりしたら『どこ見りゃいいんだ！』っていうぐらいで」（「活弁士・坂本頼光が語る『日本には活動写真弁士が馴染む土壌があったんですよ』」／ブログ「寝たＰｏｄを起こす」二〇一七年七月二一日）

まさに壊滅状態である。しかも「レストランとしては致命的に飯がマズかった」といい、ガラガラの客席に耐え切れず、わずか一年半あまり後の二〇〇二年七月には瓦解してしまうこととなる。レストランなのに一五〇〇円の入場料が必要だったことも、客足を遠ざけたことだろう。つまり劇場なのかレストランなのかどっちつかずで、熱心な無声映画ファンでも敷居が高かったに違いない。「東京キネマ倶楽部」の屋号と内装はその後も引き継がれ、イベントスペースとしてコンサートなどに使用され、現在に至っているが、そこに「キネマ」があったのは、ほんの一瞬のことでしかなかった。何もかも早すぎた企画といえるだろう。

ただ何が幸いするか分からない。一瞬で足場が崩れ、荒波の中に放り出されたというのに、若手弁士たちは決してあきらめず、それぞれに独自の世界を開拓していくことになる。若手弁士たちが群雄割拠する、新時代が到来するのである。澤登がかつてそうだったように、逆境は弁士を育てるものらしい。

「何よりも、バニラちゃんのように、まったく違う世界からやって来て、弁士の世界でやっていくことができる存在が生まれたという意味では、東京キネマ倶楽部も意味がなくもなかったのかな」と、誠は今にして思うのだという。

職業弁士・山崎バニラ

金髪・和服・大正琴という三点セットで売り出した山崎バニラ（図8―2）は、それまでの弁士イメージを大きく覆《くつがえ》す存在だった。ありし日の活動弁士の世界を現代に再現する、という春翠や澤登翠のあり方とはまったく異なるものである。過去の芸能の復元ではなく、現役の芸能として、弁士を一般に認識させたのは、実は山崎なのかもしれない。

タレントや声優としての顔も持ち、その方面でも知名度がある。そのため、弁士は副業だと思っている人も多いだろう。だが山崎は「あくまで本業は弁士」と断言する。無声映画の黄金時代も含めて、過去に類例がない「弾き語り弁士」としての誇りがあるからだ。大正琴やピアノを弾きながら、弁士も自分で担当する。無声映画の伴奏を手がける他のピアニストに聞くと「歌うことはできても語ることは無理」という。それほどまでの離れ業なのだ。いったいなぜ、このような強烈なキャラクターが生み出されることとなったのだろうか。彼女の話を、聞いてみよう。

「弾き語りというのは、何かの片手間にできるようなものではないんです。実際、他の何よりも、準備を含めて一番時間がかかってしまうのは、弁士としての仕事なんですよ」

　山崎の弁士への思い入れはとても強いものがある。

　二〇一四年に『チャップリン・ザ・ルーツ』という、チャップリンの短編作品を集めたDVD—BOXが発売されたことがある。弁士と声優が各作品に音声を付けた、副音声収録という面白い試みがなされていた。この時、山崎はむろん弁士側にいたのだが、出来上がった音声を聴き比べて「私は弁士だな」と改めて思ったのだという。

　競争が厳しい声優の世界で、順調に仕事が出来ていることはありがたい。だが、現場の雰囲気は「声優の世界に弁士としてお邪魔させていただいている」というものらしい。むろんそれは外様扱いされているということではなく、他の世界で声のプロとしての技量を持つ山崎への畏敬が込められているということだろう。

　東京在住でない著者のような人間が山崎を知るきっかけは、やはりアニメだった。声優とスタッフが入れ替えとなった二〇〇五年以降のアニメ『ドラ

図８－２　山崎バニラ

図８－３　『ぱにぽにだっしゅ！』で弁士を演じるメソウサ（©氷川へきる／スクウェアエニックス・ぱにぽに製作委員会）

えもん』でジャイ子を演じているし、『ぱにぽにだっしゅ！』（二〇〇五）では、メインキャストの一人・メソウサで独特の存在感を見せた。メソウサは「たちまち起こる剣戟の響き〜」と活動弁士の真似事をする場面（図8―3）もあり、驚いて調べた結果、山崎の本業を知ることとなった。

実際、アニメしか観ない層に活動弁士という存在を知らしめた功績は極めて大きい。[23] その後も『神様はじめました』（二〇一二）の講釈師役など、アニメの世界と弁士の世界をつなぐ役割を時折演じている。

金髪・和服・大正琴

もともと映画ファンではなかった山崎は、知識ゼロでこの業界にやって来た。大学のミュージカル研出身で、芸能界を目指しオーディションを受けては落ちていた二〇〇〇年、ふと目についた東京キネマ倶楽部の弁士募集広告を見て、何をするのかも知らないまま応募してしまう。

当日やって来た応募者はざっと六〇〜七〇名いたというから驚かされる。最も弁士の認知度が下がっていた時期ではないかと思うのだが、それでもなお関心は高かったのだ。合格者はわずか一〇名ほど。そこにまったくの素人である山崎が食い込むことが出来たのはなぜか。

もちろん、「ヘリウムボイス」と形容されることもある独特の甲高い地声のインパクトが、好印象を与えたとはいえるかもしれない。ただ、それだけで乗り切れるほど甘い職業ではないのはもちろんのことで、四歳からピアノ、バレエ、絵画のトレーニングを受けた山崎の基礎教養の高さが評価されたということだろう。それでいて映画ファンでないのであれば、まったく違う表現が育つかもしれない。その読みは、ずばり当たったわけである。

現在山崎のトレードマークとなっている金髪・和服・大正琴は、最初から揃っていたわけではない。ここまで紹介して来た通り、春翠以降マツダ映画社の指導方針は、型を継承するものではなく、自分で型を見出すべしというものだ。

そこで、一工夫、「お客様も少なかったので、試行錯誤ができた」そうである。普通にただしゃべったのは初公演のみ。二回目には早くも、祖母が通販で衝動買いして使っていなかった大正琴を、使い方も知らないままにピアノの要領で適当に音を出して使い始める。後に、きちんと学んでおこうとカルチャーセンターで指導を仰いだ際には、「なぜ、こんなに音がメチャメチャなの?」と講師が悲鳴をあげることになってしまった。現在でも、専用の数字譜ではなく、ピアノ用の五線譜で譜面を書く。

当初は語りの合間に黙って弾いていたそうだが、ふと弾き語りが出来れば面白かろうと思いつく。人間工学博士の父親からは「右脳と左脳をいっぺんに使えばよい」と励まされ、修練を重ね、見事実現させてしまう。

「時に無知は大きな武器になります。もし私が活動写真の歴史をよく知っていたり、弁士に強いあこがれを抱いていたら気後れして、こんなに大それたことはできなかったと思うのです」（山崎バニラ『活弁士、山崎バニラ　弾き語り芸のひみつ』／梓出版社）

このころから既に、母や祖母の和服を借りて舞台に立つことが増えていた。だが金髪カツラがトレードマークになるのはもう少し先のことである。

二〇〇二年の東京キネマ倶楽部瓦解直後には、「牛ちゃんマンボ」でCDデビュー。この時、当時のプロダクション社長の思いつきで「山崎バニラ」の芸名が生まれる。翌年、映画『マトリックス』の三作目公開を控え、前作二本を活動弁士の要領で紹介する仕事が舞い込み、サイバーSFを弁士が語るミスマッチを強調するため、和服で金髪というスタイルが採用された。これが好評だったため、二〇〇四年、日本テレビの映画番組「シネマサイレントナイト」でも同様の衣装で弾き語りを披露することとなった。以降、このインパクトのあるスタイルがテレビで定着、弁士公演もこの型で披露されるようになる。

タレントとして名を高めていった結果、二〇〇六年には大学の学園祭で弁士として呼ばれるようになった。ここで「弾き語り弁士」としての、現在まで続く山崎バニラのスタイルがほぼ確立された。若い映画ファンたちに弁士の魅力を浸透させた功績は大いに評価すべきだろう。タレント・声優と弁士としての活動が対立せず、マルチに活動することで、どちらの世界でも認知度が上がり、一方の世界のファンが、もう一方の公演にも訪れるようになった。現在では活動弁士公演のたびに、予約だけでチケットが完売するほどの人気となっている。

初の弾き語り弁士

多数の若手弁士が競い合う時代になり、弁士の個性やオリジナリティが一層問われる状況である。声が独特で、キャラも立っている山崎は、もともと有利なのだが、それに甘んじず「弾き語り」という強烈なパンチを食らわせてくるのだから、人気も出るというものだろう。

公演を体験してみると、意外に技術の誇示は控えめで、まずは映画を立てうまく魅力を引き出す工夫が凝らされているのに感心する。作品のこぼれ話を盛り込んだり、ミュージカル仕立てのパートを作ったりと、とにかく観客を最大限に楽しませるべく、多彩な工夫が凝らされている。気が遠くなるほど手間がかけられた「弾き語り」には、感嘆するばかりである。いったい、どのようにして作られているのだろうか。

山崎によると、まず「ものすごい量の調べもの」から始まるのだという。字幕の分析は欠かせない。洋画の場合、公演にあたって和訳付きの映像をあらかじめ渡されることが多い。だが、発見があるかもしれないので、英語字幕を書き起こしてみる。翻訳字幕と突き合わせ、自分でも和訳してみる。そうすると、いろいろと思いつくことがあるらしい。

「話芸を志したはずなんですが、仕事の大半は調べものだったんです」

作品の背景などの知識は前説で語られるのが普通だが、作品の途中で豆知識タイムを設けるのがバニラ流だ。台本作りにかかる時間は、長編ならば資料集めも含めてざっと二カ月。取り上げる作品に関連する映画を観たり、古本屋に問い合わせたり、映像貸出元に教えを請うたりと、とにかく時間がかかる。

自分の独特な声質をどうすれば生かせるか、そしてどうすれば無声映画をもっと面白く見せられるのか、そう考えて、台本を練り上げていく。

まずは可能ならば台本だけでどこかで披露してみて、反応を見た上で、弾き語りの台本作りに入る。無声映画鑑賞会などでまずかけると、無声映画通の客層なので、解釈や表現の間違いを指摘してもらえることもある。近年は、自分が伴奏をしない「試演」をいったん行ってから、弾き語りに進むことで完成度を高めている。

台本が固まると次は、歩きながら、育児しながらでも、とにかく曲想を練る。

弾き語りはかなり微妙な作業で、バランスを崩さないように慎重に言葉を選んでいかなければならない。メロディと声が関係ない時は、韻を踏まないようにする。だが韻を踏んで歌うように語るシーンもあえて入れてみたりもする。

場面ごとに組み立てていては時間が足りないので、まずキャラクター別のテーマソングなどを何十曲も空いた時間に作曲し、譜面に起こしていく。そして画面を見ながら採用する曲を決めたり、新たに思いついた曲を入れたりもする。もちろん没で終わる曲もある。つまりハリウッドなどの新作映画の作曲方法とほぼ同じということである。

「一時間の映画のために五〇頁ぐらい楽譜を書く」

というからすさまじい。曲数はざっと一〇〇を超える。この作業にかかる時間は一カ月ほど。最近の無声映画伴奏の主流となっている「即興演奏」はやらない。曲をがっちりと固めておくから、弾き語りが出来るともいえる。ピアノには譜面しか乗っていないので、台本なしでしゃべっていると誤解されることも多いが、実は譜面に歌詞のような形で台本も書き込まれているのだそうだ。

曲をはめていくと、次第にセリフも変わる。歌いたくなったらセリフを歌に変えることもある。

最近手がけるものは、喜劇でも重厚感のある長編が増えた。そうした作品はクライマックスには激しいアクションが入るため、映像に語らせて弁士は徐々に黙っていかざるを得ない。しかし弾き語りなら、映像に合わせて弾きまくることができる。つまり映画と一体になれる。それが弾き語りの醍醐味《だいごみ》でもある。

あえて作品中に無音のシーンを作り、そこを「給水ポイント」にする、といった演出も行う。むろん、無音に不安を感じて演者を見てしまう観客はいる。すなわち、水を口にした瞬間に観客と目が合ってしまうという事態もしばしば起きるのだが、それでもかまわないのだという。

「映画と一緒に戦っている、というところを見てほしい。なんかそういうのが好きなんですよ」

これほどまでに入念な段取りを重んじる山崎のスタイルは、若手の弁士の中では、かなり例外的な存在である。次章で詳しく触れるが、片岡一郎らの即興を重んじるスタイルとは、大きく異なる。片岡らが精力的な海外公演をこなしているのに対して、意外にも山崎は海外公演の経験がない。むろん何が起こるか分からない海外では、フットワーク軽く対応できる即興型の方が、相性が良い。とはいえ山崎も意欲はあるのだ。

「いつかしっかり段取りをつけて、これならできるという環境を整えられたら、チャレンジしてみたいですね」

山崎は、そう意気込む。案外、その日は遠くないのではなかろうか。

楽しませてこそ関西弁士・大森くみこ

そうした多彩な東京勢とはまったく別の形で、関西に突然出現したのが大森くみこ（図8―4）だった。同年代の山崎バニラとは極めて仲が良く、長電話をする間柄という。デビューは二〇一二年で、ミレニアム弁士世代の中では少し遅い。だが、井上陽一ただ一人で、懸命に灯を守ってきた関西弁士の世界に、ようやく表れた新星への期待はとても大きなものがある。

戦前は松木狂郎や木田牧童ら、東京圏とはまったく別の弁士文化を築いてきた関西圏である。そ

図8－4　大森くみこ

れが、消えていってしまうのはあまりにも惜しい。だが師匠を持たない大森が関西弁士の伝統を継承するのは無理だろうと、半ばあきらめていたのも確かだ。それだけに、井上と交流を深めている現状には、注目せざるを得ない。

　大森のもともとの職業は司会業であり、当初、映画ファンの中には、疑念を持って様子を窺う向きもあった。実際、タレントや落語家が、話題作りのための踏み台として弁士に挑戦してみる、という傾向は珍しくない。だが実際にはまるでものにならず、一～二回公演してすぐ止めてしまうのがほとんどだ。

　ところが大森の意欲と情熱は半端なものではなく、短期間で大量の公演実績を積み重ね、一気に関西の映画ファンに浸透した。弁士といえば井上陽一、という期間があまりにも長かったために、まったく傾向が違う大森は、驚きをもって受け止められ認知されたといってよい。

　デビュー当時の、甲高い声をアピールし明るいキャラクターで売る、タレント的なスタイルのままだったら、ここでこうして大きく取り上げることはなかっただろう。だが近年の成長ぶりは、目を見張るものがある。意識的に声を低くし、シリアスな演技にも積極的に取り組む。その一方で声色など芸幅を広げる努力にも余念がない。いったい彼女に何があったのだろうか。

「やっぱり、その方が見ているお客さんは分かりやすいじゃないですか。白黒の無声映画っていきなり見ても、誰が何しゃべってるか分かりにくいですもん」

大森の答えは、意外だがシンプルなものだった。つまり、登場人物を色分けするための工夫なのである。洋画でも関西弁で語ってしまうのが大森流なのだが、その方が「今しゃべっているのはこの人ですよ、と分かってもらいやすい」のだという。もちろん「活動弁士は七色の声」というお客の期待に応える意味もある。あくまでお客を楽しませるのが正解、それは間違いなく関西弁士の王道といっていいだろう。

大森が弁士の存在を初めて知ったのは今から一〇年ほど前というから、デビューの数年前のこと。その時テレビで見たのは山崎バニラの姿だったそうで、自分がまったく知らない世界があることに大きな衝撃を受けた。しかもやっているのは、自分とあまり年齢の変わらない若者である。そもそも映画ファンでもなかったのに、山崎が演じる映画そのものに引き込まれてしまった。それは短編アニメと洋画喜劇だった。

「さらにそこに弁士という存在がいて、語りをつけていくというスタイルそのものに一目ぼれしたんですよ。もともと大正時代とかレトロなものが好きでしたし」

深海無声團からその先へ

だがそこからの道は険しかった。まず上映会を見に行こうとしたのだが、関西での弁士付き上映はとても少なかった。ホール公演が大半で、開催情報に気付いた時には終わっている。情報を集めるコツをつかむまでに、かなり時間がかかった。そうして井上陽一や澤登翠の公演を追いかけるようになったのだが、一つ不満があった。自分が最初に衝撃を受けた、アニメや洋画喜劇の公演がほとんどない。

その時、既にラジオや司会など声の仕事は始めていたので、ならば自分がやってみようかと思い立つ。しかし井上をはじめ、誰も弟子は取っていなかった。当時の関西には、小崎泰嗣という、手回し映写機を上映しながら弁士として語る、ユニークな存在もあったのだが、大森の直談判《じかだんぱん》はすげなく断られる。光量の乏しい手回し映写機は、小規模な上映にならざるを得ない。ペイさせるのがとても難しかったことだろう。弟子どころではなかったに違いない。小崎は、残念ながら、現在活動を停止している。

だがそれであきらめる大森ではない。東京の弁士・佐々木亜希子が開いていた月一回の講座を見つけ、二年にわたって通い続ける。とはいえ弟子入りしたわけではない。あくまで大森は、関西で弁士がやりたかったからである。

そして「弁士がやりたい」メッセージを発しながら独学を続けるうちに、先にも触れた通り、神戸映画資料館で上演の機会を得て、自主公演でデビューが実現した。それが二〇一二年夏。演目はジョルジュ・メリエスの『月世界旅行』（一九〇二）であった。

ここで、大阪にある「プラネット・プラス・ワン」の存在を知り、飛び込みで「弁士がやりたい」と懇願。同館代表の富岡邦彦は、古い映画の解説をする人物がほしかったため、微妙に両者の思惑はすれ違いつつも、活動弁士ユニット「深海無声團」の活動がスタートする。

「深海無声團」がユニークなのは、大森は一団員にすぎず、絶対的な権限を持つ演出家・富岡邦彦を中心とするグループだということだろう。弁士の台本を書くのはあくまで富岡である。演者本人が台本を書くのが当然とされる中にあって、その特異性が浮かび上がる。台本はあくまで富岡の解釈を反映したものであり、アドリブはあまり許されなかった。基本的に四回のリハーサルを経て、ダメ出しに基づく修正を求められる。

一〇月の初公演は、演奏者がいないため、なんと無音の中で弁士だけがしゃべるという思い切ったものになった。弁士の歴史の中では、ほぼ前例がない大胆な試みといえるかもしれない。チラシには「演奏者募集」と書かれていたそうである。

これに興味を持ち、観客として訪れたのが、鳥飼りょうだというのだから、世の中何が幸いするか分からない。鳥飼は、現在では関西における、無声映画の伴奏付き上映でトップランナーとして活躍する一人である（第10章にて詳述）。今でこそ、ピアノを自在に弾きこなす鳥飼だが、当時はバンドを渡り歩くパーカッショニストだった。打楽器だけの伴奏で弁士をやるのも面白そうな気がするが、さすがにそこまで冒険し続けることはできないと、大森の友人でキーボードが出来る藤代敦を誘って深海無声團の編成が出来上がった。このメンバーでの定期上映は二〇一七年三月まで三二回に及んだ。大森にとって飛躍となった場である。

「この経験があったからこそ、私は弁士としてやっていけるようになった」

プラネット・プラス・ワンで上映される作品は誰もが知るクラシックばかりではない。忘れられた作品、珍しい作品、実に様々で、富岡の意欲的なプログラム作りが反映されている。大古典といってよい米映画『オペラの怪人』（一九二五）がある一方で、金森万象監督の日本映画『祇園絵日傘』（一九三〇）がある、ダグラス・フェアバンクス主演の『ドーグラスの蛮勇』（一九一七）なる忘れ去られた無声活劇もある。

アニメや洋画喜劇がやりたくて弁士の世界に飛び込んだ大森だったが、ここでドイツ表現主義の古典『カリガリ博士』（一九一九）を知り、シリアスな作品への関心が一気に高まる。「低声をもう少し出す練習をするべきだ」とアドバイスしたのは富岡で、大森が演目の幅を広げていくことになる、大きな転機となった。

だがその後は、それぞれの映画に対する考え方の違いから、深海無声團は解散し、大森の弁士活動はソロが主体となっていく。活動に対する各人の評価は様々だ。無声團のリーダーたる富岡邦彦は「深海無声團にも成果はあったが、結果としては失敗だったと思う」と振り返る。

その決裂点となった第三二回公演（二〇一七年三月）のアメリカ映画『風』（一九二八）では、富岡の不満が頂点に達し、藤代敦の脱退もあって解散が宣言される。

「この時代の無声映画は大森には無理、と思ったんです。登場人物の背景にある複雑な事情を理解しようとせず、すぐに単純化してしまう」

両者の話を聞いてみると、映画を徹底的に言葉で解析していこうとする富岡と、情緒を糸口に映画を解釈していこうとする大森の対立が見えてくる。そして富岡は、自分の解釈を変更させたいのであれば、あくまで言語で説明すべしと求めた。

大森は基本的に、富岡にいわれた通り素直にやっていたという。だが、富岡の望むような形には仕上がらない。心のどこかで納得できないままだったのかもしれない。直観で動くことも多い演者は、必ず自分の行動を明快に言語化できるとは限らない。しかしそれは、富岡には認められないことだった。

これは無声映画全盛期の映画評論家と弁士に近い対立構造でもある。これが九〇年近くの後、二一世紀になって、一つの舞台の上で再現されたというのが興味深い。映画評論家に対する、当時の弁士の反論の仕方は、大森の取った道とほぼ同じだ。生き延びて、公演を積み重ねることによって、自分なりの解釈に説得力を付け加えていくことだ。観客の支持を集めることは、それも一つの正解であると証明することなのだから。

残念な別れ方となったが、映画に関する知識や心構えなど、大森がこの時期に学んだものは多く、感謝しているという。今観ても面白い作品はたくさんあるはずなのに、時代や文化が異なることで楽しめない。「それを観客につなぐ橋の役割を果たすのが、現代弁士なんじゃないか」。大森は次第に、弁士としての自分の役割を見定めていく。

大森のデビューは遅かったが、成長の速さ、変化の激しさにはすごいものがある。井上との交流によって、関西弁士の正統を継承していくことが大いに期待される。

井上の指導を経て取り組んだ吉野二郎監督『杉本兵曹長の妻』（一九三二）では、軍国プロパガンダ要素をねじ伏せ、女性の自立を描いたフェミニズム映画として再生させる力技を見せた。まさに凡作が弁士の力で傑作に化ける瞬間を目撃することとなった。コリーン・ムーア主演の米映画『微笑みの女王』（一九二六）、戦前の中国映画『愛と義務』（一九三一）など、自選・依頼を問わず、埋もれた作品にも積極的に取り組む、映画史への理解の深さも注目に値する。富岡に叩き込まれた教養を、見事に血肉としているのではないだろうか。

大森の活躍を見て新たに関西弁士の世界に飛び込んでくる若者が出た時、また大きな変化がありそうな気がする。この先も、目が離せそうにない。

◉22　桜井麻美　出産後、二〇一九年現在は休業中。
◉23　その後も～　アニメ声優の仕事において、自身同様にヘリウムボイスがトレードマークとなっている声優の金田朋子との共演を目標に掲げてきた山崎だったが、最近それは実現。第二の金田朋子と評されることもある若手の吉田有里との共演も果たしている。次なる目標は三人揃い踏みだろうか。

第9章
それぞれの活路
——片岡一郎と坂本頼光

両極端のライバル

ミレニアム以降の弁士の世界が、格段に面白いものとなった背景には、若手弁士たちの競い合いがあった。まだまだ数は少ないとはいえ、複数の弁士が並び立つ状況が生まれたことで、数十年ぶりで「弁士業界」が復活したことになる。だが、増えたとはいえまだ全国で一〇名あまり。どうすれば、この先に進めるのだろう。「弁士業界」がさらに盛り上がり、どしどし若い才能が入ってくる状況を作れないものだろうか。そう考えた二人の若者がいた。

一人は正統派の極を、もう一人は異色派の極を目指す。両極端がライバルとして競い合い、しのぎを削る事態となれば、おのずと注目が集まるだろうし、業界も盛り上がる。何より弁士の可能性を大きく押し広げることになるはずだ。

澤登と井上の両立が、弁士の多様性を維持したことを思い出したい。地理的に離れていたこともあり、二人にはあまりライバルという意識はなかっただろう。自分ができることを自分の興味の赴《おもむ》くままに突き詰めていった結果が、それぞれ別の可能性へとたどり着いた。だが彼らの後継者は、より戦略的に進むべき道を選ばなければならない。そう思い定めたのが、片岡一郎（図9―1）と坂本頼光《らいこう》（図9―2）である。

それぞれ完成された形で対極に立った大家を見比べることができたからこそ、自分たちの進むべ

図9－1　片岡一郎

図9－2　坂本頼光

き道に悩み、思いを巡らしたのだろう。

片岡一郎、一九七七年生まれ。日大芸術学部演劇学科の出身で、在学中から映画・演劇の研究に打ち込んだ。梅村紫声の系譜に連なる「学者弁士」として、着々と実績を積み重ねている。映画史、特に弁士の歴史に関する研究では、専門家も一目置く豊富な知識を誇り、自ら発掘したロストフィルムも多数ある。調査実績を公演に生かすことで、現代に息づく現役の芸能としての活動弁士の「型」を作り出しつつある。まさに正統中の正統。

坂本頼光、一九七九年生まれ。対照的にひたすら芸能にこだわり、声色や自作アニメすら作品中に取り込んで、サービス精神旺盛な語り口で早くから人気を博した。東京や大阪の寄席にレギュラー的に出演し、エンターテインメントとしての弁士話芸の復権に力を注ぐ。アニメ声優やテレビ番組・CMのナレーションなど、弁士以外の仕事も幅広く手がけ、外部への露出にも意欲的だ。

これほど違う世界で活動しているのであれば、だんだん疎遠になってもおかしくない。ところが二人はつかず離れず、親密なような不仲なような、微妙な距離感を保ったまま、ライバルとしてお互いを意識している。

これは一九九〇年代末の「蛙の会」でしのぎを削っていた、アマチュア時代から変わらない。実際、「お前たちはお互いのことを意識しすぎだ」と諫《いさ》められたこともあるらしい。片岡と坂本のどちらも強く記憶に残っているそうだが、誰からそういわれたのかは、不思議なことに忘れてしまったという。

私が二人と交流を持つようになったのは二〇一〇年代以降のことだが、彼らがそれぞれの形で弁士としての存在感を高めていく過程を目撃することになった。こうした正反対の実力者同士が競い合う構図は、確かに業界に刺激を与え、認知度を高める役割を果たす。落語でいえば、東京落語における[24]古今亭志ん生対三遊亭圓生、上方落語における桂米朝対笑福亭松鶴。その対決は伝説となり、今も語り継がれている。

何よりもこの若さで、業界全体のことを考え、戦略的に自分の立ち位置を決める、そんな才能が相次いで現れたことに、注目せざるを得ない。弁士の世界が長い雌伏《しふく》を乗り越え、ようやく復興の時を迎えつつあることを感じる。二人はまだ若く、これから一山も二山もあるだろう。ようやくお互いの地歩を固めたにすぎない。自分だけでなく弁士の世界全体を意識しながら活動している両者だけに、思う所が多々あるはずだ。

自らの芸のこと、相手のこと、これからの弁士の世界のこと。話を聞いてみた。

「師匠」へのこだわり

そもそも「師匠」という存在への対応についても、両者は正反対だった。既に触れた通り、片岡は「押しかけ弟子」という、今時珍しいスタイルで、澤登翠との師弟関係を築いた。これに対し坂本は、特定の師匠を持たず、独学でスタイルを作った。

片岡の場合、まずは、澤登の芸が好きだという純粋な思いから始まるのだという。話芸が好きで、落語が好きで、映画も好き。ただし、「蛙の会」に在籍しアマチュアの一人として活動していた学生時代は「プロになるのは無理だ」と諦めてもいた。確かに何人もの弁士が競い合えるほどのマーケットはまだなかった。

そのころ、熱心な映画ファンとして片岡が一目置いていた先輩会員が就職し、会を抜けた。その後、間をおかずに、東京キネマ倶楽部の設立が明らかになる。先輩ほど映画が好きではないし、と遠慮を感じていた片岡は、「常設館ができるならやれるかも」という思いがよぎったのだという。ここにもまた、東京キネマ倶楽部がもたらした影響があった。

落語好きであった片岡は、もともと師弟関係にさほど抵抗感がなかった。学生のうちに弟子になるのも面白いと考え、戦前からの唯一の弁士を名乗る男性老弁士の公演を聴きに行ったこともあるという。澤登は戦後からの活動だったし、女性でもある。澤登とは別の魅力や型があるのでは、と期待していたのだが、結論は「この人はないな」という失望だった。空振りではあったが、ここで複数の弁士を聴き比べることが出来たことは、大きな財産となった。片岡から見た澤登の魅力とは、きちんと台本が書けること、そして映画をよく理解していること。

「もしも澤登しか知らなくて、弁士になるための入り口として弟子入りを考えていたのであれば、弟子入りを断られた時に諦めていたかもしれない。でも、戦前からの弁士よりも上だ、という結論を得たことで、この人の側にいたいという思いが強くなったんです」

まさしく成瀬巳喜男の芸道ものの世界である。今時そんな古風な発想を持つ若者はほとんどいないだろう。鬱屈した高校時代、片岡は落語にはまり、図書館の落語テープを借り出しては聞きまくっていた。だから日大芸術学部に進んだ時、周囲の人間は誰もが「落研に入るだろう」と思っていた。それを聞いた片岡は「落研にだけは入るまい」と決意したというのだから、ひねくれている。そこで落語ではない、語るものとしてミュージカル研を選んだ。

「僕の行動は基本的に逆張り逆張りなんです。こうだよね、といわれたら、いやそうじゃないといいたくなる。それを証明するためには逆を行くしかない」

語り芸にこだわりつつも、より当たり前ではないものを目指すというマイノリティ気質がある以上、やがて活動弁士の世界に行きつくことは、明らかだった。

「芸人」としての弁士

これに対して、坂本頼光は、「芸人としての弁士」を強く志向した。そこで澤登と距離を置き、誰にも師事せず独自の道を行く。澤登は業界の頂点に立つ技芸を持つが、坂本が求める「芸人的なもの」とは違う存在だったからだ。澤登が芸人的ではなかったことで、片岡が古風なまでの芸人的な押しかけ弟子を選び、坂本が師匠を持たないという、二人の本来の志向とは真逆ともいえる選択が成り立ってしまったのが興味深い。

坂本は、澤登の芸を尊敬はするが、自分にはできないものだと評する。無声映画の古典として現在でも演じられることの多い、阪妻の『雄呂血』で、とりわけそう感じるという。『雄呂血』は、映画としての完成度は高いが、主人公の行動原理は、現代の観客には理解しづらくズレたものとなってしまっている。だから自分にはやりにくい。主人公は思い込みの激しいストーカーのような存在かも……と、前説なり後説で断らないと、うまく語ることができない。ところが澤登は、そんな断りを入れなくても、役者のように映画の中に没入して、自然なドラマに見せてしまう。その技術は素晴らしいと思うが、弁士がライブで見せるものである以上、弁士がいないように感じさせるのは違うと思う。「半映・半芸であるべきじゃないか」と坂本は考える。そこが澤登から距離を取る理由である。

そんな坂本の精神的な師となったのが、四年ほどバイトで付き人を務めていた、俳優の山本竜二である。山本は嵐寛寿郎の従弟の息子で、父親は役者兼殺陣師の佐々木小二郎という芸能一家の出身だった。大映京都の大部屋俳優となり、嵐寛の付き人もしていた。その後、東京に出て売り出しを試みるが嵐寛は死去、仕事が激減してしまう。そこにピンク映画の仕事が舞い込み、大映京都仕込みの芸風で異彩を放つようになる。

坂本が弁士を志したそもそものきっかけは、中学二年生の時に見た澤登翠の弁士付き上映の実演だったが、そのころの澤登は弟子を取っていなかったため、片岡に少し遅れて「蛙の会」に参加。ある日、ここで『鞍馬天狗』を発表することになった。どう工夫しようか、と思っていた時、落語家・快楽亭ブラックのトークショーに出かけ、ゲストとして登場した山本竜二を知る。「鞍馬天狗」を当たり役とした嵐寛の甥だと紹介されていたため、前説に使えるかもと思い、取材に行ってみることにした。その時、坂本は、まだ一七歳だった。片岡とはまた別の意味で、ずいぶん変わっている。山本からは驚かれたそうだ。それはそうだろう。ピンク映画の俳優のところへ未成年が取材に来たのだから。既にいっぱしの映画ファンであった坂本は、この時坂本が一般映画とピンク映画の双方で活躍していることを知っていた。

難しさを感じつつも、プロとして弁士になることを夢見ていた坂本に、山本は独自の哲学を語った。

「プロというのはそれでおまんまを喰うことや。セブンイレブンで働いてる？　あかん！　芸人になりたいゆう子が、そんな真っ当なバイトしてどないすんねや、早よ辞め！　そんなんやめてな、俺が今度主演兼監督するスカトロＡＶでカメラ回せ。その方が芸の肥やしになる……って、そのまんまじゃねえかと思いましたけど（笑）」

山本は、成人業界で生きることに屈折は感じつつも、それでお客様に喜んでもらえるならと存在意義を見出していた。それはつまりサービス業としての芸人魂で、もともと大衆芸能が好きだった坂本は山本に心酔し、事実上の師として仰ぐようになる。坂本が声色やアニメなどを駆使したサービス精神旺盛な芸風になったのも、山本から学んだことが大きく影響している。

「芸という字は草冠に云と書く。だから草、つまり野にあれといわれたんです」

山本は片岡が目指したものとはまた違う、傾奇者《かぶきもの》の誇りめいた思いを持った古いタイプの芸人で、それが坂本の目指した方向性と合致したということなのだろう。

片岡がそうした芸人の世界を民俗学的に研究するタイプだとすれば、そこにどっぷりとはまって実践するのが坂本のスタイルというわけだ。おそらく弁士になっていなかったら、片岡のようなタイプの人間と付き合うことはなかったろうという。だが弁士となったことで、どこかお互いに思いが通じるものがあると感じるようになった。

東京キネマ倶楽部での明暗

二〇〇〇年、鳴り物入りでスタートした東京キネマ倶楽部は、事業としては大失敗であったにもかかわらず、若手弁士たちの活路となったことは、これまで触れてきた通りだ。そこで六〇～七〇人もの応募者の中から合格したのはわずかに一〇人ほど。その中に坂本はいたが、片岡は選ばれなかった。審査に澤登はタッチしておらず、選考基準に首をひねるところがないではない。

だが、山崎バニラを見出していることから分かるように、まったく見当はずれというわけでもなかった。二人とも、今は冷静に受け止めているが、当時は辛かったのではないだろうか。今から見れば、ということだがと断りつつ、坂本はこう評した。

「当時の片岡さんは糞真面目なだけで陰気だった」

まさに三遊亭圓生だ。本章の冒頭でも触れた東京落語の伝説的存在だが、その生涯は大変険しいものだった。圓生は、落語に関する知識も豊富で多数の噺《はなし》を身に付け、芸能全般に詳しい。ところが、若いころはその豊富な知識が重しとなり、芸が陰気になって人気が出なかった。明るく華やかなキャラクターで、一足早く脚光を浴びた古今亭志ん生とは明暗を分けたのである。だが戦後、長い雌伏の末に、一気に花開く。昭和の名人と讃えられた至芸は、苦闘があればこそ光り輝く偉大なものとなった。未だに語り草となっている圓生と志ん生とのライバル関係であるが、それが誰の目にも明らかに互角となったのは、晩年のことだった。

ただ、片岡は圓生ほど長い雌伏を味わわずに済んだ。二〇〇二年にはデビューを果たしている。東京キネマ倶楽部は、プロデビュー[25]を決意させたきっかけだったが、片岡には、そこで好機を逃してもすぐ切り替えて善後策を練る冷静さがあった。

澤登の弟子となったのも、「正統」を手に入れるための戦略ではなかったのだろうか。先にも触れた通り、その問いかけに片岡は、そうではなくて「師匠が好きだから」だと否定する回答をしている。だが、その純朴な芸能者ぶりは、私にはいささか片岡らしくないものに感じられる。坂本も「あれ、否定したんですか」と意外そうな顔をした。坂本はアマチュアとしては片岡が先輩であるにもかかわらず、自分の方が先にデビューしたことで複雑な思いを抱いていた。ところが、片岡が「惣領《そうりょう》弟子」という立場を手に入れたことで、坂本は「すべてひっくり返された」と感じたという。

本当のところは分からない。ただ、二人の関係が馴れ合いではなく、常に真剣勝負の駆け引きの中にあることを感じさせるエピソードだった。まあ、片岡のことだから、何手か先を読んで、あえて純朴な芸能者ぶりを強調したのかもしれないのだが。もちろん片岡にも純情な側面はある。ただ、自分の多様な顔を次へ進む駒として自在に使い分けてくるのが、片岡の片岡たる所以《ゆえん》である。

一度はデビューを逃す枷《かせ》となってしまった豊富な映画知識を、いかに武器に変えていくか。そこで片岡が選んだのが「学者弁士」のキャラクターだった。

学者弁士売り出す

片岡には生来《しょうらい》のコレクター気質があった。キン肉マン消しゴム、ビックリマンシール、ゾイド、ミニ四駆と子供がハマる玩具には一通り熱中した。ただ、自分の原点としてのコレクションを考えた時に思い立つのは、落語のテープを探して練馬区の図書館を駆けまわった高校・大学時代があるという。他館にしかないテープは取り寄せてもらうこともできるのだが、待っていられなくて、自転車で直接出かけてしまう。

その「集めたくなる衝動」は、弁士を始めた時期にぶり返すことになる。ちょうどそのころ、「ヤフーオークション」がスタートしたからである。当時付き合っていた彼女から「弁士のレコードが出ているよ」と聞かされ、頼んで落札してもらったのが、泉詩郎のＳＰレコードだった。昔の弁士の音声がレコードとして残されていることも知らないし、そもそもＳＰレコードのなんたるかを知らないので、落札した音盤を再生する方法も分からない。それでも手に入れたことがうれしくてしょうがなかったという。

やがて当時の弁士レコードの世界がだんだんと分かってきて、収集活動に没頭していった。一つには、手本となるような男性弁士の声がほしかったのだという。澤登の芸は好きだったが、男である自分には、澤登の芸を完全にコピーすることはできない。そこで、できるだけ多くの弁士の音源を探した。その過程で集まってくる資料から、次第に弁士や映画の歴史に興味が湧いてくる。

調べてみるとヤフオクで取引されているのはＳＰレコードだけではない。チラシ、スチール、弁士用台本。時には戦前の映画フィルムすら入札対象になる。得体のしれないものが大半だが、よくよく調べてみるとロストフィルム、ということもある。興味の赴くままにいろいろなことに手を出すうちに、それらを仕事にうまく結び付ける術《すべ》がだんだんと分かってきた。ある意味で、春翠の戦後の行動とよく似ている。

つまり集まってきたものを調べていくうちに、何がより貴重か分かってきて、興味が高まるということだ。弁士を映画史の中に位置づけ直し、現代において語る意義を考えていくと、次第に自分が進むべき道が見えてくる。

弁士のフィルム収集

東京キネマ倶楽部の瓦解は、若手弁士たちにフィルム収集を促《うなが》すという、もう一つの副作用を伴っていた。劇場がなくなり、自分たちで独自の上映企画を立ち上げようとした場合、フィルムの確保が大きな問題となる。当時の彼らのギャラでは、マツダ映画社からフィルムを借りて上映すると、赤字になってしまう。

そこで坂本は自作アニメ『サザザさん』（後述）を手がけ、毒気に満ちた内容で一気に名を高めた。だが弁士である以上、普通の無声映画も上映したい。ネットオークションで新たに入手した無声映画ならば、多くは既に著作権が切れており、素材として自由に活用できる。寄席の仕事が多く、一五分など決められた枠の中で公演しなければいけない場面が多いので、使い勝手が良い。

デジタル技術の向上で、原版を傷めずに編集できるようになったし、より低コストでのフィルム修復が可能になった。いったんデジタル化してしまえば、高画質の映像をほぼコストゼロで簡単に投射上映できる。つまり春翠のような大がかりな会社組織を作らなくても、個人として映画を収集・上映する道が開けたのである。

これに対して片岡は、よりレアなロストフィルムを探す方向に動く。映画発掘・修復を、マスコミを通じて発表し、映画ファンの関心を引き付ける。片岡の強みは、落札したフィルムを比較的短時間で上映にこぎつけられることだろう。それは個人ですべてを行っている身軽さである。米映画『ペギイのお手柄（原題＝『Our Pet』）』（一九二四）や、子役時代の高峰秀子の出演作として話題を呼んだ『私のパパさんママが好き』（一九三一）など、片岡の手で発掘されたロストフィルムは数多い。

もちろん貴重なフィルムならば、国立映画アーカイブに託し、よりきちんとした修復を行うこともできる。尾上松之助主演による最初期の旧劇『忠臣蔵』（一九一〇～一五）の原型をとどめたフィルムは、重大な発見となった。戦後上映されたバージョンは、かなり手を加えられたものばかりで、旧劇時代の松之助映画がどのような形で上映されていたか、本来の姿を知る大きな手がかりとなったのである。

映画の発見者が修復後のお披露目上演で弁士を務める、さらにはそのフィルムを手に各地で巡業する。これは、弁士の名前をファンの脳裏に刻みつける、非常に巧妙な手立てだといってよい。かつて何度も無音で上映されていた『忠臣蔵』は、退屈そのものだった。カメラは微動だにせず、ストーリーは判然としない。だが復元を終え片岡の手で語られたものを体験したとき、かつて人々が熱狂した理由がようやく分かった。それは、映画も芝居も超越した、まったく別のライブ表現だったのである。

『サザザさん』の衝撃

片岡の武器が発掘フィルムであるなら、坂本の武器は、『サザザさん』（図9―3）であろう。そのインパクトの強さは絶大だった。もともと水木しげるの弟子になりたくて、独学でマンガを描くようになり、その怪奇趣味へのオマージュとしてアニメを作った。およそテレビで放映することなどできない、危険なネタが満載のパロディ。これを自作で発表したことで、無声映画など観たこともない層に、活動弁士・坂本頼光をアピールすることができた。もっとも弁士から遠そうな素材を手がけたことで、自分があこがれた芸能の世界で弁士として公演する機会を得られたのだから、面白い。

おかしなアニメを作る奴がいるな、へえ弁士なのか、普通の映画もやるの？　じゃあ出演しない？　という流れで舞台などへの出演が決まることが多いのだという。

図９－３　『サザザさん』（写真提供：坂本頼光）

大阪の寄席・繁昌亭で出演が決まった時も、支配人から「あれ（『サザザさん』）はやらんといてね？」と念押しされたというのが奇妙である。支配人が坂本に関心を持ったきっかけは、『サザザさん』だというのに。

つまり『サザザさん』は、坂本頼光の名刺として機能し、名前を広める役割を果たした。ここから先、まだ『サザザさん』を作るのか、それとも止めるのかは難しいところである。片岡は「もう止めた方がいいのでは」という意見だが、当事者の坂本としては、「通常の弁士だけでは埋没してしまうのでは」という不安を感じてしまうのだという。

むろん、異色弁士を自認するからこそ、『サザザさん』を続けていきたいという思いもある。片岡が正統で頑張ってくれるからこそ、自分が裏で好き勝手にできる。

「片岡さんの名前が弁士塚に刻まれることがあれば、自分は裏側にマジックで書かれているような存在になりたいんですよ。あるいは、せっかく彫ってもらったけど字が違っているとかね。その方が面白いじゃないですか」

実のところ、お互いの話を聞いていると、相手に対する愚痴《ぐち》は結構あった。自分が正統、あるいは異能で活躍するためには、相手にちょうど鏡返しの位置にいてほしい。だが、なかなかそううまくはいかないのである。だからこそ面白い。

こんなにも生々しいのは、圓生・志ん生とは違い、まさに現役真っ盛り、現在進行形のライバル対決だからだろう。何も相手を打ち負かしたいわけではない。だが多少なりとも相手を思う方向に誘導しようとして、策を巡らすものだから、さらに話がややこしくなる。

海外で開けた活路

自分たちの個性を活かした活動で新たな市場を開拓しようと模索した結果、片岡は研究者としての映画の発掘と保存、坂本は演芸場を舞台にしたお笑いの世界を選択していく。確かにそれはあきれるほど違う世界だったが、坂本よりデビューが遅れた片岡にしてみれば、自分の道を確立してようやく、坂本とフラットに語り合えるようになったという思いがある。

積極的な海外展開は、今でこそ学者弁士・片岡一郎の名にふさわしい看板になったが、最初は澤登翠の代役として手を挙げた、偶然の産物だった。最初に行った国は紛争下のクロアチアで、語った作品は衣笠貞之助監督『狂った一頁』だというのだから、いろいろと冒険しすぎである。弁士という珍しい文化を実演しに来たということで歓迎され、帰国しても大きな実績として評価された。

「こちらは着物を着て実演しますし、何より活動弁士を見るのが初めての方たちでしたから、とても楽しんでもらえました。そんなわけで、クロアチアの映画祭には四回も呼ばれています。首都・ザグレブなら町案内もできるぐらいです（笑）」（「海外の映画祭でも活躍！　活動弁士 片岡一郎さんインタビュー」／日本映像翻訳アカデミー）

このように現在では、国際交流の専門家としてインタビューを受けるほどになった片岡だが、最初はなかなか苦労したという。なるほど海外はいい。だが次の売り込み方が分からない。そう悩んでいたころ母校の日本大学から招かれ、映画に関する講義を行った。たまたま聴衆の中に、ドイツで日本映画祭「ニッポン・コネクション」を手がけているディレクターがおり、ぜひ来てほしいと依頼を受ける。こうして、積極的に自分から求めたわけではないのに、一気に海外展開の道が拓けた。海外研究者のネットワークはバカにならない。一度伝手ができると、次から次へとつながり、どんどん依頼が舞い込み始める。

「海外における無声映画業界・日本映画業界というものがあるんですが、その中で、弁士を呼んで何かやろうよという時に、僕の名前が真っ先に出てくる状況を作れたということですね」

伝手が出来たことで、具体的な行先を挙げて補助金の申請も可能になった。英語が出来るので、現地でのケアも最低限で済む。つまり開催地側にとっても、呼びやすい人材になることが出来たのである。

片岡の英語は学校で学んだものではない。海外展開の初期にアメリカ・ミシガン大に半年間滞在する企画で呼ばれ、そこで生活する中で、身体で覚えたものなのだというからたくましい。アーテイスト・イン・レジデンスという、芸術家に滞在してもらって作品を作らせる企画で、近年日本でも地域振興の一環として実施されることが増えてきた。片岡の場合は、二カ月半にわたって、毎週水曜日に弁士付き上映を行うという、なかなか過酷なプログラムだった。アメリカで上映できる小津映画をすべて上映したそうだ。

片岡の説明は日本語で、英語字幕が付されるのは中間字幕のみ。ところが観客動員は増え続けた。観客は学生にとどまらず、広く地域住民に口コミで輪が広がっていったという。面白いことに、アメリカではは「これを英語でやったら世界的なスターになれるね」といわれたのに対し、ヨーロッパでは「英語じゃなくて日本語でやってください、それが文化というものでしょう」と諭《さと》された。それぞれの文化に対する考え方の違いが見えて興味深い。結局、今に至るまで、片岡の説明は日本語のみである。

クロアチアやウクライナなど紛争当事国も避けずに、年に何度も海外と日本を往復するアグレッシブな活動を続け、今や国際派弁士として知られる存在になった。

寄席芸人へのこだわり

片岡の海外展開が刺激となったのか、坂本もフランスのシネマテーク・フランセーズに映画の仕事で招かれるようになった。自分が選ばれるのは違うんじゃないかと複雑な思いを抱えつつも、ご指名ならばと仕事を受ける。ただ坂本の場合、山本竜二に学んだ「傾奇者のプライド」に思い入れがあるため、より妙な仕事に愛着を感じてしまうのだという。パリで日本映画の紹介者として丁重なもてなしを受けて帰国した日の深夜に、東京・湯島のハプニングバーで余興仕事をしている。

「実にホッとしました。フランスから湯島。このいかがわしさ。これが僕の生き方なんだって」

実際、坂本の人気は近年急速に高まっている。ただ、それはカルト芸人めいた受け止められ方で、坂本としては自業自得とはいえ時に複雑な気分にもなるという。

「僕はマイペースだし、活弁でもダブルスタンダードの邪道だからそういう〈エース的な〉存在にはなれませんよ。〈中略〉異端扱いは僕にとって、ちょうどいい温度の温泉なんです」（大山くまお「謎の活動弁士、坂本頼光って何者?」／Excite Bi）

だからこそ、片岡には本流の仕事をしてほしい、というのが坂本の本音である。そうすれば自分はもっと好き勝手に出来るから。

だが押しかけ弟子を実践してしまうぐらいだから、本来は片岡も、寄席芸的な世界に関心があったはずである。しかし自分が、土俗的な寄席芸にこだわったことで、片岡を学究的な世界に押しやってしまったのではないか。坂本は時に悩む。気が付けば、片岡の芸は素晴らしいが、寄席でちょっと見せるには向かないものとなってしまったのではないだろうか、とも感じてしまうのだ。

意識的に対極を目指す二人ではあるが、その内心は揺れ動き、複雑なものを孕む。だからこそ、生々しい面白さに満ちているといえそうだ。

対立と共存

二人の対立構図が映画ファンの間に浸透してくると、それぞれのひいき筋が付いて、ああだこうだと盛り上がることになる。それはそれで活況を呈して好ましい。ただ、繰り返すが、二人とも相手を完全に打ち負かそうとは考えていない。坂本はいう。

「芸能の世界で一人勝ちはどうかナと思います。それはつまりその人の型しか残らないということになるわけですから。弁士の世界だって、僕の型、片岡さんの型、いろいろあるから面白い」

競い合うことで面白さは生まれるが、相手を殲滅《せんめつ》することが目的ではない。そこは、二人の間で共通認識となっているようだ。

「この年齢になると、業界を盛り上げないと、自分が生きていけないって思うんですよ」

こちらは片岡の意見。若手の頑張りによって、ようやく活気づいてきたが、まだまだマーケットは小さい。新人が出てくると自分が食べられなくなるんじゃないかという不安があってもおかしくないが、業界全体を見渡す視野は忘れない。

片岡は、澤登の下に入門した時から、「これ一本で食べていく」という決意は持っていた。

「自分がこれほど面白い、素晴らしいと思っているこの活動弁士という世界は、自分が食べていけるだけの魅力はあるはずだということは疑っていないんです」

ただ、無声映画をきちんと楽しんでもらえるようにするためには、それなりの工夫が必要だとも思っている。自分が昔レンタルビデオ屋で借りてきた『メトロポリス』（一九二七）にいい加減な音が付けられていたことで、観ながら寝てしまったことはよく覚えている。では映画が引き立つような工夫とは何か。少なくとも懐かしさや往時のジンタではないだろう。今の観客が楽しめるようなものであるはずだ。

片岡はいう。「映画館でやれるようになって、ようやく他の映画と同じラインに並べるようになりました。やっと少し『なつかしい』から離れることができたんですね。でも名画座は、まだ少し『なつかしい』が残ってしまう。本当は、シネコンでやれるようになるべきなんです。どうすればそれが可能になるか、考えなきゃいけない」

ＵＣＬＡでの共演

二〇一九年三月、米ＵＣＬＡの映画テレビアーカイブが企画した上映会は、和洋合奏の楽団と複数の弁士の語りによる上映を三日間にわたって行う、手厚いものだった。日本でもここまで豪華な陣容は、映画祭か無声映画鑑賞会でもなければ成立しない。しかも伊藤大輔監督の『忠次旅日記』、小津安二郎監督の『非常線の女』にアメリカ映画の『チート』（一九一五）、『沈黙』（一九二六）、さらには短編やアニメ作品まで添えた豪華なプログラムが組まれた。

片岡に持ちかけられた相談は「複数の弁士が呼びたい。できれば三人目は女性で」というものだった。片岡・坂本のコンビは良いとして、問題は三人目だった。出産したばかりの山崎バニラは難しい。ならばと選ばれたのが、大森くみこだった。大森の近年の急成長ぶりに感心した片岡が声をかけたのだが、本人は「私なんかでいいんですか？」と少々動揺したそうだ。何しろここまでの海外公演は台湾と韓国だけで、アメリカ公演は初。大森の話も聞いてみよう。

一応台本は前もって現地に送り、英語字幕に訳してもらうのだが、当日変えたくなって困ったそうだ。結局誰も分からないにもかかわらず、自分の気持ちに納得できるかどうかのみで、内容を変更したということである。それが芸への「こだわり」ということなのだろう。

とにかくアメリカ人の反応はストレートで、日本よりもウケたし、日本よりも褒められた。それは純粋に嬉しかったのだが「もっと日本でがんばらないかんなと思いました」とのことである。

片岡が感心したのは、尾上松之助の『豪傑児雷也』（一九二一）を上演した時に、大森が、自分が出来ないことでも、何とか合わせようと努力してきたことだった。弁士三人の掛け合いでやることになり、片岡と坂本はきちんと習ったわけではない「なんちゃって歌舞伎」ではあるが歌舞伎口調で攻めた。大森は苦労しつつも、それらしいものをひねり出したわけである。「だってやらんわけにいきませんやん」という大森だったが、事前に打ち合わせはなかったのだろうか。「僕たちのリハってとってもいい加減で、簡単な打ち合わせが中心できっちりした通し稽古をせずに本番を迎えてしまうんですよ」と片岡は思い返している。そしてたぶん、その場の雰囲気で「歌舞伎で行こう」という流れが自然に出来てしまったのだろう。おそらく、片岡が思い描くプロ弁士とは、きちんとした段取りがなくても、阿吽《あうん》の呼吸だけで緊迫感あふれるライブができる技量の持ち主、ということなのだ。

この企画は、坂本にとってもよい刺激になったようだ。大森の急成長ぶりに驚いて、「見くびっていた」と反省し、片岡が演じた『沈黙』に、「かつて自分が捨てた娘の幸福を願う老父の苦悩。筋自体は平明なものですが、弁士の繊細な心理描写が鍵となる作品。ああいうのは片岡さんには勝てない。特にラスト、老父と、その義理の息子になる筈だった刑事のやりとり。二人の心の機微を格調高く語っていて、お見事でした」と脱帽した。

「自分はどのジャンルの作品でも、まず形から入ってしまう。でも彼はものによっては、もっと深いところからアプローチする」

取り戻された「未来」

こうやって、ここぞという所で工夫を凝らして場を盛り上げ、業界全体の底上げを図る。この策士ぶりもまた片岡の魅力だろう。「そういう仕掛けって、うまくハマると楽しいんですよ」。茶目っ気たっぷりに笑顔を見せる、片岡のこういう愛嬌は、実に憎めないものがある。だが、ここまでみてきた内容で分かる通り、どこまで本音で語っているか分からないのもまた片岡なのである。それは分かった上で、こちらもある程度揺さぶりつつも、あえて語ってくれた通りの言葉を書き写している。

本音ではないことを語っている場合、それは何かを隠したいのでもないし、騙《だま》したいのでもない。それもまた片岡なりの戦略であり明日への布石なのだとすれば、それはそのまま書き残しておくのが正解だろう。何年か後に「ああ、そういう意味だったのか」と腑《ふ》に落ちる伏線になるのだろうから。というわけで、ひとまず続けて話を聞こう。

芸の世界に入ってくる人間は、誰しも自分は天才なんじゃないかという期待を持って入ってくるはずだ、というのが片岡の持論だ。だが遅かれ早かれ大半の人間はそうではないことに気付く。その時どうするか、自分は何をするのか。

「そこでプロデュースということの大切さに気付くわけです」

無声映画の業界人は「どうしてこんなに面白いのに見てもらえないんだろう」と嘆くという。だが面白いから見てもらえるはずだというのは少し違うと片岡は考える。

「面白さを判らせる努力をしないのは怠惰《たいだ》だと思うんです。良いものって世の中に溢れているじゃないですか。その中でどうやって無声映画に振り向かせるか」

自分もその嘆きに覚えがあるからこそ、そこで立ちどまらず先へ進む。

活動弁士の世界には、長らく「過去」しかなかった。そこに「現在」を付け加えたのが、澤登翠であり、井上陽一だった。そして、片岡や坂本ら若手は、「未来」をもたらした。それはどれほど久しぶりのことだっただろう。

一九二九年、トーキーの到来が弁士の未来を奪ったのだとすれば、実に九〇年ぶりに、私たちは弁士の世界に「未来」が取り戻されていることに気付いた。だが、取り戻された未来で何をするのか？　それをこれから考えていかなければならない。

弁士だけが決めるのではない。演奏家が、研究者が、映画人が、そして他ならぬ私たち観客が加わって、考えなければならない。ようやく帰還を果たした、この映画館というかけがえのない場所で。

●24　古今亭志ん生対三遊亭圓生　二人の現役時代には、志ん生のライバルはむしろ桂文楽とされていた、とする東京落語通も多い。他ならぬ片岡もその意見である。ただ、圓生の最晩年から弟子の三遊亭円楽（五代目）の死没に至るまでの時代、志ん生と圓生のライバル関係は様々な落語家・評論家によって散々語られてきたので間違いともいえない。井上ひさしの戯曲『円生と志ん生』、雲田はるこのマンガ『昭和元禄落語心中』など、二人をモデルにした創作もある。本書は落語論ではないので、対極的な芸風の典型例としてあえて「圓生と志ん生」と対比しながら、分析することにする。
●25　プロデビューを決意させたきっかけ　東京キネマ倶楽部に合格できなかったことで、片岡は自身の芸を見つめ直し、一念発起した……と、ここで話を終えられればキレイなのだが、実はこの話にはオチがある。マツダ映画社の松戸誠によれば、選考サイドに片岡を推薦したのだそうだが「じゃあ誰が映写をするんだ」ということになってしまったのだという。一通りのフィルム映写技術を持っていたのは片岡だけで、運営サイドがスタッフとしてほしがり、やむを得ず選考から外したのだという。

第10章 劇場への帰還

——立つ演奏家・映画館主

「映画館にピアノを」　柳下美恵

今日に至る弁士の興隆をもたらしたのは、弁士だけの功によるものではない。演奏家が、映画館主が、それぞれの思惑で、無声映画と関わり、新しい取り組みに挑んだことで、一気に事態が動いた。締めくくりとなる本章では、そうした弁士以外の担い手たちの活動を見ていきたい。

中でも、最大の功労者として真っ先に讃えるべきは、無声映画伴奏のパイオニアとなったピアニスト・柳下美恵（図10―1）だろう。二〇〇六年に「映画館にピアノを！」運動を立ち上げ、賛同する映画館を含むピアノ常設館は、二〇一九年現在、日本国内で三一館に及ぶ（うち二館は閉館）。運動は東京や大阪ばかりではなく、秋田から沖縄まで、幅広い地域に広がる。

ここまで見てきた通り、日本における無声映画上映は、常に弁士とともにあった。これに対して海外の大半の地域では、音楽演奏のみを伴う上映が普通だった。弁士を嫌う日本のインテリ層の中では、伴奏のみによる上映を導入しようとした動きもあったようだが、結局実現していない。しかしこれを映画伝来から一〇〇年が過ぎた段階で再挑戦し、見事定着させることに成功してしまったのだから、驚異的といってよい。

柳下が無声映画に触れるようになったのは一九八〇年代初頭、東京・池袋にあった「スタジオ200」というホールで働いていたころのことだ。当時の最先端前衛文化の拠点で学んだことは、柳

図１０－１　柳下美恵

下にとって大きな刺激となった。その当時はフィルムセンター（現・国立映画アーカイブ）の上映も無音映写で、観続けるのには、かなりの集中力を要した。その上映形態に疑問を感じていた柳下は、一九九一年にスタジオ２００の活動が休止された後、何らかの形で無声映画に関われないかと考えるようになる。ソルフェージュと呼ばれるピアノの理論を学んだのは三歳、弾き始めは五歳。ピアノの素養があったことから、伴奏音楽という切り口から、自分にも何か出来るかもしれないと思い立った。

そこで、仕事を辞めてぽっかりと空いた時間を利用して、海外の博物館を巡りながら、無声映画期の演奏スコアを閲覧し、収集する活動を始めた。そして帰国後、鳥羽幸信ら往年の無声映画愛好者の上映会を引き継ぐクラシック映画の同好会、「活動倶楽部」で演奏していたところ、フィルムセンターからリニューアル企画「闇と音楽」の伴奏を依頼される。一九九五年の映画発明一〇〇年を祝うイベントの一環として、フィルムセンターから推薦され、山形国際ドキュメンタリー映画祭からも伴奏を依頼された。

世界的にも、無声映画の伴奏付き上映は、当たり前というわけではなかった。イタリアのポルデノーネ無声映画祭の創設者の一人、パオロ・ケルキ・ウザイの指摘によると、一九八〇年代半ばまでは、名画座やフィルムアーカイブでの上映は、無音のままということも珍しくなかった。転機となったのはアベル・ガンス監督『ナポレオン』（一九二七）の復元上映だったらしい。日本はやや出遅れていたが、リュミエール兄弟の映画発明から一〇〇年目の一九九五年が好機となる。柳下の活動は、まさに時代の潮流に乗ったのである。

当時はまだまだ映画ファンの間では、映画を壊す存在だとして、弁士に対する偏見は強かった。しかし、伴奏のみであれば、映画を壊すものとならないと判断され、導入しやすかったようだ。それまで客が呼べず厄介者扱いされていた無声映画だが、ライブ演奏付きならばむしろプレミア公演として目玉にすらなり得る。一気に無声映画への注目が集まることとなった。そして存在が知られると、他に競争相手もいないため、柳下に依頼が殺到する。柳下がそれらのオファーを積極的に受けたことで、生演奏付き上映は、一気に映画ファンの目に触れるものになっていった。

さらに弁士側からの関心も呼び、澤登翠との共演も果たす。澤登にとってもピアノ伴奏は、定番の和洋合奏とはまた違う魅力が感じられたようだ。

つまり、リュミエール一〇〇年の機会に生伴奏が普及したことで、伴奏と弁士は自然につながった。柳下の積極的な活動が無声映画価の価値を高めたことが、前出の「東京キネマ倶楽部」誕生を促したともいえる。柳下は、当然のように東京キネマ倶楽部でも伴奏を担当した。ここで柳下が若手弁士たちと共演を果たしていたことは大きい。東京キネマ倶楽部瓦解後に、若手弁士たちが積極的な単独公演を打っていくことができたのも、柳下の存在があったからこそである。

柳下は、伴奏付き無声映画上映を、たまにホールで行う特別なイベントではなく、映画館で定期的に開催する日常的なプログラムとしたいと考えた。その思いが、「映画館にピアノを！」運動へとつながっていく。つまり、弁士が映画館に回帰することができた最大の功労者は、柳下だといってよい。

「私の役割は種まきだと思っています。いろんな国の映画を観たいという横軸はみんな関心があるけど、映画の歴史という縦軸も大事。映画館にピアノを置くことで、無声映画の存在に気付いてもらいたかったし、伴奏や弁士によって、無声映画が当たり前に映画館で上映される存在になってほしい」

東京の「ＵＰＬＩＮＫ渋谷」や横浜の映画館「シネマ・ジャック＆ベティ」など、柳下の思いに賛同し、年間プログラムの中に定期公演として伴奏付き無声映画上映を組み込む映画館も増え始める。特にＵＰＬＩＮＫ渋谷の「ピアノｄｅシネマ」は二〇一三年にスタートしてから着実にファンを増やし、近年は連日満員の人気企画となっている。

山崎バニラのようにきちんとスコアを作りこむのではなく、即興演奏を主体としたスタイルを日本に持ち込んだのもまた、柳下だった。これはイタリアのポルデノーネ無声映画祭が積極的に提唱し、世界に広まりつつある形式である。無声映画フィルムは古いものであり切れやすくトラブルも多い。修復環境によってフィルムの長さもまちまちであり、届いたフィルムを上映してみたら、今まで見たこともないショットが含まれていた、などということも珍しくない。修復は日々継続されており、何度も上映される古典作品ほど、上映されるたびに長さが伸びるという冗談のような事態もしばしば起きる。そうした事態に対応できるのは即興演奏だというわけである。

これは弁士にも影響を与え、片岡一郎、坂本頼光ら海外でも活動することが多い弁士は、作りこみすぎず即興的に対応可能なスタイルを取るようになった。実際、本番の公演でフィルム上映が始まってみたら、未知のショットが現れて慌てたというのは一度や二度ではないらしい。

柳下はポルデーネの提唱とは別に、自分で演奏しやすいスタイルを模索するうちに自然と即興型にたどり着いていた。国際的に活動する映画史家・小松弘の推薦を受け、きちんと学んでおこうと二〇〇九年、ポルデノーネで毎年開催されているピアニスト向けのワークショップに参加する。これは五日間で即興伴奏のノウハウを叩き込むハードなもので、最終日は異なるタイプの長編と短編作品を伴奏させられる。未知の作品を、簡単な英語のスクリプトだけを手がかりに、いきなり観ながら弾かなければならない。

ここで評価を得たことで、翌年からポルデノーネでの演奏活動を始める。

「松竹の監督特集で伴奏を依頼され、『愛は人類と共にあれ』（一九三一）という島津保次郎監督の四時間近い大作を弾いた後に、スタンディングオベーションをいただきました。その翌年は日本のアニメーション映画を依頼され伴奏し、その後数年にわたって何かしら弾いていました」
世界でも演奏家の考え方はまちまちで、弾き方もまちまち。だが、ポルデノーネにて反響を勝ち取ったことで、自分の「スタンダードに映画を解釈する能力」に自信を持ったという。柳下は自らのスタイルについて、「映画を語るように演奏する」と、表現している。これには弁士から学んだものが大きい。

柳下はある意味で澤登と似たところがあり、映画に溶け込んで存在感を消してしまう。ぐいぐい前に出るエキセントリックなアーチストではない。だがそれが逆に、映画に敬意を払う演奏家として、ファンに好まれるということはあるだろう。

実のところ、無声映画を無音で上映しても、映画監督が意図したものが正確に伝わるということはありえない。無音上映を実際に体験したことのある方なら分かると思うが、無音の存在感はあまりに強烈で、逆に画面に集中できなくなる。耳をふさぎたくなるような大音量のノイズが常に鳴り響いているようなものだ。柳下の伴奏は、その無音というノイズを効果的に打ち

図10－2　ボローニャ復元映画祭で演奏する柳下美恵
（写真提供：柳下美恵）

消し、画面に集中させる効果がある。いわばノイズキャンセリング的なメロディが選ばれており、極めて独特だ。

伴奏付き上映というスタイルをさらに示すためにも、近年はソロ演奏が増えた柳下であるが、活動弁士が映画館に回帰する道を築いてくれたという点で、果たした業績の大きさは揺るがない。

二〇一八年には、イタリア・ボローニャの復元映画祭でレギュラー演奏家として抜擢されており（図10―2）、国際的評価も高まりつつある。何よりも、後に続く多数の伴奏家を生みだしたわけで、柳下なくして現在の活況を語ることはできないといっていいだろう。

増え始めた演奏家

近年、フィルムの伴奏に取り組む演奏家は実に多い。かつて映画の黄金時代、弁士の相方は三味線・ヴァイオリン・太鼓などの和洋合奏によるジンタと決まっていたものだった。その独特のメロディを今日に再現できる、湯浅ジョウイチ率いる楽団「カラード・モノトーン」の存在は貴重である。

だが、そのスタイルにこだわらないことで、弁士は「懐かしさ」から離れ、より多彩な表現が可能になるのかもしれない。今やピアノ、ギター、サックス、尺八など様々な奏者が伴奏に取り組んでいる。片岡ら若手弁士が、新しい音を求めて次々声をかけるからでもある。

ただ、継続的に無声映画伴奏を続ける演奏家となると、ある程度限られるし、どうしてもピアニストが中心となる。それでも柳下しかいなかったころからみれば、実に多様な顔ぶれが競い合うようになった。柳下が果たした役割の大きさを感じずにはいられない。ここでは、特に活動が活発で弁士と組むことも多い三人を取り上げてみる。

◎鳥飼りょう

全国レベルで見ても、近年もっとも意欲的な伴奏活動を展開しているのが、大阪の鳥飼りょう（図10―3）だろう。かつては大森くみこらとともに「深海無声團」のメンバーだったが、解散した後も、活動拠点であったオフシアター「プラネット・プラス・ワン」にとどまり、ソロのピアノ伴奏による上映を続けている。

月に一～二作品の新作をネタおろしし、一作品につき三回の公演をこなすという、驚異的なハイペース。これでも少し減ったぐらいで、多い時は

図10－3　鳥飼りょう

月六回の公演をこなしたこともあるという。しかもそれだけではなく、関西各地での単発上映にも意欲的に取り組む。今までに演奏した作品数は、ざっと五〇〇本を超えるという。

先にも少し触れた通り、もともとはいくつものオーケストラやバンドを巡って、パーカッションでサポートするミュージャンだった。二〇一二年、たまたまプラネットの近くに転居し、何か新しいことを始めたいなと思っていた矢先に大森の公演に遭遇、無声映画の世界に引き込まれていった。鳥飼も音楽教室など習い事として電子オルガンやピアノをたしなんだ経験はあったが、きちんとした形で学んでいたわけではなかったので、深海無声團ではパーカッションに徹していた。打楽器はきちんと二人の師匠についていたため、自分は打楽器を演奏するプレイヤーであるという思いがあったのだ。

しかし、デンマークのカール・ドライヤー監督による古典的名作『裁かるゝジャンヌ』（一九二八）を観て衝撃を受け、二〇一五年、映画生誕一二〇年を機会にピアノでの伴奏活動に乗り出す。

ちょうど折から開設二〇周年を迎えたプラネットが収蔵作品の蔵出し上映企画「映画の樹」を一年間にわたって公開することが決まったため、「伴奏を付けませんか」と持ちかけ無声映画の連続上映が始まった。ところが、気が付けば四年近くが過ぎ去り、まだ終わっていない。今や看板企画の一つとなってしまった。D・W・グリフィス監督『ベッスリアの女王』（一九一三）、エーリッヒ・フォン・シュトロハイム&ルパート・ジュリアン監督『メリー・ゴー・ラウンド』（一九二三）など、比較的評価が低く上映機会が少ない作品にも積極的に挑んでいるのが特徴だ。

「数えてはいませんが、たぶん日本で初めて伴奏付き上映をした、という作品もかなりの数になるはずです」

もちろんこれだけ膨大な作品をいちいち作曲して公演していては間に合わない。最初は登場人物別の簡単なスケッチだけ作って間を即興でつないでいるうちに、自然と通しで即興演奏が出来るようになっていた。やっていくうちにコツがつかめてきて、注意すべきポイントが見えてくるのだという。

ただ、弁士付き上映の時は、弾き方が大きく変わる。弁士の語りに呼応する形で演奏を挟《はさ》んでいく、セッション性が求められることになるからだ。十分な練習時間が取れないことも少なくないが、不測の事態も作品の中に織り込んでいくことができるのが、即興セッションの魅力である。

「演者付きの無声映画って、この上ない総合芸術だと思うんです。オペラやバレエ、オラトリオ等の要素があるうえに、ジャズのような即興性やセッション性も求められる。特に映画は芸術がより実験的な精神を持ち始める近代に誕生しており、作品には『面白いものを作るんだ！』という映画人の並々ならぬパワーが感じられる。映画の伴奏はやらなければならないことは多いですが、こんなに魅力のあるものはありません」

柳下の奮闘の結果、日本では伴奏のみの上映と弁士付き上映が並立する、世界でも稀な国になった。鳥飼もいろいろなスタイルの公演に参加するので、それぞれの魅力の違いを感じながら演奏しているという。願わくば、より多くの観客に鳥飼の創造性がもたらす驚きと喜びを体験してほしい。

鳥飼にとって無声映画は、尽きることのない発見の源泉なのである。

◎天宮遥

関西ではもう一人、映画伴奏に賭けるミュージシャンが生まれている。神戸のピアニスト兼シンガーソングライター・天宮遥（図10―4）である。無声映画伴奏の仕事を始めたのは、二〇一六年と比較的遅い。神戸映画資料館の田中範子支配人に勧められたのがきっかけであったというが、もともと映画音楽への関心は高く、神戸大学の卒論も「日本映画における音楽の役割」であったほどだった。その後、映画音楽のピアニストとして活動を始め、関西のラジオ局のＤＪとしても活発に活動している。

天宮は、映画伴奏に即興演奏スタイルを選んだことで、今まで思いもよらなかったようなメロディが次々と本番のステージ上で生まれてくることに、自身で驚いたという。シンガーソングライターとして、ピアノの前に座ってじっくり音を拾って作曲している時とはまるで異なる。

つまり天宮は、無声映画の伴奏をすることで、自分の中に眠っていた知られざる可能性を発見し、のめり込んでいったのだ。悲劇・喜劇・時代劇など、音楽で表現できることは時に多彩だ。腹を決めて無声映画伴奏を自身の活動の主軸に据えることを決意した。二〇一九年現在、ＯＳシネマズ神戸ハーバーランドと京都おもちゃ映画ミュージアムにて毎月演奏会を開き、関西を拠点にした演奏家の一人として、存在感を高めている。大森くみことコンビを組むことが多く、関西の若手同士の組み合わせということもあり、急速に浸透、固定ファンも生まれつつある。また、映画伴奏で誕生したフレーズを曲にしてCD化し、作品の伴奏上映とコンサートを組み合わせたライブをライフワークに、独自の活動を行っている。

図10－4　天宮遥

もちろん、弁士と共演する場合と、演奏のみの場合では、表現のスタイルもガラリと変わる。演奏のみの場合は映画の登場人物やストーリーを際立たせるように心がけるが、弁士との共演ならば、両者の呼吸が大事になる。常に弁士の先を導き、弁士の言葉をきっかけにメロディを膨らませる。

京都国際映画祭で、坂本頼光とともに、林海象監督『夢みるように眠りたい』の弁士ライブ版を手がけた時は、自分たちの公演で会場の人たちが泣き始めるのを見て弁士と音楽のライブの力を確信したそうだ。

「自宅の小さなモニターであぁしようこうしようと考えていても、劇場のスクリーンが動き始めると、いつもまったく違うものになってしまいます。演奏家席から映画を見ることで、映画の印象が一変することが大きな魅力であり、だからこそ私はこの仕事を選んだのだと思います」

無声映画、そして弁士という変数が、自分の音楽をどんどん変えていく。その驚きと感動が、天宮をさらに一歩先へと突き動かしていく。

◎上屋安由美

これに対して東京を拠点に活躍する上屋安由美（図10―5）は、ソロ伴奏よりは、弁士との共演が主体となっている点で、ここまでに紹介した三人の演奏家とまったく異なっている。

そもそも無声映画との出会いは二〇一二年、楽団の一員としてピアノを担当し、チャップリンの短編二本の作曲もするという関わり方だった。この時の弁士は片岡一郎で、以来片岡との仕事が多い。

当時上屋は、チャップリンはもちろんのこと無声映画を観たことがなく、あまりチャップリンらしくない翳《かげ》りのある音楽をつけてしまう。チャップリンは自身が作曲することで知られ、ラグタイムと呼ばれるジャズ風の明るいメロディが主体になっている。つまり、世に出回っている公式フィルムにつけられた音楽は、上屋のものと大きく異なる。チャップリンを知らないからこその大胆な選択で、片岡は驚いたものの、その思い切りの良さが気に入ったのか、以後上屋に積極的に声をかけるようになっていった。

図10－5　上屋安由美

ある意味で、片岡との出会いが、大きな変化をもたらした。上屋は桐朋学園大学作曲科卒業で、がっちりと作りこんだスコアしか経験がなかったのに、片岡から、即興演奏ができるようになってほしいと求められた。無茶振りもいいところだが、片岡は出来るはずだと踏んだのだろう、そういう人の素質を見抜く力は、怖いぐらいに鋭い。とはいえ上屋にしてみれば、どうやってよいのか分からず、途方に暮れた。他の即興演奏家のメロディを観察して、少しずつ自己流で身に付けていく。今は即興演奏の専門家に指導を受けているが、初期はまったくの手さぐりだった。

その後、片岡だけでなく澤登一門の妹弟子・山内菜々子とも組んで伴奏を手がけているが、逆に他の演奏家のようなピアノのみでのソロ伴奏は一回しかやったことがないのだという。

「それまで無声映画と向き合うと同時に、弁士とも向き合うという弾き方が自然だったので、無声映画と自分だけが向き合うというのは、正直恐怖でした。いかに自分が弁士に助けられていたかを思い知りました」

上屋が異色なのは、大学卒業後は演奏指導や作曲の仕事が主で、片岡と出会うまでほとんどピアニストとしての公演経験がなかったことだった。片岡に促されて演奏を繰り返すうちに、ようやく自分はピアノが好きなんだと気付いたというほどだ。作曲科出身だけに、自分の作った音楽は誰か別の人に演じてもらうものという意識が強かったのだ。そこが、柳下や鳥飼のような演奏家出身者とは違う。

片岡は音楽にも敏感で、上屋の演奏を大切にして、メロディの聞かせどころだと思えば自分の語りを引っ込めて立ててくれたりもする。自分の中の思いがけない才能を引き出してくれる存在との出会い、というのは時にあるらしい。それが人生の大きな転機となる。映画『第三の男』（一九四九）で、監督のキャロル・リードが、一介のチター演奏家にすぎなかったアントン・カラスに出会い、映画音楽の古典というべき伝説のメロディを引き出したエピソードを思い出した。

「弁士さんとセッションすることで、一緒に映画を作っていくという力強さが得られるんです」

弁士の語りが盛り上がり、自分の演奏も力強く応え、それに観客の熱い反応も伝わってくる。そんな「自分たちいい演奏したね」と充実感に満ちたステージでも、そのときの録音を、後から聴いてみると、そんなに良いとは思えず拍子抜けすることがある。

複数のメンバーのチームプレイで作られるライブの迫力は、その時その場にいなければ味わうことができない。だからこそ上屋は、弁士とのセッションを大切にしているのだろう。

フィルムでこそ映画　ラピュタ阿佐ヶ谷

そうした多彩な演奏家たちが活躍の場を得られるのも、柳下の奮闘の結果生まれた多数のライブ演奏可能な映画館があるからこそである。続いて、そうした無声映画の弁士付き公演について、映画館の側から話を聞いてみよう。

実のところ東京では、映画館でのライブ上映は珍しくない。だが、定期的な公演は意外なほど少ない。様々な映画館が、イベントの目玉として時折単発で弁士付き上映を行うにすぎない。それで全体では月に何度も公演があることになるのだから、いかに映画館が多いかということだろう。

杉並区のラピュタ阿佐ヶ谷（図10—6）は、そうした群雄割拠な映画館の中にあって、日本映画史にこだわったプログラムを継続することで、独特の存在感を高めてきた。同館はこれまで忘れ去られていた、膨大なプログラムピクチャーを発掘することを使命としている。

私も過去二回の著作の刊行時にはここで特集上映をお願いしており、そのこだわりの深さ・鋭さには感嘆するばかりだった。つまり弁士付き上映をするかどうかは、無声映画がプログラムに含まれているかどうかで決まるので、定期上映館とはいえない。しかし、日本映画史への深い理解という点で、東京の映画館で話を聞くならここしかないだろう。というわけで、石井紫支配人を久々に訪ねた。

宮崎駿監督のアニメ『天空の城ラピュタ』を思わせる館名から分かる通り、一九九八年の開館当初は、アニメ専門館だった。ところがその直後に並木座・文芸坐など東京で老舗だった日本映画の名画座が相次いで閉館したことで、行き場を失ったフィルムと観客の受け皿となるべく、少しずつ邦画も取り上げるようになっていく。ただ、当初は比較的メジャーな作品が多かった。黒澤明の監督作品特集や原節子特集などである。

その後、二〇〇三年に石井が着任した後は、邦画一本に絞った映画館となった。ひとまず当面の方針として、ということだったのだが、すっかりファンの間でも邦画専門館として認知されてしまったため、そのままの編成で現在に至る。東京の映画館の競争は激しく、生き残りのために差別化は避けられない。これにより、徐々に独自性をアピールするため、レア作品を中心にした編成になっていった。山手線沿線から外れたやや郊外の立地ということもあり、他館では見られないものをと、より意欲的な作品発掘が行われるようになった。

図10－6　ラピュタ阿佐ヶ谷（写真提供：ラピュタ阿佐ヶ谷）

そして石井の着任から一〇年が過ぎた二〇一三年ごろになって、ようやく特集プログラム全体で予算をどう配分していけば効果的な集客が出来るか分かってきたことから、ニュープリント上映にも踏み出していく。ソフト化されるような著名作品以外は、映画会社でも傷だらけの痛んだフィルムとネガしか残っていないということも多い。つまり観たいものがあれば、自腹を切ってニュープリント費用を工面しなければならない。それをあえてするところまで踏み込むようになったということだ。

国立映画アーカイブ、神戸映画資料館など、各種アーカイブから積極的にフィルムを借りて上映するようになったのも、ラピュタが草分けだ。こうしたやり方は権利関係の手続きが煩雑で、レンタル料も割高になりがちだ。しかし、ここでしか観られないものを集められるのであれば、ある程度の集客は期待できる。

私や片岡など、外部からの持ち込み企画に積極的に応じているのも特徴の一つで、結果としてマンネリにならず、常に刺激的なプログラムの続く劇場として、日本映画ファンの注目を集め続けている。

普通、無声映画のプログラムの中でどの作品を弁士付き上映にするかと考えた時、一番有名な作品・巨匠の作品が選ばれるところだろう。ところがラピュタでは、たとえマイナーでも、弁士を付けた場合に面白くなりそうな作品であれば対象として選ばれる傾向がある。そうした方が観客もしっかり付いてきて、劇場が満杯になるからだ。どの作品を選ぶかは弁士に委《ゆだ》ねられているのだが、「ラピュタならば」と思い切った作品選定が可能になる。

大都映画の『密林の怪獣群』（一九三八）、帝キネ『天保泥絵草紙』（一九二八）、朝日映画連盟『海援隊快挙』（一九三三）など、迷作という方が妥当な作品であっても、弁士を付けてみると格段に面白くなる。Ｂ・Ｃ級作品の場合、最初から弁士を付けることを前提に余白を残した演出が施《ほど》されている場合が多く、ガラリと印象が変わり、風格を増した作品に対面する喜びはひとしおだ。

「ここでしか観られない作品を最高の形で」

これが石井のモットーである。

今やロードショー館はデジタル化が進み、そういった劇場にはＤＣＰ方式の映写機しか存在しない。つまり三五ミリフィルムしかない埋もれた旧作を上映しようとした場合、映写できる劇場は限られる。そこでラピュタは逆にＤＣＰを入れず、フィルム映写のみに絞る方針を選んだ。一見時流に逆行した冒険に見えるのだが、ロードショーではなく旧作を上映するのであれば、一部の著名作しか上映できないＤＣＰを導入するメリットはほとんどない。

ラピュタは今後も唯一無二の邦画の殿堂であり続けるだろうし、ここでしか演じられない弁士付き作品の意欲的なプログラムに驚かされ続けることになるだろう。

話芸としての弁士・シアターセブン

これに対して関西では、弁士の公演自体がまだまだ少ない。それはそうだろう。地元の現役弁士がたった二人なのだから。とはいえ、近年目に見えて公演が増えてきた。その傾向をリードしているのが、大阪・淀川区の「シアターセブン」（図10―7）である。

図10－7　シアターセブン

入居するビル・サンポードシティを運営するのは、かつて大阪で一時代を築いた映画会社・帝キネの創業者一族で、先代社長は自社の幻の名画『何が彼女をさうさせたか』（一九二九）をロシアで発見した山川暉雄。一つ上の階に入居する第七藝術劇場は、ドキュメンタリーに特化したプログラム作りで、関西でも有名な個性派映画館である。

こんな濃いスポットにあるだけに、負けてはいられない。二〇一一年、もともと空きスペースだったところに地域おこしの一環として開設され、映画とトークイベントを並行して開催する、独特のスタイルで存在感を示すようになった。そしてこの場所で、二〇一五年から定期的な弁士付き無声映画上映会が開催されている。一人の弁士の定期上映を行っている映画館ならばいくつかあるが（後述）、複数の弁士が登場する様々なプログラムを見せている例は、大変珍しい。

なぜそんなことが、可能であったのか。（前支配人で現）イベントプロデューサーの福住恵に話を聞いて納得した。つまり、福住はもともと漫才台本を書くなどしており、映画ではなく、お笑いや演芸に興味があったという。だからプログラムは上映とトークの二本立てなのだ。社会派のトークからお笑い芸人のライブまで、多種多様なイベントも手がけるのがシアターセブン流。東京の個性派シアターUPLINKに、よく似ている。

福住は、活動弁士のことは存在すら知らなかったが、映画に詳しい関係者から話を聞いて、そんなものがあるならぜひ見たいと話芸好きの血が騒いだ。それは二〇一三年ごろのことで、当時関西ではなかなか弁士の上映会は見つけることができなかった。やっと発見したのが鳥取の地域おこし映画イベント「米子映画事変」だった。即座に高速バスで現地へ向かう行動力に驚く。大阪から鳥取まで、ざっと三時間半。「それなら行ける」と思ったそうだ。当時はまだ三回目で、東京の坂本頼光と斎藤裕子（現・縁寿）が共演し田口哲監督『翼の世界』（一九三七）が上映された。弁士の独特の語り口に引き込まれた福住は、セブンでもぜひやってみたいと思うようになる。

「米子から帰ってからは、とにかく関西でやっている活弁の情報を探して、色々な弁士の方の語りを聞きたくて、可能な限り公演に足を運びました。井上陽一さん、澤登翠さん、片岡一郎さん、山崎バニラさん…… どの方の語りも個性的で、同じ作品なのに違う作品のような、映画作品にまた別の命を吹き込む仕事だと感じました」

坂本頼光を招き、待望の一回目の上映が実現したのは二〇一五年五月。最初の演目はドイツの巨匠フリッツ・ラングの『死滅の谷』（一九二一）だった。さらに関西の大御所たる井上陽一、期待の若手・大森くみこが続く。

この三人が顔を揃えた二〇一九年三月三〇日の「井上陽一活動弁士四〇周年記念活弁ライブフェスティバル」（二九五頁参照）が、関西弁士の歴史上、重要な一歩となったことはこれまで何度も述べてきた通りだ。絶滅寸前かと危惧されていた関西弁士の技芸が継承される瞬間を、福住も目撃したのである。

福住が映画ではなく話芸としての弁士に関心を持ち、話芸として売ったからこそ、ここまで続けることができたのではないだろうか。弁士付き上映は、ペイさせることが難しい。満杯でやっと元が取れるぐらいなので、単発はできても、継続していくことがなかなか困難なのだ。お笑いのイベントを知りぬいた福住だからこそ、興行の勘所《かんどころ》を押さえることができるのだろう。

「ここ数年で、関西でも観られる機会がだいぶん増えたと思います。私が米子で初めて弁士を観た時の感動をぜひ味わってもらいたい。観てもらえる機会が一回でも多くなればうれしいですね」

脱弁士の視点から　プラネット・プラス・ワン

若手弁士たちの奮闘もあって、近年は弁士を毛嫌いする映画ファンもずいぶん減った。ただ、それでも弁士に否定的な映画人がいなくなったわけではない。無声映画に手厚いプログラムを組みつつ、弁士を否定する立場からも、話を聞いておきたい。大阪・北区で上映スペース「プラネット・プラス・ワン」（図10―8）を運営する富岡邦彦は、そんな一人だ。先輩の上映運動家である安井喜雄から引き継ぎ一九九五年から運営している。

東京でも滅多に見られないレアな無声作品を毎月何本も伴奏付きで上映するなど、野心的な運営方針は、素晴らしいの一言だ。ここほど多彩な無声映画の上映拠点は、東京にもない。先にも触れた通り、鳥飼りょうの奮闘あればこそだ。映写速度も一六コマ・一八コマ・二〇コマなど、可能な限り細かく調整し、オリジナルに近い姿を再現しようとする。それならばなぜ、公開当時を再現できる弁士付き上映を行わないのだろうか。

富岡は「弁士が日本映画の発展を阻害した」という見解を示し、弁士公演に否定的だ。戦前における田中純一郎らインテリ映画人が張った論調と基本的には重なるものだろう。いわゆる映像史上主義である。だがそれでいて富岡は、無声映画は無音上映に限るとした戦後の映画ファンの志向には同調せず、無声映画を見やすくするための何らかの演出は必要だという立場を取る。

図10－8　プラネット・プラス・ワン（写真提供：プラネット・プラス・ワン）

第8章で触れた通り「深海無声團」を率い、関西唯一の若手弁士・大森くみこを育てたのは他ならぬ富岡である。だが、結果として、袂《たもと》を分かつことになった。ここまで見てきたように、近年の弁士は基本的に映画の作品性を立てる存在なのだが、富岡にはなお、映画の前に出ようとする邪魔な存在に見えるという。

富岡は、映画フィルムを絶対視し、繰り返し観る中で作家としての映画監督の意図を探っていこうとする。その見地に立った場合、完成した後の映画に言葉を付け加える弁士の存在は、ノイズとしか映らない。そこで台本を自分が書くことで違う形の弁士付き上映を試みたが、「深海無声團」は結局うまくいかなかった。

それでも富岡は諦めず、探求心のある新人を起用し、弁士に代わる新しいスタイルを作り出そうと奮闘を続けている。全体の半分ほどを無音のまま残し、声の演技をベースに様々な語りの手法も取り入れ、唄や太鼓や鐘などの効果音も交えたり、〝語り〟や作品の舞台となった時代のクラシック曲をヴァイオリンだけで聞かせるなど作品よって手法は変化する。「一番重要なのは現代の視点ではなく、当時の再現ということに力を注いでいるのです。それは深海無声團の時も同じです」と狙いを語る。あくまで解釈よりもオリジナルの尊重と探求に重きを置くのが富岡の信念なのだろう。試みの成功を祈りたい。

弁士付き定期上映への課題

何度も繰り返し語っている通り、ほんの一瞬でも「東京キネマ倶楽部」という弁士付き映画常設館が存在したことは、若手弁士を大量に生み出す契機となった。映画ファンの目に触れる場所で、常に弁士が活動していることはとても大事だ。

実のところ状況はあと一歩というところまで来ている。連続して無声映画を上映する場合、必ず一度は弁士付き上映を入れるところまでは、認知が進んでいる。

二〇一九年八月三一日、東京の映画館「シネマヴェーラ渋谷」にて、三週間にわたって朝から晩まで三〇本もの無声映画を上映するイベント、「素晴らしきサイレント映画」が開催された。『イントレランス』(一九一六)や『奇傑ゾロ』(一九二〇)、『グリード』(一九二四)といった定番の古典作品だけでなく、アベル・ガンス監督『戦争と平和』(一九一九)、ジョン・フォード監督『野人の勇』(一九二〇)といった、ほとんど観る機会がない珍しい作品が含まれており、大きな話題となった。ところが弁士付き上映が行われたのは、最初の一本『人生の乞食』(一九二八)のみ。それ以降はすべて、無音上映であったにも関わらず、連日満員御礼であったという。

劇場側も弁士を無視しているわけではないことは、最初の一回が弁士付き上映であったことで分かる。だが、これでは無視はしていない「だけ」になってしまう。

問題点を整理してみよう。弁士への偏見は和らぎ、生伴奏・弁士付き上映となれば、観客を呼び込める目玉イベントとはなり得る。ただし、フィルムレンタルの費用に加えて弁士・楽士のギャラが必要となるので、定期的な上映は極めて困難になる。つまり物珍しさから一度は客が集められても、嵩《かさ》むコストをペイするだけの固定ファンを維持するのはなかなか難しい。

弁士付きで定期上映を行っている映画館は、確かにいくつかあるのだが、「シアターセブン」以外は、すべて特定の弁士の定期公演の形を取っている。佐々木亜希子の「シネマート新宿」、ハルキの「川越スカラ座」、そして大森くみこの「OSシネマズ神戸ハーバーランド」といった具合である。つまり、特定弁士の固定ファンを集める形ならば、ある程度安定した運営が可能となるということだ。

ただ、これでは広がりに欠ける。同じ作品でも別の弁士が演じるとまったく違う印象を受けるという驚きがあるのが、弁士付き上映の醍醐味だからである。いろいろな弁士が次々と登場し、競い合う場がほしい。需要がないわけではないはずだ。

シネマヴェーラ渋谷の例を見るに、映画館で無声映画を観たいというファンの思いが予想以上に強いことが分かる。著名作品の多くはパブリック・ドメイン版ならば簡単にネット上で見られるし、ディスクも多数発売されている。日本では上映機会の少ない作品でも、輸入ディスクを入手することはさほど難しくなくなった。にもかかわらず、この盛況である。

常設館は難しくても、週末には必ず弁士付き上映が行われるなどの工夫があってもいい。観客の側も弁士付き上映の高コストを理解し、ある程度支える姿勢が必要になってくるだろう。弁士付き上映は二〇〇〇〜二五〇〇円程度ならば出すというような。何しろライブである。コンサートに行くことを思えば安いものだ。

ここで重要な役割を担うことになるのが、各地のフィルムアーカイブ系上映会である。東京ならば国立映画アーカイブ、そしてマツダ映画社の無声映画鑑賞会、関西ならば京都のおもちゃ映画ミュージアムと神戸映画資料館。それぞれが収蔵作品を中心にした定期上映会を行っており、弁士や演奏家のライブ付き上映会も頻繁に行われている。こうした、映画館ではないが映画ファンが多数集まる場が、弁士の新しい試みを見せる最先端のショーケースとなるはずである。

これまでの傾向を見ていると、映画館では、どうしてもリスク回避の立場からか、誰もが知る名作ばかりが弁士付きで上映されがちだ。チャップリン、キートンといった喜劇、『東への道』『メトロポリス』『カリガリ博士』といった名作古典、日本映画ならば『雄呂血』『生まれてはみたけれど』『瀧の白糸』といったあたりだろう。だが、これではじきに飽きられてしまう。

弁士の真の面白さは、聞いたこともない無名の凡作・珍作を、見事な傑作に変えられるところにあるはずだ。若手弁士たちのチャレンジに期待したい。もちろん、私たちファンが支える姿勢も大切である。

競い合う新世代弁士たち

さて、ここまで多彩に拡大した弁士たちとそれを取り巻く環境について見てきたが、そもそも「一〇名前後」とされる現役弁士とはどのような顔ぶれなのだろうか。最後に確認しておこう。

まず東京圏では、本書でも取り上げた澤登翠、片岡一郎、坂本頼光、山崎バニラに加え、視覚障碍者向けバリアフリー解説でも知られる佐々木亜希子、縁寿（斎藤裕子から改名）、桜井麻美（現在は休業中）、山内菜々子、山城秀之といった、松田春翠の系譜上に位置する人々がいる。ハルキは、そこからやや外れた存在になるだろうか。

これと別に、黄金時代に活躍した弁士の一人・池俊行の影響下で活動を始めた麻生八咫《あそうやた》とその娘・子八咫《こやた》がいる。諸般の事情はあるようだが、映画ファンの目に届きにくい場所ばかりで公演するのは、少し残念だ。

やや変わり種だが、自作映画に自らライブで語りを付ける映画監督の山田広野もいる。最近活動がやや間遠になっているのが惜しまれる。

関西では井上陽一と大森くみこを本書で紹介した。手回し映写機で弁士公演を行う小崎泰嗣もいたが、活動を休止していることは既に触れた通りだ。俳優の目黒祐樹も井上陽一に弟子入りしているが、多忙な芸能活動の合間を縫って弁士公演を行うのは難しい。既に七〇歳を超え、多くを求めるのは酷だろう。

名古屋にわかこうじ、神戸に浮世白鳥（玉岡忠大）、岡山に松田完一といった戦後に活躍した弁士たちもいたが、現在はいずれも没している。

あれ、これだけ？　と思われただろうか。逆にいうと、この中のわずか数名が意欲的に活動するだけで、一気に活気づいているのが現状というわけである。まだまだ意欲のある若者の参入があれば、さらなる業界の拡大は可能だろう。本書を手に取った読者も、興味があるのなら、ぜひチャレンジしてみてほしい。

むろん一度や二度弁士に挑戦しただけの落語家・声優・アマチュアならばまだ他にもいる。だが、それはここでは触れるべきものではないだろう。大森くみこのように、最後発でも、猛烈に場数をこなし、一気にトップランナーに躍り出た例もある。重要なのは公演を繰り返し、継続した活動ができているかどうかである。

活動弁士は、幾度もの危機に見舞われながらも、しぶとく生き延び、こうして現在もここにある。本書において初めて、弁士の全歴史を提示することができた。活動弁士の語りは、録音で残されたとしても、その魅力の多くは生の公演を体験しなければ分からない。そうしたものを活字で表現するのは大変難しいことだった。だからこそ、同時代の記録とインタビューを交錯させ、立体的に魅力を浮かび上がらせることを試みた。

活動弁士は、既に終わってしまった世界などではない。まさに何もかもが始まったばかりの第二創成期というべき段階であろう。デジタル技術の進歩によって、はるかに低コストで映画を作ることも可能になった。あなたなりの新しい無声映画を作り、弁士に演じてもらう、そんな関わり方もできる。

願わくば、近い将来、本書の増補版を書かねばならなくなるような活況が訪れることを祈りつつ、本書を終えたい。決してそれは夢物語などではない。案外あり得ることだと、割と真剣に思っているのである。

あとがき

前回の著作『映画探偵』を書くにあたっては、片岡一郎と坂本頼光の協力を仰ぎ、弁士と映画収集・保存の深い関係を知った。とはいえその時はまだ、こうして弁士の本を書くことになるとは思っていなかったのだが。

映画史に興味を持ち、映画収集・保存にのめりこむならば、自然に弁士の世界と接近していくことになる。今回こうして一冊の本にまとめあげてみて、両者の距離の近さに改めて驚くばかりだった。戦前はそうでもなかった。だが戦後、フィルムが消えてゆく中で、生き延びようとした時に、弁士は映画収集家とならざるを得なくなる。前著では、松田春翠をかなり否定的な形で取り上げざるを得なかったことを残念に思っていた。今回こうして春翠の功績を大きく取り上げることができて、ようやく大きな借りを返すことができた気分だ。

実際、春翠という存在がいたからこそ、弁士文化は絶滅をまぬがれ、こうして未来を取り戻すことができた。春翠は怜悧《れいり》な策士だったわけではない。熱心すぎるほどに情熱的な映画マニアであり、たまたまのめぐりあわせが、春翠に大きな役割を与えることとなった。それでも運命から逃げず、精一杯奮闘したことは、評価されてしかるべきだろう。

春翠もそうだし、私たち映画ファンもそうだが、無声映画の黄金時代を体験できなかったことを、負い目に感じてしまいがちだ。だが、現役世代でなかったことで、かえって当時は認識されていなかった価値に気付きやすかった部分があるのではないだろうか。

黄金時代を知るファンにとっては、戦後の細々とした継承は、お遊びのようなものにしか映らなかったかもしれない。事実、弁友会の面々は、春翠の活動を冷笑し妨害さえした。だが、受け継がれた芸は、時代の中で揉《も》まれ、変化しながら成長していく。大切なのは、未来を諦めないことだ。

春翠と一線を画したところで独自のスタイルを守り抜いた井上陽一も高く評価せねばならない。弁士が多様であることで、映画もまた多様になる。それは必ずしも映画監督の意図をないがしろにするものではなく、より豊かな可能性を拡げるものとなるだろう。皮肉にも映画館を滅ぼすのではないかと思われたデジタル技術が、弁士の可能性を拡げ、ライブをより身軽に実現可能なものとしている。ごく当たり前のように新作無声映画が作られ、どこの映画館にも弁士がいて、毎日思い思いの形で語り、競い合う。新作も旧作も自由に選べる。そんな時代も実現し得る。

本書がその第一歩となることを期待しつつ。

今回も、大変多くの方々にお話を伺った。何よりもまず学者弁士・片岡一郎氏に最大級の感謝を。調査に困ったとき、望む資料が見つからないとき、どれだけ助けられたか分からない。

もちろん坂本頼光氏にも同じくらいの感謝を。第9章がここまで遠慮なく踏み込んだものとして書けたのは、お二人の寛大さなしにはあり得ない。

そして、マツダ映画社の松戸誠氏、澤登翠氏、さらには山崎バニラ氏。井上陽一氏と鶊久森典妙氏、大森くみこ氏。柳下美恵氏、鳥飼りょう氏、天宮遥氏、上屋安由美氏ら演奏家の皆様。田中映画社の田中一子氏・松岡優氏、エミスの吉岡一博社長、ラピュタ阿佐ヶ谷の石井紫支配人、シアターセブンの福住恵氏、そして神戸映画資料館の安井喜雄館長、田中範子支配人、おもちゃ映画ミュージアムの太田米男館長・文代夫人、国立映画アーカイブの入江良郎氏・岡田秀則氏、川喜多記念映画文化財団の和地由紀子氏にも深い感謝を。映画史家の北田理恵氏、映画史研究者の成田雄太氏にも大変にお世話になった。映画保存協会の石原香絵氏、神戸大学大学院・板倉史明准教授にも最後に助けていただいた。プラネット・プラス・ワンの富岡邦彦氏には、考え方は違うものの、興味深いお話をうかがうことができた。

我が師・水口薫氏にも変わらぬ感謝を。さて、今回は今までよりはもう少しご満足いただけるのではないかと思いますが、いかがでしょうか。

そして、いつものように執筆を支えてくれた妻・恵子と、プロダクション社長ぴくるすには、本人たちの強い要望により、今回も感謝を捧げる。ドタバタあったが、二人の支えなしに本書は実現しなかった。どうもありがとう。

編集を担当していただいたアルタープレス代表・内田恵三氏には、様々なご迷惑と厄介をおかけしてしまった。深くおわびするとともに、辛抱強く完成に付き合っていただいたことに感謝します。

願わくばこれに懲りず、次もまた。

２０１９年12月　　高槻　真樹

参考文献

序章〜全般

田中純一郎『日本映画発達史』（中公文庫・全五巻）
塚田嘉信『日本映画史の研究』（現代書館）
御園京平『活辯時代』（岩波書店同時代ライブラリー）
吉田智恵男『もう一つの映画史』（時事通信社）

第1章

「活動写真機」（『時事新報』一八九六年一二月八日）
影斜童子「活動弁士の元祖上田布袋軒」（『新演芸』一九一六年五月号）
「活動写真」第一回（『大阪毎日新聞』一九一二年四月一四日）第四回（同一八日）
水野一二三「関西映画落穂集2」（『映画史料』第九集、一九六三年五月一五日）
「『映画の父』へ手紙の控え」（『京都新聞』二〇一九年一月二九日）
稲畑産業HP「稲畑勝太郎のリュミエール兄弟宛て書簡四通」日本語翻訳＝堀潤之
武部好伸『大阪「映画」事始め』（彩流社）
「明治の映画興業一億円超!?」（『読売新聞夕刊』二〇一九年二月一日）
「活動写真の渡来」（『あのな』一九号、一九二五年七月一一日発行）
野村芳亭「稲畑さんの活動写真」（『日本映画事業総覧　昭和2年版』国際映画通信社）
稲畑産業HP「真っ先に活動写真を輸入した私」（同）
「大阪に於けるジ子ー」（『朝日新聞』一九〇五年一一月一六日）
梅村紫声「坂田千曲師のこと」（弁友会会報『辯友』一号）
中川慶二「活動写真今昔物語」第二回（『活動倶楽部』一九二一年一〇月号）
中川慶二「活動写真今昔物語」（『活動写真界』第一八号、一九一一年三月一日発行）
十文字大元「活動写真という名の由来」（『日本映画事業総覧　昭和2年版』国際映画通信社）
水野一二三「関西映画発達史談」（『映画史料』第一一集、一九六四年一月一五日）
大久保遼「写し絵から映画へ　映像と語りの系譜」（岩本憲児編・日本映画史叢書一五『日本映画の誕生』森話社）
「錦影絵総説」（『錦影繪池田組』HP）

第2章

田中純一郎『日本映画史発掘』（冬樹社）
谷崎潤一郎『芸術一家言』（一九二四、金星堂）
飯島正「日本映画の黎明」（講座日本映画1『日本映画の誕生』、岩波書店）
徳川夢声『夢声自伝・上』（講談社文庫）
「活動覗記」（「読売新聞」一九一六年三月二日）
成田雄太「日本映画と声色弁士　活動弁士を通した日本映画史再考の試み」（岩本憲児編・日本映画史叢書一五『日本映画の誕生』森話社）
伊藤大輔「大河内傳次郎と私」（『キネマ旬報』一九六二年九月上旬号）
座談会「よき時代とはいえないけれど嬉しき時代のカツドウ屋」（『シナリオ』一九七一年四月号）
梶田章「随想―大河内傳次郎」（「NFCニューズレター」八一号）
岡島秀響「無声映画華やかなりしころの弁士稼業」（『松本今昔語り1』山麓舎）
「活弁試験の珍答案」（「東京朝日新聞」一九三〇年一一月五日）
松木狂郎他『説明者になる近道』（一九二六、説明同人社）
天野忠義『さしむかひ　俳優の内証話』（一九二一、井上誠進堂）
鈴木鼓村『耳の趣味』（一九一三、左久良書房）
「泉詩郎死去」（「読売新聞」一九七八年五月五日）
松井竜三「阪妻物語第六稿　東山三十六峰」（無声映画鑑賞会会報『カツキチ』二三号、一九七三年一月一日）
瀧口修造『妖精の距離』（一九三七、春鳥会）
小林いさむ『映画の倒影』（一九三三、伊藤書房）
濱田研吾『徳川夢声と出会った』（晶文社）

第3章

「もう直き活弁無用」（「朝日新聞」一九二八年七月一五日）
「悲鳴を上げる活弁と楽師」（「朝日新聞」一九二八年七月二三日）
「無声映画は絶対に作らぬと大フォックスの声明」（「朝日新聞」一九二九年三月二七日）
「二三流どこは早くも都落ちし一流連も不安動揺」（「朝日新聞」一九二九年一一月三日）
「無説明時代招来か／説明者を刺激する『モロッコ』上映」（「読売新聞」一九三一年二月六日）
「今は昔活動写真大会　当時の名弁士が総出で熱弁」（「朝日新聞」一九三三年一月三一日）
『活動写真フィルム検閲年報・昭和八年版』（内務省警保局）
徳川夢声『夢声自伝・中』（講談社文庫）

大傍正規「無声映画と蓄音機の音　歌舞音楽と革新的潮流」岩本憲児編・日本映画史叢書一五『日本映画の誕生』森話社）
北田理恵「トーキー時代の弁士―外国映画の日本語字幕あるいは『日本版』生成をめぐる考察」（『映画研究』四号、二〇〇九）
「井口静波等十名突如検挙され結束、争議に入る」（『朝日新聞』一九三二年四月九日）
「無声映画時代の浅草全盛期／弁士は超高級だった／アンケートの原票みつかる」（『読売新聞』一九八四年一一月二一日）
『トーキー映画宝典』（一九三四、トーキー映画宝典社）
「長旗を押立て検事局に押寄す」（『朝日新聞』一九三〇年八月二三日）
「映写室に六昼夜」（『東京朝日新聞』一九三二年六月一八日）
「人間広場／活弁由松のプライド」（『読売新聞』一九七三年三月二日）
「楽士昨今」（『朝日新聞』一九三四年五月七日）
佐伯多門『スピーカー技術の一〇〇年 黎明期〜トーキー映画まで』（誠文堂新光社）
「ベタ記事を追って／無声映画にささげた一生」（『読売新聞』一九八七年八月二六日）
佐伯知紀編『映畫読本・伊藤大輔』（フィルムアート社刊）

第4章

『映画検閲年報・一九四二年版』（内務省警保局）
梶田章「随想―大河内傳次郎」（「NFCニューズレター」八一号）
藤岡篤弘「日本映画興行史研究― 一九三〇年代における技術革新および近代化とフィルム・プレゼンテーション」（CineMagaziNet! Articles）
板倉史明「伊藤大輔生誕一一〇周年にあたって―「薩摩飛脚」の復元を中心に」（「NFCニューズレター」八一号）
横川眞顯『ハワイの弁士』（日米映画文化協会）
「アリラン物語3　韓国人最後の弁士」（『神戸新聞』二〇一〇年八月二八日）
『韓国映画史―開化期から開花期まで』（キネマ旬報社）

第5章

「〝無声映画〟のはんらん」（『映画月報』一九四九年五月一〇日号、大正区映画連盟）
山里将人『アンヤタサ！　沖縄・戦後の映画』（ニライ社刊）
「活弁の復活／新作不足に一役」（『東京読売新聞』一九四八年九月七日）
日本オリンピック委員会公式サイト「オリンピックの歴史」
『活狂（カツキチ）たちの半世紀―無声映画鑑賞会五〇周年史』（マツダ映画社）
藤川治水『熊本シネマ巷談』（青潮社）
「新映画評・酒」（『朝日新聞』一九二六年五月九日）

第6章

「雄呂血世に出るか？」（「カツキチ」五号、一九六五年五月一〇日）
「いずみ」（「読売新聞」一九四九年九月七日）
「いずみ」（「読売新聞」一九四九年九月二五日）
「黒板」（「読売新聞夕刊」一九五三年四月一六日）
『弁友会』を設立／徳川夢声を顧問に」（「読売新聞夕刊」一九五五年五月二日）
「いずみ」（「読売新聞」一九五九年三月一九日）
「無声映画活弁〝五〇年〟わが命」（「読売新聞東京版」一九七六年一月二三日）
「辯友」一～二一号（弁友会）
「映画の歴史を見る会」パンフレット一九五五～一九六三年
「名作無声映画を見る会」パンフレット
「名作無声映画鑑賞会」パンフレット
浜星波「活弁一代」全二〇回（朝日新聞大阪版一九八八年六月一日～六月二四日）
「関西無声映画愛好会」パンフレット
「無声映画を守る会」パンフレット一～二一回
「大阪映画教育」縮刷版Ⅰ～Ⅲ
安井喜雄「三越映画祭レポート／頑張る森田留次さん」（「大阪映画教育」一九七八年七月一日二八五二号）
Mastered「シアター芸術概論綱要 Vol.01 映画監督 林海象」

第7章

「無声映画ーヤングに人気」（「朝日新聞」一九七四年五月七日）
「新新宿往来／『活弁こそ芸術なんだわ』」（「読売新聞」一九七五年八月六日）
ブログ「味は横綱、値は十両」二〇一六年一月二四日

第8章

ブログ「寝たPodを起こす」／活弁士・坂本頼光が語る「日本には活動写真弁士が馴染む土壌があったんですよ」二〇一七年七月二一日
山崎バニラ『活弁士、山崎バニラ　弾き語り芸のひみつ』（椎出版社）

第9章

日本映像翻訳アカデミー「海外の映画祭でも活躍！　活動弁士 片岡一郎さんインタビュー」
大山くまお「謎の活動弁士、坂本頼光って何者？」Excite Bit

高槻真樹　たかつき・まき

1968年生まれ。『文字のないSF―イスフェークを探して』で第５回日本SF評論賞選考委員特別賞、『狂恋の女師匠』で第４回創元SF短編賞・日下三蔵賞を受賞。著書に、『映画探偵　失われた戦前日本映画を捜して』『戦前日本SF映画創世記　ゴジラは何でできているか』（ともに河出書房新社）がある。日本SF大賞選考委員。

活動弁士の映画史

映画伝来からデジタルまで

2019年12月21日　第１刷発行

著者　高槻真樹

発行人・編集人　内田恵三

装丁・本文デザイン　髙林昭太

発行所　アルタープレス合同会社

〒185-0014　東京都国分寺市東恋ヶ窪4-8-35

TEL 042-326-4050　FAX 042-633-4712

印刷所　中央精版印刷株式会社